兰州大学“双一流”建设项目经费资助

国家科技支撑计划国家文化科技创新工程项目
“丝绸之路文化主题创意关键技术研究”
（2013BAH40F01）

2020年度兰州大学“中央高校基本科研
业务费专项资金”资助项目
（2020JBKYJD002）

敦煌与丝绸之路石窟艺术丛书·第二辑

郑炳林 主编
邵强军 著

图像与政权：敦煌曹议金第98窟研究

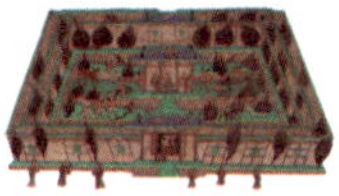

读者出版传媒股份有限公司
甘肃教育出版社

图书在版编目（CIP）数据

图像与政权 ：敦煌曹议金第98窟研究 / 郑炳林主编 ；
邵强军著. -- 兰州 ：甘肃教育出版社，2021.7
（敦煌与丝绸之路石窟艺术丛书 / 郑炳林主编. 第
二辑）
ISBN 978-7-5423-5131-9

Ⅰ. ①图… Ⅱ. ①郑… ②邵… Ⅲ. ①敦煌石窟－研
究 Ⅳ. ①K879.214

中国版本图书馆CIP数据核字(2021)第137439号

图像与政权：敦煌曹议金第98窟研究

郑炳林　主编　邵强军　著

策　　划　薛英昭　孙宝岩
项目负责　孙宝岩
责任编辑　孙宝岩
封面设计　张小乐

出　版　甘肃教育出版社
社　址　兰州市读者大道 568 号　730030
网　址　www.gseph.cn　　E-mail　gseph@duzhe.cn
电　话　0931-8436483（编辑部）　0931-8773056（发行部）
传　真　0931-8773056
淘宝官方旗舰店　http://shop111038270.taobao.com

发　行　甘肃教育出版社　　印　刷　兰州新华印刷厂
开　本　787 毫米×1092 毫米　1/16　印　张　25.25　插　页　2　字　数　361 千
版　次　2021 年 7 月第 1 版
印　次　2021 年 7 月第 1 次印刷
印　数　1~2 000 册
书　号　ISBN 978-7-5423-5131-9　　定　价　78.00 元

总　序

丝绸之路是中西文明交流的永恒通途，也是连接中外的一条艺术之路。西域地区的音乐舞蹈、佛教艺术都是通过这条道路传入中国的。隋代“九部乐”、唐代“十部乐”中的西凉、高昌、龟兹、疏勒、康国、安国、天竺等风格的乐舞都来自于西域地区，也都是通过这条路线进入中原地区的，特别是《西凉乐》，就是《龟兹乐》与传入河西的中原古乐融合之后形成的一种乐舞。佛教壁画艺术和雕塑艺术通过丝绸之路进入中原，形成自己特色后又回传到河西、敦煌及西域地区。丝绸之路石窟众多，各有特色，著名的有麦积山石窟、北石窟、南石窟、大像山石窟、水帘洞石窟、炳灵寺石窟、天梯山石窟、马蹄寺石窟、金塔寺石窟、文殊山石窟、榆林窟、莫高窟、西千佛洞等。祆教艺术通过粟特人的墓葬石刻被保留了下来，沿着丝绸之路和粟特人聚落分布于古代天水、长安等商贸城市。体现中原文化特色的墓葬壁画艺术，也分布于丝绸之路上的河西走廊沿线和吐鲁番地区。文化的交融和碰撞通过艺术内容和风格充分体现出来，所以将丝绸之路称为艺术之路一点也不为过，反而更能体现出它的特色。

丝绸之路沿线星罗棋布地分散着大大小小的石窟殿堂，让人叹为观止。丝绸之路把古代印度地区,中亚地区,我国的新疆地区、甘青宁地区、中原地区、东北地区乃至朝鲜半岛和日本,都串联了起来。如果说石窟殿堂是耀眼的珍珠,那么丝绸之路就像一条线,经过它的串接,亚欧大陆的颈项上出现了一副华美的璎珞,耀眼而又迷人。百年以来,丝绸之路及其沿线的石窟殿堂以其独特的气质和魅力,吸引着来自世界各地一代又一代的学者,前赴后继,投身于相关的研究领域。

敦煌与丝绸之路石窟艺术一直都是教育部人文社科重点研究基地兰州大学敦煌学研究所多年来研究的主要内容。30 多年来,我们不但有一批专家持之以恒地进行石窟考古和石窟艺术研究,同时我们还培养了一批从事石窟艺术研究的博硕研究生和留学生,他们在这个领域作出了卓越的贡献。1980 年我们创办了中国大陆首家敦煌学专业刊物《敦煌学辑刊》,截至 2015 年年底已经发行了 90 期,石窟艺术研究专栏连同敦煌文献研究、敦煌历史地理研究等板块共同构成了刊物内容的主体,已然成为国内石窟艺术研究成果发布的重要平台。2008 年沙武田博士学位论文《敦煌画稿研究》获得该年度全国百篇优秀博士学位论文提名奖;《吐蕃统治时期敦煌石窟研究》进入《国家哲学社会科学成果文库》。与此同时,为了对敦煌与丝绸之路石窟艺术研究进行梳理和总结,兰州大学敦煌学研究所启动了“丝绸之路石窟研究文库”项目。其中《天水麦积山石窟研究论文集》《永靖炳灵寺石窟研究论文集》和《河西陇右石窟研究论文集》已经陆续出版,龟兹地区和陕西地区石窟研究论文集正在收集、整理过程之中。这种工作虽然耗费人力和物力,但若能对学界研究有所裨益,也是我们最大的荣光。

结合目前学术研究动态,兰州大学敦煌学研究所启动了“敦煌与丝绸之路石窟艺术”丛书项目,研究内容涵盖甘肃省境内的大部分石窟,既有石窟群整体性的研究,又有石窟个案研究;一方面多层次地透视丝绸之路石窟艺术文化的博大精深,另一方面紧抓学术研究前沿,集中体现了未来丝绸之路石窟艺术研究的方向。

一、石窟艺术专题研究

学界在过去50多年中进行了大量基础的测绘调查和壁画内容考释，这种研究基本上是以单个题材壁画为重点，按照时间顺序或者空间划分来对某种特定题材进行考察。这项研究是基础。无数前辈已经为我们做出了榜样。本套丛书中的《敦煌石窟彩塑艺术概论》则是一个新的案例。该书以敦煌石窟彩塑为主要研究对象，同时涉及中国其他石窟的雕塑。其结合洞窟建筑、壁画，以时代为线索，展示出了敦煌石窟彩塑独特的艺术魅力。此类研究还包括《敦煌石窟中的少数民族服饰研究》《敦煌藏经洞出土绘画品研究史》《敦煌隋代石窟壁画样式与题材研究》《北周石窟造像研究》《甘肃省博物馆藏北朝石刻造像研究》，等等。

二、石窟艺术与社会历史研究

石窟艺术与社会历史研究丝丝相扣。对于敦煌石窟而言，藏经洞出土的敦煌遗书，包括记录敦煌社会开窟造像的功德记、敦煌历史人物的邈真赞等，都是不可或缺的研究材料。史苇湘先生《敦煌社会历史与莫高窟艺术》提出敦煌本土文化论和石窟皆史论，成功运用艺术社会学研究敦煌石窟，这种研究方法意在最大程度地把莫高窟考古资料和藏经洞遗书结合起来，还原敦煌社会历史。本丛书中的《敦煌阴氏与莫高窟研究》就是运用石窟与文献相结合的方法，在石窟营建史的背景下对阴氏家族开凿或参与开凿的7个洞窟进行全面研究，从而分析阴家窟所反映出来的佛教思想、佛教功能以及社会和艺术功能。

三、佛教洞窟与寺院仪轨的综合研究

丝绸之路佛教寺院中的壁画造像题材，不同于博物馆藏品，它没有像藏品一样脱离原来的空间关系。这就为学者通过壁画造像所在的空间位置探索古代佛教仪轨提供了可能。本套丛书中的《麦积山石窟初期洞窟调查与研究》《马蹄寺石窟群汉传佛教艺术研究》《陇东地区北朝佛教造像研究》等主要研究对象集中于甘肃北朝洞窟,其综合造像内容、佛教经典以及中古时期寺院仪轨,系统阐释了图像与寺院生活的密切关系。这一研究方向是未来石窟艺术研究方向之一。

四、洞窟个案研究

专题性研究是基础,不过其弊端也清晰可见。这种研究割裂了一个洞窟之中壁画和壁画、壁画和塑像之间的互动关系。而实际上所有的造像题材都是一个有机的整体,它们共同诠释了主尊乃至整个洞窟的造像设计理念,同时也反映了洞窟背后的历史信息。因此,我们在过去数十年工作的基础上,将某一特定洞窟的诸种壁画造像题材作为一个整体进行研究,这也是未来丝绸之路佛教艺术研究的大势。本套丛书就包含了莫高窟第61窟、第100窟、第454窟、第98窟,麦积山第127窟以及瓜州榆林窟第25窟的个案研究。这些成果选取特定历史时期极富代表性的洞窟作为研究对象,全面透视洞窟设计理念,深层次构建了石窟艺术发展史。

五、特定历史时期特定区域图像的普查与研究

随着新资料的不断公布以及学者对洞窟历史背景认识的加深,部分特定阶段的佛教洞窟研究有待再探讨。本丛书《敦煌十六国至隋石窟艺术》《川北佛教石窟和摩崖造像研究》和《吐蕃统治时期敦煌密教研究》即属于此类。以敦煌为例,学者们认为,敦煌石窟的晚期,由于西藏后弘期佛教的兴起和广泛流传,敦煌石窟营造被推进到了一个崭新的时期。目前随着藏语文献的整理和藏学研究队伍的壮大,学界对敦煌中唐到元代的历史有了更深的认识,原来对敦煌藏传佛教艺术的认知需要重新架

构。如本丛书中的《吐蕃统治时期敦煌密教研究》就对相关问题作了探讨，整理了与吐蕃统治敦煌时期密教有关的大量文献与图像资料，对汉藏文献以及图像作了初步的分类与对比；讨论了吐蕃时期敦煌密教与其他信仰的关系；总结了中唐密教在整个敦煌密教发展史上的里程碑意义。

本丛书以丝路沿线石窟整体为研究对象，既注重梳理其内在的逻辑关系，又注重对个别石窟的重点探究，以开放的、广阔的研究视野，重新审视西到龟兹，东到天水、西安，西南到川北的石窟寺遗址，探索石窟艺术风格的发展演变。

这套丛书主要汇集了兰州大学敦煌学研究所近年在敦煌与丝绸之路研究方面的最新成果，希望借此出版机会倾听学界的批评和指正。

郑炳林

2015 年 12 月

敦煌石窟艺术的社会学解读
——《图像与政权:敦煌曹议金第 98 窟研究》代序

敦煌石窟艺术的研究,从斯坦因、伯希和对莫高窟进行拍摄、系统编号算起,已经走过了 110 多年的漫长历史。最初的研究是按西方考古学的传统做法,对其按客观现状仔细编号,作文字描述记录,并匹配尽量客观的摄影记录。西方考古学家们的开创性工作,把珍贵的敦煌石窟带入了当代学术研究的范畴,特别是为中国艺术史和世界艺术史的研究提供了极为重要的新资料,其学术价值是不可替代的。日本学者松本荣一的博士论文《敦煌画的研究》(1937 年出版)主要以伯希和编著的《敦煌图录》(LES GROTTES DE TOUEN-HOUANG)刊布的敦煌石窟照片和敦煌藏经洞出土的部分绘画为研究对象,对敦煌画中出现的题材内容作了详尽的考证研究,将其分为变相图、佛传图、本生图、特殊尊像图、罗汉图、高僧图、密教图、外教图等。松本博士的著作,不仅开启了用撰写博士论文的方式来研究敦煌艺术的传统,而且为敦煌艺术的图像内容识别奠定了坚实基础。

中国学者对敦煌石窟的研究也是以伯希和《敦煌图录》为主要参考开始的。贺昌群在《东方杂志》(1931 年第 28 卷第 17 号)发表《敦煌佛教艺术的系统》,这是中国学者发表的第一篇系统讲述敦煌艺术的文章,虽然以内容介绍和风格描述为主而未有深入研究,但其开风气之先,把敦煌石窟艺术的研究引入中国学术界的贡献是值得肯定的。中国人亲身到敦煌石窟作实地调查研究并把敦煌艺术系统介绍给公众的最有影响力的人是著名画家张大千。他克服各种困难,于1941年5月来到荒凉的莫高窟,临摹了大批壁画(可以说是一种摄影保存的替代方式),为每一个发现的洞窟编号,并以口述记录的方式在其《临抚敦煌壁画画集》一书中发表了研究论文,系统分析了敦煌艺术的风格演变、断代方法和对当代中国美术创作的影响,开创了对敦煌石窟艺术作总体风格分析研究的新风气。

中国学者针对单个的重要石窟作深入的案例研究,是从我1997年在哈佛大学完成的博士论文 *Art, Religion and Politics in Medieval China: The Dunhuang Cave of the Zhai Family*(《中国中古时期的艺术、宗教与政治:敦煌翟家窟研究》)开始的。此前已经有两位美国学者以敦煌单窟为对象进行博士论文写作,一个是加州大学贝克利分校的阿部贤次(Stanley Abe),另外一个是耶鲁大学的何重华(Judy Ho),前者作莫高窟第254窟研究,后者作第249窟研究。后来我在兰州大学敦煌学研究所指导博士研究生,就把对敦煌重要洞窟作单窟案例研究的方法带到中国,开启了对敦煌石窟作单窟博士论文研究的新传统。邵强军博士的这部《图像与政权:敦煌曹议金第98窟研究》,就是这一学术传统的最新成果。

邵强军博士的这部专著,是长期学习研究之后富有创意的研究成果,也是幸运机缘的结果。2015年夏天,我带研究生们到敦煌莫高窟参观考察,从现存最早的第268窟起,我开启现场教学模式,以不同时期的代表洞窟作案例,详细讲解各时期艺术的题材内容、风格特征、研究现状和未来的研究方向等。当我们来到五代时期的第98窟时,发现这个巨大的洞窟内搭起了三层楼高的脚手架,正在进行全面的保护维修工程。窟内巨大的脚手架一方面使观者无法看到窟内壁画全貌，但同时又提供了在脚手架上观看窟顶和东西南北四壁上段细部的绝佳机会，真是千载难逢的机缘呀！尽管这个洞窟的图像设计和历史背景都非常复杂，研究难度较大，当时尚是博士生的邵强军还是勇敢地选择了这个洞窟作单窟案例研究。后经敦煌研究院罗华庆副院长特别批准，邵强军得以在这个洞窟里作长时间的观察记录，这样的实地研究，为完成这部分量较重的博士论文奠定了坚实基础。

《图像与政权：敦煌曹议金第 98 窟研究》是作者在其博士论文的基础上补充修订成书的，是一部富有学术价值的研究专著。对其学术贡献，可以作如下理解：

首先，此书对第 98 窟这个体量巨大、内容复杂的洞窟作了详尽的图像识别。过去我们对该窟数量巨大的壁画只有简略的题材辨识，而细致的图文对应和细节释读工作一直缺乏。邵强军在这部书中释读了几乎所有的壁画细节，使我们对这个重要的洞窟的图像设计有了全面而深入的理解。也就是说，根据此书我们完全可以读懂这个五代时期的代表洞窟究竟画了些什么，是怎样画的。这虽然是石窟艺术研究的基础工作，但旧有的研究成果并没有解决这些基本问题。

其次，此书将第 98 窟置于曹议金主政敦煌地区的特殊历史背景中来研究，特别注重对当地佛教信仰和社会文化与该窟题材选择和图像设计之间关系的把握，从而揭示了此窟除表达宗教信仰之外，更多反映的是曹议金“以教施政”的政治理念和社会实践，并说明了五代时期敦煌石窟的多重功能和图像设计的复杂含义。这种跨学科的研究角度与方法，突破了只重文献考据、轻视图像自身价值的老传统，为敦煌石窟艺术的研究注入了新的活力。

第三，此书以附录的方式公布了第 98 窟壁画上残存的所有文字，包括各主题壁画里的榜题、窟顶千佛题名、供养人题记等，这是迄今为止最为全面的文字记录。作者抓住了窟内搭建脚手架的难得机会，抄录了前人无法看清的大批榜题资料，丰富完善了我们对这个五代时期重要代表窟的认识理解，十分难得。

最后，我想特别提醒读者注意该书作者对敦煌石窟艺术研究方法理论的梳理和思考。作者特别提到了巫鸿先生提出的敦煌石窟艺术研究"三层次"理论和颜娟英女士总结的"三个方法"，并把这些理论和方法运用到对莫高窟第98窟的研究中。但作者显然对这些流行研究理论与方法的来历和形成背景了解不多，因此对其不足之处缺乏批评性反思，只是单纯引用或运用，从而错失了理论创新和方法创新的突破机会。

我相信，伴随着像邵强军这样年轻而又有远大理想的学者逐渐成熟，敦煌石窟艺术的研究必将迎来一个繁荣兴旺的时期。

宁　强

2021年5月4日于北京

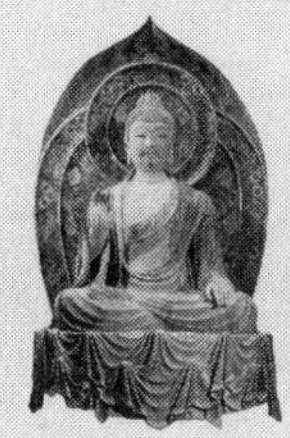

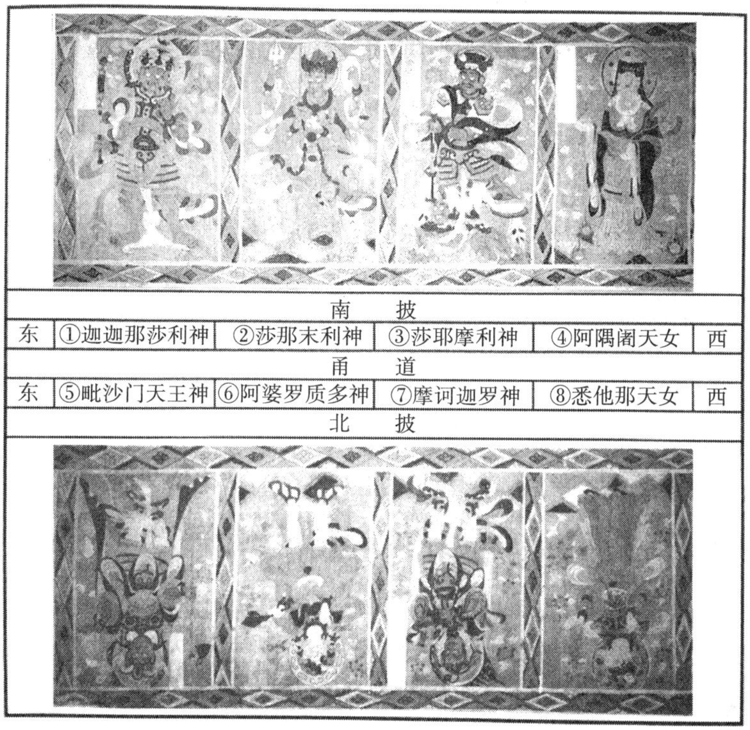

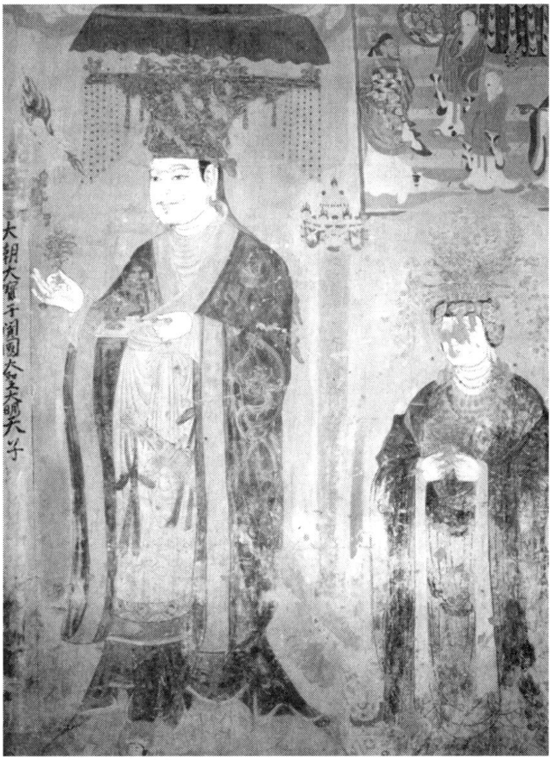

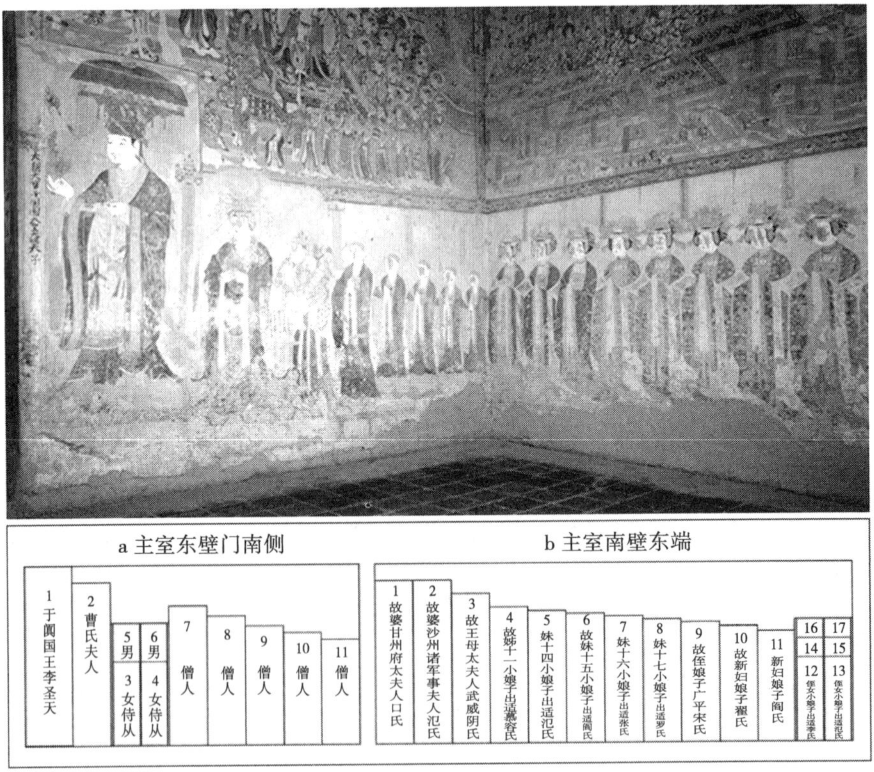

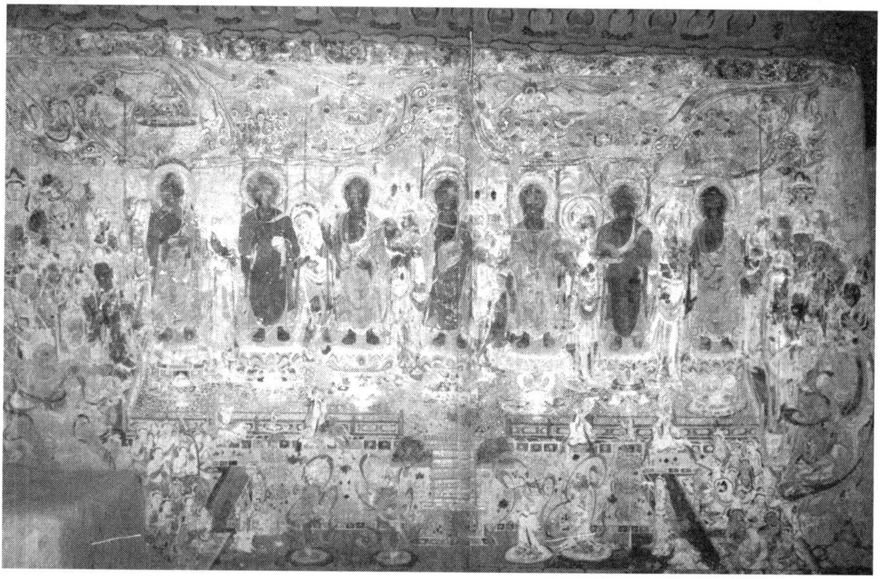

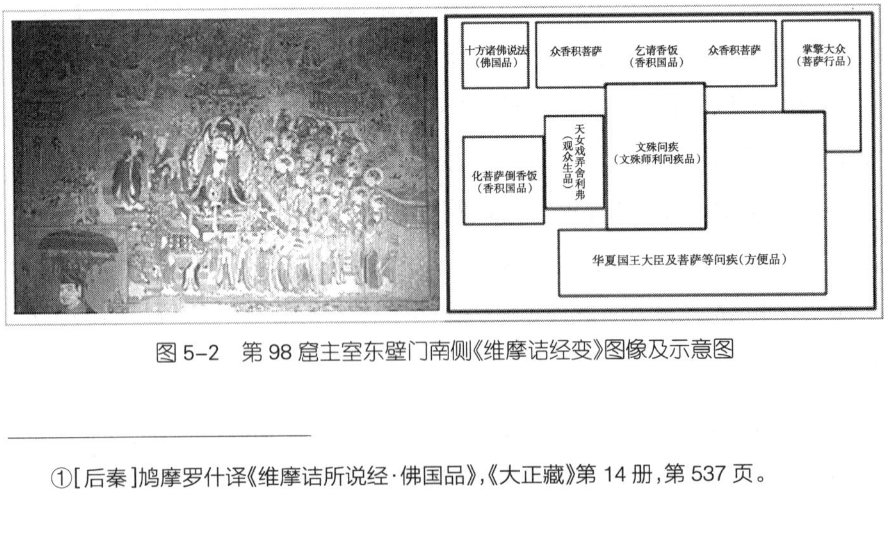

目　录

绪 论

一、研究课题与价值

（一）研究课题

后梁乾化四年（914），曹议金执掌河西走廊西部之瓜沙地区，自此，历史进入曹氏归义军时代。曹氏家族五世、八主先后秉政瓜沙之地达一个多世纪（914—1036）。这一时期，敦煌佛教文化再度繁荣，开窟造像、抄经布施之风盛行。曹氏历任节度使多在莫高窟进行石窟的营建和重修，如曹议金于914—924年主持营建的“大王窟”第98窟；曹元德和天公主于935—939年主持营建的“天公主窟”第100窟；由曹氏家族于940—945年主持营建的第22窟；曹元忠分别于950年和964年前后主持营建的第61窟和第55窟；曹元忠夫妇于966年主持重修“北大像”第96窟窟前殿堂等。其中，曹议金作为曹氏归义军首任节度使主持营建的第98窟具有模范作用，对其后的石窟营建影响深远。

第98窟位于莫高窟南区崖面中心位置“北大像”南侧（绪图1），窟形形制为主室平面呈纵长方形的中心佛坛窟，双层坛上有背屏连接至窟顶，顶作覆斗形（绪图2）；前室敞口且窟前修建有大型殿堂建筑（前室与窟前建筑已不存）；主室中心佛坛上五代塑结跏趺坐佛1身（清修），清塑

绪图 1　敦煌莫高窟第 98 窟崖面位置示意图

2 身弟子，其余 6 身塑像现已不存，仅剩基座痕迹。[①]

第 98 窟主室东西深 15.2 米，南北宽 12.8 米，高约 10 米；甬道东西深 6.8 米，南北宽 3.7 米，高 4.88 米。主室和甬道总面积约达 220 平方米，现存壁画面积达 685 平方米。前室东西深 4 米，南北宽 11 米，高 6.4—5.45 米；前室前另建有外廊，檐延伸 2.6 米，与前室同顶，为木构斜顶。窟前殿堂建筑遗址台基南北长约 21 米，东西宽约 10 米，殿基南北长约 11 米，东西宽约 6.6 米。（绪图 3）洞窟内经变画多达 10 铺，主室下部屏风画达 42 屏，供养人画像多达 292 身。[②]该窟为曹氏家窟中具有相当规模的一座大型石窟，窟中壁画精美，色彩鲜艳，题记多清晰可见，保存完好，是曹氏归义军时期的代表洞窟之一。

---

①敦煌研究院编《敦煌石窟内容总录》，北京：文物出版社，1996 年，第 38 页。

②以上数据主要参考潘玉闪、马世长《莫高窟窟前殿堂遗址》，北京：文物出版社，1985 年，第 8—13 页；石璋如《莫高窟形》（一），台北："中央研究院"历史语言研究所，1996 年，第 74—76 页；徐淑青《莫高窟第 98 窟现状调查报告》，《敦煌研究》2005 年第 5 期，第 75 页。

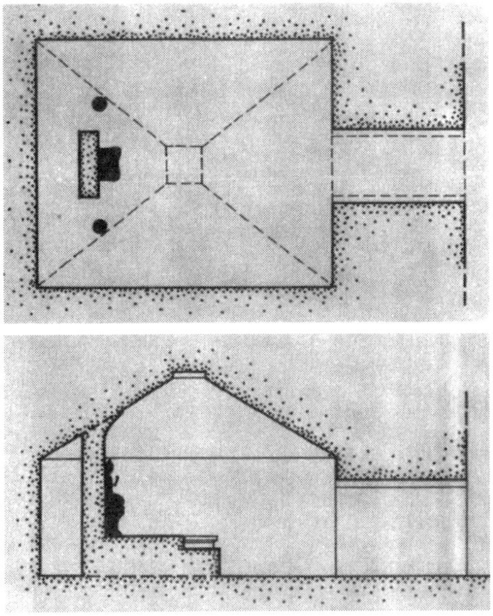

绪图 2 第 98 窟平面图与剖面图

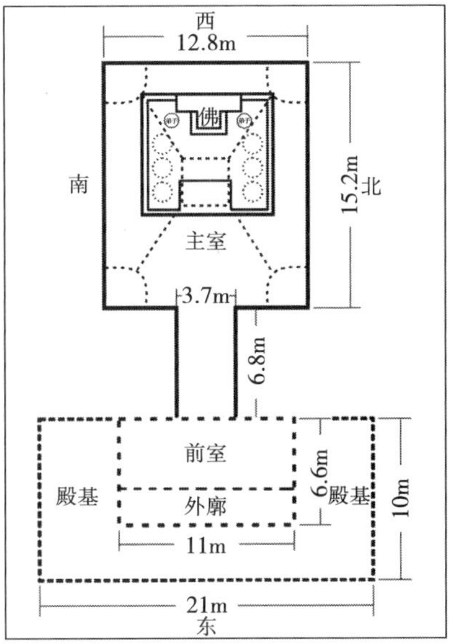

绪图 3 第 98 窟平面测绘图

(二)研究价值

1. 功德窟

第 98 窟是敦煌曹氏归义军首任节度使曹议金在其执政期间营建的首个大型功德窟,是为曹氏第一窟。该窟无论是在敦煌莫高窟营建史上还是在归义军史上均具有标志性意义。在此之前莫高窟亦有多位重要人物开凿石窟,如西魏元荣开凿第 285 窟,北周于义开凿第 428 窟,晚唐张议潮开凿第 156 窟、张淮深开凿第 94 窟等。①这些窟在各自时代中亦具有重要地位,而它们的营建规模均不及第 98 窟。

①该四窟中,前二窟中未发现记载窟主的直接信息,据专家推断,普遍认为第 285 窟和 428 窟分别为元荣和于义所开。参见贺世哲《从供养人题记看莫高窟部分洞窟的营建年代》,敦煌研究院《敦煌莫高窟供养人题记》,北京:文物出版社,1986 年,第 197—199 页;施萍婷《建平公与莫高窟》,敦煌研究院编《敦煌研究文集》,兰州:甘肃人民出版社,1982 年,第 144—150 页。

第 98 窟的营建正处于曹议金执政初期，是曹氏取得政权的功德见证，成为开启曹氏归义军时代的一个标志性建筑。曹氏政权初期，周边民族政权动荡不安，战事不断，敦煌社会经济不同程度受到影响，在这种外部环境危机四伏和自身经济实力受损的情况下，曹议金仍耗费大量人力与财力，营建比以往功德窟更具规模的洞窟，彰显出曹氏家族的政治地位与经济实力，体现出曹氏在瓜沙地区的社会影响力。

2. 政治性

石窟营建在很大程度上会受到供养人身份的重要影响，第 98 窟窟主曹议金身为五代时期瓜沙节度使，其功德窟第 98 窟势必烙有或显或隐的政治色彩。政教合一、互为相辅，是历史上宗教与世俗政权的基本发展态势。作为曹氏初期政权信仰中心的第 98 窟，其中反映出诸多与曹氏世俗政权相关的图像因素。如在甬道南北壁不但绘有曹氏归义军节度使供养人画像，还绘有张氏归义军节度使供养人画像，用以表明曹氏政权的延续性与合法性；在主室东壁门两侧不但绘有西域于阗国王李圣天夫妇画像，还绘有甘州回鹘天公主画像，用以表明曹氏政权与周边政权的友好往来，是为“政治外交图像”；在主室南北壁下部西端、西壁下部、中心背屏西向面下部共绘有 292 身高不盈尺的曹氏幕僚和僧官画像，用以凝聚人心，共建曹氏政权；主室窟顶藻井绘有团龙图像，用以象征曹氏政权尊中原为正朔和自称为王的双重意义；在主室四壁的一些大型经变画中，较为隐秘地反映出与曹氏政权密切关联的信息。在第 98 窟反映出的或显或隐的政治寓意或政治性力量，是曹氏初期政权维护稳定、促进繁荣的需要，为我们对佛教石窟艺术在政教合一问题上的研究提供了一个典型案例。

3. 典范性

曹氏归义军政权初期所营建的第 98 窟，对敦煌曹氏归义军中后期的石窟营建影响深远，具有模范作用，其营建规模和历史地位，后代难以企及。第98窟壁画题材、艺术风格及洞窟形制，多被曹氏后人和官僚作为典范洞窟进行效仿。如五代天公主第100窟、曹元忠第61窟、张都衙第108窟，宋代曹元忠第55窟、曹延恭第454窟等，这些窟的窟顶皆绘团龙图像，四角绘四天王图像，四壁绘题材相类似的经变图像等，洞窟形制多为中心佛坛式大窟。它们都不同程度地受到第98窟的深刻影响。

五代时期创设曹氏画院，这在敦煌石窟营建史上具有重要意义。以第98窟为代表的曹氏时期石窟的营建，就具有以往石窟不具备的特殊性。画院的设立使得石窟营建团队在专业程度、图像绘制技术等方面发生变化，进而促使石窟艺术面貌不断丰富和成熟。这是第98窟的营建规模和模范地位得以确立的技术基础。

4. 原创性

巫鸿先生这样定义“原创性”洞窟：“是指这些石窟的设计和装饰引进了以往不见的新样式，这些样式有的是昙花一现未能推广，有的则成为广泛模拟的对象。一旦把这类石窟大体挑选出来，我们就可以进而确定所体现的特殊建筑和图像程序（或称‘样式’）的特点和内涵，并思考这种样式产生的原因或传入敦煌的社会、政治、宗教背景。”[①]莫高窟第98窟具有“原创性”洞窟的一些特点，其中有很多新现象和新题材出现。

在图像方面，该窟窟顶四角出现四天王图像，曹议金于920年在完成窟顶壁画后举行了一场盛大的佛事活动，显示出窟顶图像的重要性；该窟中供养人画像的绘制也表现出特殊性，如将众多幕僚、僧官等曹氏家族以外的供养人绘入窟中，还将于阗王夫妇和回鹘天公主以南北对置的结构绘于主室东壁门两侧；窟中《报恩经变》《劳度叉斗圣变》等经变亦表现出其他洞窟中所没有的图像特征。

①[美]巫鸿著，郑岩等译《敦煌323窟与道宣》，《礼仪中的美术——巫鸿中国古代美术史文编》（下卷），北京：三联书店，2005年，第419页。

此外,第 98 窟在莫高窟崖面的位置选择也很特殊,处在与皇室武则天有关的北大像第 96 窟旁边，而另一旁则有张淮深第 94 窟与第 98 窟并置呼应。这些新现象和新题材的出现与曹议金初期政权存在关联。

二、研究综述

(一)第 98 窟窟主及营建时间研究

1. 窟主

张大千、谢稚柳、石璋如三位先生最早认为第 98 窟窟主是于阗国皇帝。[①]金维诺先生《敦煌窟龛名数考》一文认为,莫高窟第 98 窟是敦研 322《腊八燃灯分配窟龛名数》所载的"大象天王堂",其中"天王"指于阗国王。据该窟主室东壁门南第 1 身供养人画像题名"大朝大宝于阗国大圣大明天子……即是窟主"和第 2 身女供养人画像题名"大朝大于阗国大政大明天册全封至孝皇帝天皇后曹氏一心供养",可证明第 98 窟是于阗国王夫妇功德窟。[②]日本学者佐和隆研和藤枝晃也根据第 98 窟于阗国

①分别见张大千《漠高窟记》,台北:"国立"故宫博物院,1985 年;谢稚柳《敦煌艺术叙录》,上海:上海出版公司,1955 年,第 17 页;石璋如《莫高窟形》(一),台北:"中央研究院"历史语言研究所,1996 年,第 74 页。

②金维诺《敦煌窟龛名数考》,《文物》1959 年第 5 期。

王供养像末署“即是窟主”，来断定此窟窟主是于阗国王李圣天。①

由于莫高窟供养人题记具有一定规律，即窟内供养人相互间的关系一般都是以窟主为中心来确定称呼。若按照上述诸位学者的观点，窟主于阗国王李圣天该称呼张议潮为“外父王”，显然与史实不符。

直到1982年，贺世哲和孙修身两位先生在《瓜沙曹氏与敦煌莫高窟》一文中，根据上述莫高窟供养人题记间存在的规律，认为第98窟窟主不是于阗国王李圣天，而是曹议金。最主要的理由是通过对第98窟甬道南壁西向第1身供养人画像题名“河西陇右伊西庭楼兰金满等州□□□□观察□(处)……授太保食邑□(一)□(千)户……万户侯赐紫金……”和100窟甬道南壁西起第1身供养人题记“故敕授河西陇右伊西庭楼兰金满等州节度使检校中书令……大……讳议金”两条题记的对比，“毫无疑问地断定此人就是曹议金”。并据曹议金之子曹元忠所建61窟东壁北侧第9身供养人题记“故母钜鹿郡君夫人索氏一心供养”，认为“索勋是张议潮的女婿，曹议金是索勋的女婿，曹议金对张议潮而言，就成了外孙女婿……(曹议金)称张议潮为‘外王父’。”②

对于第98窟供养人于阗国王李圣天题记中为何出现“即是窟主”，贺、孙二氏解释认为：“其含意大概是说‘李圣天也算一个窟主’。”③

---

①[日]佐和隆研《敦煌石窟的壁画》，《西域文化研究第五：中央亚细亚佛教美术》1962年，第204页；[日]藤枝晃《敦煌绿洲与千佛洞》，《敦煌·丝绸之路》，东京：每日新闻社，1977年，第67页。

②贺世哲、孙修身《瓜沙曹氏与敦煌莫高窟》，敦煌文物研究所《敦煌研究文集》，兰州：甘肃人民出版社，1982年，第225—228页。另外，贺世哲《从供养人题记看莫高窟部分洞窟的营建年代》一文延续了此观点，见贺世哲《从供养人题记看莫高窟部分洞窟的营建年代》，敦煌研究院《敦煌莫高窟供养人题记》，北京：文物出版社，1986年，第217—219页。

③贺世哲、孙修身《瓜沙曹氏与敦煌莫高窟》，敦煌文物研究所《敦煌研究文集》，兰州：甘肃人民出版社，1982年，第229页。

学界基本认同莫高窟第98窟为“大王窟”,是曹氏归义军首任节度使曹议金的功德窟。在《敦煌学大辞典》中有词条“大王窟”,贺世哲先生认为就是曹议金所建的第98窟。曹议金于后梁龙德二年(922)已在瓜沙自称“拓西大王”,故敦煌遗书《腊八燃灯分配窟龛名数》称此窟为“大王窟”。[①]马德先生在《十世纪中期的莫高窟崖面概观——关于〈腊八燃灯分配窟龛名数〉的几个问题》一文,赞同第98窟窟主是曹议金,并进一步认为因曹议金在后梁冒称“拓西大王”,曹氏后人尊称该窟为“大王窟”,就是《腊八燃灯分配窟龛名数》所记载的窟龛名号为“大王天公主窟”中的“大王”窟。[②]而金维诺《敦煌窟龛名数考》,贺世哲、孙修身《〈瓜沙曹氏年表补正〉之补正》,米德昉《敦煌莫高窟第100窟窟主及年代问题再议》三文[③],认为“大王天公主窟”当指同一个窟,即曹议金和夫人天公主共同所建第100窟。2015年11月15日,在笔者的博士论文开题报告会上,马德先生作为评审委员之一,进一步对此问题作出了回应,明确说明自己亲眼看了《腊八燃灯分配窟龛名数》的原卷,“大王天公主窟□两盏”中从文书正面无法识别的字,从背面可以非常清楚地认出是“各”字,即“大王天公主窟各两盏”,由此表明“大王天公主窟”分别是指“大王”窟第98窟和“天公主”窟第100窟两个窟无疑。

至此,学界基本认同莫高窟第98窟为“大王窟”,是曹氏归义军首任节度使曹议金的功德窟。

---

①季羡林《敦煌学大辞典》,上海:上海辞书出版社,1998年,第64—65页。

②马德《十世纪中期的莫高窟崖面概观——关于〈腊八燃灯分配窟龛名数〉的几个问题》,《1987年敦煌石窟研究国际讨论会论文集·考古编》,沈阳:辽宁美术出版社,1990年。另见,马德《十世纪中期的莫高窟崖面概观——关于〈腊八燃灯分配窟龛名数〉的几个问题》(摘要),《敦煌研究》1988年第2期,第7页。

③分别是金维诺《敦煌窟龛名数考》,《文物》1959年第5期;贺世哲、孙修身《〈瓜沙曹氏年表补正〉之补正》,《甘肃师大学报》1980年第3期;米德昉《敦煌莫高窟第100窟窟主及年代问题再议》,《敦煌研究》2012年第4期,第63—65页。

2. 营建时间

关于第 98 窟营建时间的讨论，由于以往很多学者认为于阗国王李圣天是第 98 窟窟主，因此将此窟的营建时间推迟至后晋天福年间(937—944)。①贺世哲、孙修身等先生根据对第 98 窟窟主为曹议金的重新判读,认为第 98 窟营建时间要早于天福年间,上限不会早于后梁乾化四年(914),建成时间应在后唐同光三年(925)前后。②

1986 年，万庚育先生在《珍贵的历史资料——莫高窟供养人画像题记》一文中,通过 P.2094、P.3247、P.2623、S.0095 四件文书,以及对“一九七七年我所在第 220 窟甬道覆壁中又发现(后)唐同光三年翟奉达造大圣文殊瑞相的发愿文与题记”,同第 98 窟西壁像列南向第 18 身题记职衔“行军参谋”的比对,“则可推断此窟修建时间应在同光四年(926)前后”。③

1990 年,贺世哲先生在《试论曹仁贵即曹议金》一文中对第 98 窟始建时间作了进一步判定，认为 P.3262 和 P.3781 是曹议金营建第 98 窟时的两篇发愿文草稿,因文中有“大梁帝主”等文字,而推断该窟始建时间在后梁贞明时期(915—921),完工时间在后唐同光年间。④

1991 年,马德先生在其《曹氏三大窟营建的社会背景》一文中,赞同贺世哲先生的观点,认为第 98 窟建成时间在后唐同光年间的 924—925

①这些学者主要有金维诺、佐和隆研、藤枝晃等。观点详见金维诺《敦煌窟龛名数考》,《文物》1959 年第 5 期;[日]佐和隆研《敦煌石窟的壁画》,《西域文化研究第五:中央亚细亚佛教美术》1962 年,第 204 页;[日]藤枝晃《敦煌绿洲与千佛洞》,《敦煌·丝绸之路》,东京:每日新闻社,1977 年,第 67 页。

②贺世哲、孙修身《瓜沙曹氏与敦煌莫高窟》,敦煌文物研究所编《敦煌研究文集》,兰州:甘肃人民出版社,1982 年,第 229—231 页。另外,孙修身《谈与瓜州曹氏世谱有关的几个问题》(载《社会科学》1983 年第 5 期,第 115 页)也认为“曹议金于后唐同光三年(925)开凿的‘功德窟’莫高窟(是)第九十八窟”。

③万庚育《珍贵的历史资料——莫高窟供养人画像题记》,敦煌研究院《敦煌莫高窟供养人题记》,北京:文物出版社,1986 年,第 187 页。

④贺世哲《试论曹仁贵即曹议金》,《西北师范大学学报》1990 年第 3 期,第 40—46 页。

年，并进一步认为P.3262是914年第98窟开始营建时的文献，而P.3781则为920年前后完成窟顶壁画后的发愿文。[①]

1992年，郑雨先生在《莫高窟第九十八窟的历史背景与时代精神》一文中，将第98窟始建时间和建成时间定在贞明六年(920)五月十五日至龙德二年(922)秋冬之前，并据P.3781《转经设宅文》考订出后梁正式授予曹议金旌节的时间为920年秋，而第98窟的营建是曹议金得授节度使之职后所举行的活动之一。[②]

1993年，荣新江先生在《关于曹氏归义军首任节度使的几个问题》一文中，对郑雨先生的观点进行了一一辩驳，得出P.3781不是记录第98窟落成的文献，该文献仅能说明第98窟的始建时间是贞明四年(918)，直到贞明五年(919)撰写该篇愿文时，仅彩绘了顶部，其他部分尚未绘成。至于第98窟建成时间，荣先生考订为同光二年(924)三月到同光三年(925)六月之间，并认为曹议金从914年执掌瓜沙政权后，直至918年才获得中原王朝的承认，因此而修建第98窟以示庆祝。[③]

1996年，敦煌研究院所编《敦煌石窟内容总录》收录了1993年修订的《敦煌莫高窟内容总录》，关于第98窟，新增了注："此窟建成于924年，即敦煌遗书所称'大王窟'。"[④]但未交代原因。

1996年，王惠民先生在《曹议金执政前若干史事考辨》一文中，通过考证曹议金在924年秋东征甘州回鹘，又据S.5448《浑子盈邈真赞》所记载浑子盈参加了此次战争并战死在肃州一事，同第98窟的浑子盈供养

①马德《曹氏三大窟营建的社会背景》，《敦煌研究》1991年第1期，第19—21页。

②郑雨《莫高窟第九十八窟的历史背景与时代精神》，《九州学刊》1992年第4卷第4期(敦煌学专号)，第35—43页。

③荣新江《关于曹氏归义军首任节度使的几个问题》，《敦煌研究》1993年第2期，第49—51页。

④敦煌研究院编《敦煌石窟内容总录》，北京：文物出版社，1996年，第38页。

像题记无“亡”或“故”字联系起来,得出第 98 窟在同光二年(924)秋季之前就已完工的结论。又通过第 98 窟中曹议金供养像题记中有“太保”一职位,明确了曹议金由司空而称太保的时间是在同光二年三月至同光三年六月,从而判定第 98 窟应该在同光二年中期建成。而关于第 98 窟始建时间则判定为 918 年。①

2002 年,沙武田在其文中赞同马德先生的观点,并结合王惠民先生对于第 98 窟落成时间为 924 年中期的结论,认为曹议金是在 914 至 924 年间于莫高窟建成自己的功德窟第 98 窟。②

至此,学界对于第 98 窟的落成时间基本达成共识,即为 924 年;而对于始建时间却存在着 914 年和 918 年二说。贺世哲、马德等先生倾向于 914 年或稍后,荣新江、王惠民等先生则认为始建时间在 918 年。问题的焦点在于曹议金是在 914 年一掌权就开始营建第 98 窟,还是直至 918 年被正式册命为节度使才营建第 98 窟。关于这点,我们将在后文详述。

(二)第 98 窟窟顶图像研究

1. 藻井

莫高窟第 98 窟窟顶藻井中心是一团龙图像,学界目前对此还没有专门的研究。

---

①王惠民《曹议金执政前若干史事考辨》,敦煌研究院《段文杰敦煌研究五十年纪念文集》,北京:世界图书出版公司,1996 年,第 425—430 页。

②沙武田《莫高窟第 98 窟及其对曹氏归义军时期大窟营建之影响》,兰州大学敦煌学研究所《敦煌归义军史专题研究续编》,兰州:兰州大学出版社,2003 年,第 642—662 页。按:沙氏文中对于第 98 窟营建年代的判断正如其注释[6]“对第 98 窟的营建年代参见马德前揭文”,即马德《曹氏三大窟营建的社会背景》(载《敦煌研究》1991 年第 1 期,第 21 页)。然马氏在文中对于第 98 窟落成时间判读为同光年间的 924—925 年,而王惠民先生在《曹议金执政前若干史事考辨》(载敦煌研究院《段文杰敦煌研究五十年纪念文集》,北京:世界图书出版公司,1996 年,第 425—430 页)一文中,首次将第 98 窟落成时间判读为 924 年中期。沙氏当同时参考了王氏的观点。

涉及敦煌莫高窟早期龙图像的研究，胡同庆《莫高窟早期龙图像研究》一文，提到了西魏第 431 窟窟顶后部有龙纹平棋图案，北周第 461 窟藻井边沿有龙纹，似由南阳汉画像石中的“自环龙”演变而来，且同中国古代神话中的“飞龙”形象相联系。胡氏认为，从第 431、461 窟龙纹图案在窟顶位置（在天）等情况来看，它们是传统文化中“飞龙”的引申和发展，并认为龙图像是以一种祥瑞的象征进入佛教石窟中的。[①]这些莫高窟早期就已出现在窟顶平棋或藻井中的龙图像，为第 98 窟窟顶藻井中团龙图像的解读可提供诸多启发。2004 年，胡同庆又在《藻井龙与皇权》一文中，认为龙最初在佛教石窟中的地位较卑微，但在隋唐以后，其地位不断上升，藻井中央的龙反映出皇权与教权在佛教石窟中的分庭抗礼。[②]

由于第 98 窟属于五代时期的石窟，相关五代时期龙王信仰的研究或许对第 98 窟团龙藻井的研究具有一定的参照价值。

1990 年，张伯元先生在其文中，虽未直接论述到窟顶团龙藻井图像，但以五代、宋、曹氏归义军时期，莫高窟、榆林窟中大量出现“龙王礼佛图”为切入点，认为该图是在特定历史环境下产生的一幅“思乡图”。[③]

2005 年，党燕妮在《晚唐五代敦煌地区的海龙王信仰》一文中，认为晚唐、五代、宋初的归义军时期海龙王信仰在敦煌很流行。而 P.4536 是甘州回鹘天公主为曹议金等建幡祈福的发愿文，其中“一转，龙王之位自生”正是为曹议金祈愿。反映出敦煌的统治者是非常期望将自己等同于龙王，并让统治瓜沙之地的“龙王之位”永保。她还认为晚唐、五代、宋初的众多石窟中多绘有天龙八部以及团龙井心，这是在突显海龙王的护法

---

①胡同庆《莫高窟早期龙图像研究》，《敦煌研究》1988 年第 1 期，第 9—17 页。

②胡同庆《藻井龙与皇权》，《人民日报》（海外版），2004 年 2 月 28 日。

③张伯元《试论敦煌壁画〈龙王礼佛图〉的创作思想》，《敦煌学辑刊》1990 年第 2 期，第 70—76 页。

地位。对于该时期出现众多的“龙王礼佛图”，党氏认为既具有奉中原为正朔的含义，亦具有以龙王自居的含义。①

总之，在曹氏归义军时期团龙藻井图像不但盛行，而且还存在着兴盛的龙王信仰。在此宏观背景下，我们还可以将特定石窟、特定位置中出现的团龙图像作为个案研究，探讨窟顶藻井井心中的团龙图像的象征意义，及其与天龙八部、龙王礼佛图的异同；尤其是可结合敦煌曹氏时期团龙藻井图像与同时期中原龙纹图案的渊源关系，以第98窟为例，探讨曹议金在执政之初，其合法性问题的解决，是如何通过窟顶井心团龙来表达的。

2. 千佛与四天王

（1）千佛。现存最早有确切纪年的千佛图像，见于永靖炳灵寺第169窟。该窟东壁说法图四周存有21排千佛，北壁有西秦建弘元年（420）的建窟发愿文。莫高窟492个石窟中绘有千佛的洞窟有331个，占石窟总量三分之二。千佛图像在石窟中所占面积较大，多分布于四壁和窟顶四坡位置。

对于莫高窟早期千佛图像，学界关注较多。贺世哲先生主要从佛教义理和造像功能等层面进行讨论。1982年，贺世哲先生在《敦煌莫高窟北朝石窟与禅观》一文中，将北朝时期千佛图像定义为“十方诸佛”，并将其当成早期洞窟中的禅修题材。②同样，贺氏认为隋代洞窟中的千佛图像是“双弘定慧”的题材，仍是隋代的禅观内容。③贺氏还对北朝时期的

①党燕妮《晚唐五代敦煌地区的海龙王信仰》，《敦煌归义军史专题研究三编》，兰州：甘肃文化出版社，2005年，第271—291页。

②贺世哲《敦煌莫高窟北朝石窟与禅观》，敦煌文物研究所《敦煌研究文集》，兰州：甘肃人民出版社，1982年，第136页。另可参见刘慧达《北朝石窟与禅观》，《考古学报》1978年第3期，第337—352页。

③贺世哲《莫高窟隋代洞窟与“双弘定慧”》，《1983年全国敦煌学术研讨会论文集·石窟艺术编》（上），兰州：甘肃人民出版社，1985年，第17—60页。

千佛进行专题研究，涉及千佛的分布、形成、定名、盛行之因、千佛与供养人图像等问题，指明了莫高窟北朝千佛图像所依佛经的复杂性，同时指出其作为“十方诸佛”仍是主流。①贺氏在关于三世佛与三佛造像的研究中，进一步认为千佛也是组成“三世十方诸佛”的基本题材与内容。②而宁强、胡同庆先生首次以莫高窟早期保留千佛题记最多的第 254 窟为个案展开专门的调查与研究，发现窟内千佛数与榜题数均为 1235，辩驳了千佛“就是一千个佛”的说法；同时发现榜题中很少有贤劫千佛题名，而都是庄严劫（过去）千佛和星宿劫（未来）千佛的题名，证明了北魏时期第 254 窟中的千佛图不是“贤劫千佛”和“十方诸佛”。另外，他们通过分析千佛图像的平面构成和色彩构成，将其同绕塔礼拜的宗教仪式相结合进行研究，这一新视角，很值得借鉴。③同样，贺世哲先生也对第 254 窟的千佛图像进行了专门研究，认为是通过绘塑结合表达三世三千佛。④张

---

①贺世哲《关于北朝石窟千佛图像诸问题》，《敦煌研究》1989 年第 3 期，第 1—10 页；第 4 期第 42—53 页。贺氏对北朝千佛图像盛行的原因归纳为四种：第一，用来装饰石窟四壁，与佛教教义无关；第二，是北魏流行的念佛需要；第三，适应北魏法华信仰的需要；第四，适应北魏千佛信仰的需要，“即通过抄写称颂礼敬佛名号来解脱诸苦，累积功德”。此四种观点分别参考了［日］佐和隆研《奈良朝以前的密教美术》，《佛教艺术》第 1 号；［日］长广敏雄《云冈石窟中之千佛构成》，《中国美术史论集》，东京：讲谈社，昭和五十九年；陈明达《巩县石窟寺的雕凿年代及特点》，河南省文化局文物工作队《巩县石窟寺》，北京：文物出版社，1963 年；宁强、胡同庆《敦煌莫高窟第 254 窟千佛画研究》，《敦煌研究》1986 年第 4 期。

②贺世哲《关于十六国北朝时期的三世佛与三佛造像诸问题（一）》，《敦煌研究》1992 年第 4 期，第 3 页。另参见刘慧达《北魏石窟中的三佛》，《考古学报》1958 年第 4 期，第 91—101 页。

③宁强、胡同庆《敦煌莫高窟第 254 窟千佛画研究》，《敦煌研究》1986 年第 4 期，第 22—36 页。又载《敦煌学研究·胡同庆论文集》，兰州：甘肃人民美术出版社，1994 年，第 86—107 页。1983 年，马竞驰《千佛洞里的“千佛”》将千佛界定为“贤劫千佛”，并认为千佛“就是一千个佛”。见马竞驰《千佛洞里的“千佛”》，《阳关》1983 年第 3 期，第 67 页。

④贺世哲《关于十六国北朝时期的三世佛与三佛造像诸问题（一）》，《敦煌研究》1992 年第 4 期，第 1—19 页；《关于十六国北朝时期的三世佛与三佛造像诸问题（二）》，《敦煌研究》1993 年第 1 期，第 1—10 页。

元林先生同意贺先生所提出的观点。[①]陈慧宏对敦煌早期的千佛图像进行了集中研究,认为"贤劫千佛"与以第 254 窟为代表的"庄严劫千佛"和"星宿劫千佛"在同一时期出现。[②]叶佳玫认为第 420 窟千佛,亦为"三世十方诸佛",该千佛不但用于禅观,并且还可用于阐释整窟之法华信仰思想。[③]赖鹏举先生认为千佛图像在北传佛教造像中占重要位置,表明"千佛"与"三世"之间的关联,千佛图像重在阐释"三世"思想。[④]

学界对于莫高窟早期千佛图像的研究较为集中,而对于隋唐以后的千佛图像因其地位的降低而关注较少。如贺世哲先生提到北方石窟中的千佛图像盛行于北朝时期,而隋唐以后日渐退居次要地位。[⑤]林梅先生也认为自隋唐以后佛教信仰以净土宗为主题,千佛成为辅助内容。"[⑥]

但对于隋唐以后的千佛图像关注者也不乏其人,梁尉英先生认为莫高窟晚唐第 9 窟中心柱南侧平顶东西端所绘图像为千佛变。[⑦]梁晓鹏先生则对敦煌千佛图像进行了一次集中整理, 不但考察了早期的千佛图像,而且对隋唐以后的千佛图像给予了重视,主要从千佛图像的表现形式、构成特点、佛经关系、思想基础几方面入手进行研究。非常有意义的是梁先生从语言学和符号学的新视角对上述千佛作了观察,认为包括第 98 窟在内的一些大窟的千佛图像题名,不仅有佛典依据,而且窟顶四坡

---

①张元林《融合中印艺术独具风情特色——论莫高窟第二五四、二六〇窟的艺术成就》,《敦煌石窟艺术·莫高窟第二五四窟、第二六〇窟》,南京:江苏美术出版社,1995 年。

②陈慧宏《敦煌莫高窟早期的千佛图》,台北:台湾大学艺术史硕士学位论文,1994 年。

③叶佳玫《敦煌莫高窟 420 窟研究》,台北:台湾大学艺术史硕士学位论文,1996 年。

④赖鹏举《关河的"三世学"与河西的"千佛思想"》,《丝路佛教图像与禅法》,财团法人圆光佛学研究所,觉风佛教艺术文化基金会,2002 年,第 118—139 页。

⑤贺世哲《关于北朝石窟千佛图像诸问题》,《敦煌研究》1989 年第 3 期,第 1—10 页。

⑥林梅《北方石窟千佛问题探讨》,颜廷亮,王亨通《炳灵寺石窟学术研讨会论文集》,兰州:甘肃人民出版社,2003 年,第 237—238 页。

⑦梁尉英《略论敦煌晚唐艺术的世俗化》,《敦煌石窟艺术·莫高窟第九窟、第一二窟》,南京:江苏美术出版社,1994 年。

千佛的排列次序呈现出一定的规律，以第 98 窟最为清楚。[①]刘永增先生和陈菊霞女士《莫高窟第 98 窟是一忏法道场》一文，也详细深入地论述了第 98 窟窟顶四周千佛所依据的佛名经最接近的应是敦煌本 S.6485《佛说贤劫千佛名经》，并且依据第 98 窟中的千佛佛名题记的排列次序，整理出其是按照南坡—西坡南段—东坡—北坡—西坡北段的顺序抄写。[②]这种排列次序对我们讨论此窟的供养仪式非常有帮助。S.P.72、S.P.73(1)以及 S.P.73(2)被认为是用于绘制莫高窟晚唐、五代时期洞窟窟顶图像的画稿。[③]Roderick Whitfield 和 Anner Farrer 先生亦认为它们是用于绘制如第 61 窟窟顶等图像的画稿。[④]1997 年胡素馨肯定了此说，指出“刺孔”画稿是敦煌画师在制作洞窟窟顶千佛图像时使用的，且主要用于归义军时期的诸多大窟中。[⑤]该观点还出现在其博士论文中。[⑥]2005 年，沙武田先生进一步探讨了第 98 窟千佛变与刺孔画稿之间的关系。[⑦]米德昉认为在曹氏归义军时期，曹议金组织抄写的北大 D079《贤劫千佛名卷上》是诸多新建石窟中千佛图像的榜题依据。除莫高窟第 100 窟，第 98 窟窟顶千佛名号亦与北大 D079 卷相吻合，说明第 98 窟千佛题记应

---

①梁晓鹏《敦煌莫高窟千佛图像研究》，北京：民族出版社，2006 年。

②刘永增、陈菊霞《莫高窟第 98 窟是一忏法道场》，《敦煌研究》2012 年第 6 期，第 31—32 页。

③[英]Roderick Whitfield《西域美術·大英博物館斯坦因収集品》第 2 卷，东京：讲谈社，1982 年，彩色图版第 78、79、80，单色图版第 138、139。

④Roderick Whitfield and Anner Farrer, *Caves of the Thousand Buddhas-Chinese Art from the Silk Route*. Published for the Trustees of the British Museum, by Bristish Museum Publications, 1990.p92.

⑤[美]胡素馨《敦煌的粉本和壁画之间的关系》，《唐研究》第 3 卷，北京：北京大学出版社，1997 年，第 437—443 页。

⑥Sarah E.Fraser, *The Artist' s Practice in Tang China, 8th-10th Centuries*, P.H.D Diss, University of California at Berkeley, 1996.

⑦沙武田《敦煌千佛变画稿刺孔研究——兼谈敦煌千佛画及其制作技法演变》，《敦煌学辑刊》2005 年第 2 期，第 57—71 页。

该也参照了北大D079写卷或同类经文。[①]结合马德先生判定第98窟窟顶壁画完成时间是在920年前后,[②]北大D079经卷的抄写时间与第98窟窟顶完工时间基本吻合,可进一步说明二者间之关联。

对于莫高窟后期千佛图像上升至窟顶四坡位置,学界认为该时期千佛图像地位有所下降。但抄写于五代时期的北大D079《贤劫千佛名卷上》尾题"敬写《大佛名经》二百八十八卷",似表明千佛信仰仍十分流行,并未因绘制位置改变而显得不重要。该问题有待进一步讨论。

(2)四天王。窟顶四天王图像是曹氏归义军时期大型洞窟营建过程中出现的新现象,对于这方面的研究学界关注较少。

宿白先生认为曹氏时期石窟窟顶四天王图像是这一时期敦煌新流行的密教图像之一。[③]沙武田先生认为由于五代曹氏政权建立之初内忧外患的政治环境和此时期天王信仰的流行,第98、100、454窟中四角四天王的壁画绘制明显表露出了一种"祈愿"思想,意在希求佛界力量佑护瓜沙一隅的平安,赋予了四天王治国安邦的意义。[④]沙武田先生还发现藏于英国国家博物馆的白描稿S.P.172最外层四角所标注的内容与莫高窟第98、108窟窟顶四天王方位位置完全一致,由此认为白描稿S.P.172是曹议金绘制第98窟窟顶壁画的设计草稿,并将S.P.172定名为《窟顶画设计稿》。[⑤]米德昉先生首次以第100窟窟顶四天王图像为中心对其作了专门研究,肯定了四天王图像的产生是"治国安邦"这一世俗性的政治诉求的表达需要,同时也是受到于阗佛教思想影响的结果。他进一步

---

①米德昉《敦煌莫高窟第100窟研究》,兰州:甘肃教育出版社,2016年,第219页。

②马德《曹氏三大窟营建的社会背景》,《敦煌研究》1991年第1期,第21页。

③宿白《中国石窟寺研究》,北京:文物出版社,1996年,第293页。

④沙武田《莫高窟第98窟及其对曹氏归义军时期大窟营建之影响》,兰州大学敦煌学研究所《敦煌归义军史专题研究续编》,兰州:兰州大学出版社,2003年,第649页。

⑤沙武田《S.P.172与莫高窟五代宋窟顶壁画关系试论——敦煌壁画底稿研究之三》,《敦煌研究》2000年第3期,第39页。

从佛教义理角度切入，认为四天王反映了护法弘经、僧众结界修行的意涵。[①]其将四天王与佛坛窟形制联系起来进行考察，尤其具有启发意义。

包括敦煌莫高窟第98窟在内的众多曹氏时期的大窟，其窟顶四天王的出现是敦煌当地政治、文化等作用的产物还是受到于阗佛教思想影响的结果，主室窟顶四天王和前室四天王在功能意义上有何异同，四天王在不同洞窟中不同的方位位置配置又表明了什么，这些问题仍有待进一步研究。

（三）第98窟四壁及甬道图像研究

1. 经变画

第98窟共有经变画10铺，分别是《报恩经变》《法华经变》《阿弥陀佛经变》《弥勒经变》《劳度叉斗圣变》《天请问经变》《药师经变》《华严经变》《思益梵天问经变》《维摩诘经变》。学界对第98窟中这些内容的专门讨论还比较少，王惠民先生专门对敦煌地区经变画的研究现状作了完整综述，指出了敦煌经变画研究在不同时期的特点。如20世纪70年代之前，从佛教图像学角度研究敦煌壁画的学者甚少，至80年代，以敦煌研究院为主力的一批学者陆续公布大量经变画的调查报告，八九十年代开始对敦煌壁画的榜题与粉本进行研究。另外，还总结了学界当时对经变画的研究方法。[②]这些特点从学界对第98窟经变画的一些研究中也可看到。比如简佩琦《敦煌报恩经变与变文〈双恩记〉残卷》一文，主要从经变画所依佛典展开讨论，通过第98窟《报恩经变》榜题与《报恩经》《双恩记》的比对，认为此《报恩经变》题记很可能源于变文《双恩记》。[③]贺世哲

---

①米德昉《敦煌曹氏归义军时期石窟四角天王图像研究》，《敦煌学辑刊》2012年第2期，第83—92页。

②以上主要参考了王惠民《敦煌经变画的研究成果与研究方法》，《敦煌学辑刊》2004年第2期，第67—71页。

③简佩琦《敦煌报恩经变与变文〈双恩记〉残卷》，《敦煌学辑刊》2005年第1期，第22—36页。

先生《敦煌莫高窟壁画中的〈维摩诘经变〉》一文,也指出第 98 窟所依据的是姚秦鸠摩罗什译《维摩洁所说经》,并从图像学的视角对"方便品"里所说的维摩诘"入诸学堂,诱开童蒙"的画面展开了讨论,得出此画面具有很强的社会真实性的结论。[①]沙武田先生《S.P.76〈维摩诘经变稿〉试析——敦煌壁画底稿研究之四》一文,从画稿与壁画间的关系入手,认为 S.P.76《维摩诘经变稿》是第 98 窟《维摩诘经变》的壁画底稿。[②]

如何将画稿和壁画进一步结合,如何以图像学的方法,如何通过如《楞伽经变》《金刚经变》《思益梵天问经变》等与禅宗的关联、《天请问经变》《药师经变》与唯识宗的关联,对经变画进行整体研究,都是经变画研究在新阶段的主要任务。

2. 供养人画像

敦煌莫高窟第 98 窟现存供养人画像人数为 292 身[③],供养人数量在敦煌石窟中位居第二[④]。另外,第 98 窟有题记的供养人数量位居敦煌莫高窟之首。在《敦煌学大辞典》中,段文杰在词条"五代敦煌石窟艺术"中记为 168 身,贺世哲在词条"第 98 窟"中记为 163 身,李永宁在词条"供养画像"中记为 167 身,[⑤]然笔者据《敦煌莫高窟供养人题记》统计为 218

①贺世哲《敦煌莫高窟壁画中的〈维摩诘经变〉》,《敦煌研究》1982 年第 2 期,第 62—87 页。

②沙武田《S.P.76〈维摩诘经变稿〉试析——敦煌壁画底稿研究之四》,《敦煌研究》2000 年第 4 期,第 10—20 页。

③据笔者实地勘查和参考《敦煌莫高窟供养人题记》统计为 292 身,而《敦煌学大辞典》中计为 251 身,当有误。见季羡林《敦煌学大辞典》,上海:上海辞书出版社,1998 年,第 64—65 页。

④敦煌莫高窟供养人最多的洞窟是北周第 428 窟,多达 1200 余身。见季羡林《敦煌学大辞典》,上海:上海辞书出版社,1998 年,第 177—178 页。

⑤见季羡林《敦煌学大辞典》,上海:上海辞书出版社,1998 年,第 42、64—65、177—178 页。

身。[①]

由敦煌研究院编《敦煌莫高窟供养人题记》这一工具性书籍，成为探讨供养人画像的最基础资料。段文杰[②]、谭蝉雪[③]、竺小恩[④]等先生对供养人画像的服饰进行了研究，显现出供养人画像衣着在服饰史上的重要价值。关友惠[⑤]等先生则从美术史的视角对供养人像进行了探讨，论述了画像的演变及其在画像史上的价值。也有从佛教史的视角对供养人画像进行研究的，如沙武田先生《供养人画像与唐宋敦煌世俗佛教》一文，以第 98 窟供养人画像为例，探讨了敦煌晚唐、五代、宋时期，僧侣画像在石窟中地位的变化。[⑥]张先堂先生《莫高窟供养人画像的发展演变——以佛教史考察为中心》一文，主要从佛教史角度宏观地考察莫高窟供养人画像的发展演变，认为第 98 窟供养人排列特点是以地方长官为中心。[⑦]

总之，目前对于供养人画像的研究多集中在画像题记部分，亦有从图像学视角对供养人画像作关注的，但又多集中于画像服饰的研究，其他方面的研究较少，需进一步加强。

(四)第 98 窟的专门研究

专门对第 98 窟进行整体研究的成果比较少，主要有郑雨《莫高窟第

---

①敦煌研究院编《敦煌莫高窟供养人题记》，北京：文物出版社，1986 年，第 31—48 页。

②段文杰《敦煌壁画中的衣冠服饰》，敦煌文物研究所《敦煌研究文集》，兰州：甘肃人民出版社，1982 年，第 165—188 页；《莫高窟唐代艺术中的服饰》，《段文杰敦煌艺术论文集》，兰州：甘肃人民出版社，1994 年，第 273—317 页。

③谭蝉雪《解读敦煌——中世纪服饰》，上海：华东师范大学出版社，2016 年。

④竺小恩《敦煌服饰文化研究》，杭州：浙江大学出版社，2011 年。

⑤关友惠《敦煌壁画中的供养人画像》，《敦煌研究》1989 第 3 期，第 16—20 页。

⑥沙武田《供养人画像与唐宋敦煌世俗佛教》，《敦煌研究》2007 年第 4 期，第 72—79 页。

⑦ 张先堂《莫高窟供养人画像的发展演变——以佛教史考察为中心》，《敦煌学辑刊》2008 年第 4 期，第 93—103 页。

九十八窟的历史背景与时代精神》[①],沙武田《莫高窟第98窟及其对曹氏归义军时期大窟营建之影响》[②],刘永增、陈菊霞《莫高窟第98窟是一忏法道场》[③],范鹏《曹氏归义军初期敦煌洞窟营建中折射出的价值观——以莫高窟第98窟为例》[④],此四文对第98窟相关内容涉及较多。

第98窟是敦煌曹氏归义军首任节度使曹议金在执政期间营建的首个大型功德窟,其价值和意义不言而喻。以上主要从该窟窟主及营建时间、窟顶图像、四壁及甬道图像,以及对第98窟的专门研究四个方面,就敦煌莫高窟第98窟的研究现状作了一个较为完整的梳理。我们发现仍有诸多问题值得深入探讨,如第98窟的始建时间问题;甬道中张氏、曹氏巨型供养人画像对置排列绘制的原因;幕僚和僧官供养人画像大规模出现于曹议金功德窟的原因;经变画中出现了诸多"原创性"的内容该如何解释,如主室东壁《维摩诘经变》中《方便品》的绘制位置和表现内容具有独特性,其原因何在;窟顶团龙藻井和四天王图像有何象征性意义;曹氏画院的出现对石窟营建有何影响等。

①郑雨《莫高窟第九十八窟的历史背景与时代精神》,《九州学刊》1992年第4卷第4期(敦煌学专号),第35—43页。

②沙武田《莫高窟第98窟及其对曹氏归义军时期大窟营建之影响》,兰州大学敦煌学研究所《敦煌归义军史专题研究续编》,兰州:兰州大学出版社,2003年,第642—662页。

③刘永增、陈菊霞《莫高窟第98窟是一忏法道场》,《敦煌研究》2012年第6期,第31—32页。

④范鹏《曹氏归义军初期敦煌洞窟营建中折射出的价值观——以莫高窟第98窟为例》,《敦煌研究》2016年第2期,第1—7页。

三、研究方法

巫鸿先生曾讲道，针对莫高窟490多个石窟，需要挑选一批具备“原创性”(originality)的石窟进行研究。此处所提及的“原创性”，大意是指窟中的塑像和壁画出现了一些在以往洞窟中所没有的新特点，我们需要思考这些新特点出现的原因等。[①]巫氏的研究方法与思路可为我们研究敦煌石窟艺术指引一条探索方向。

颜娟英先生依据20世纪50年代以来的佛教艺术研究成果，专门对佛教石窟艺术的研究方法作了总结性讨论，认为佛教石窟艺术的研究主要有考古学、图像学和功能学三种基本方法。[②]

郑炳林和沙武田先生肯定了此三种研究方法，并在其著作《敦煌石窟艺术概论》开篇第一章《敦煌石窟艺术研究省思与检讨》中作了进一步探讨。其中考古学的研究方法包括考古调查、考古清理发掘、考古报告、

①[美]巫鸿著，郑岩等译《敦煌323窟与道宣》，《礼仪中的美术——巫鸿中国古代美术史文编》(下卷)，北京：三联书店，2005年，第419页。

②颜娟英《佛教艺术方法学的再检讨》，中华民国史专题第四届讨论会秘书处《中华民国史专题论文集——第四届讨论会》，台北：国史馆，1998年，第647—666页。

内容总录、分期排年、综合的考古学研究。图像学的研究方法主要依据潘洛夫斯基(Panofsky)提出的图像学研究的三种层次,即前图范(pre-iconographical)描述、图范分析、图意(iconologcal)诠释。由此石窟艺术的研究也将分为三步,第一步是对图像的客观描述,就是"图像志"的研究,这是图像研究的基础;第二步是结合文献资料对图像的解读,是文献与图像的互证;第三步类似于"功能学"的研究方法,也就是潘洛夫斯基所说的"(对图像)内在所蕴含表征的世界,所从事的图意的诠释",这主要是针对单个独立图像的分析,而功能学的方法是针对图像整体的研究。关于石窟艺术功能学的研究方法,认为该研究方法回到了对石窟本身及营建者,包括功德主、工匠、洞窟的使用者等的关注。由于石窟里面所有图像有一个整体的规划设计,所要表达的意图是需要综合呈现的,所以功能学与图像学研究的主要区别在于, 前者是对石窟内所有内容的整体研究,而后者可以是对单一图像的部分研究。①

巫鸿先生同样对佛教石窟艺术的研究方法提出了三个层次,即"底层研究"是对单独图像的考释;"中层研究"的目的是提示一个石窟寺及所饰画像和雕塑的象征结构、叙事模式、设计意图,及"主顾"(parton)的文化背景和动机;"高层研究" 则是从宏观的角度对石窟艺术与社会、宗教、意识形态一般性关系进行的研究。②

颜娟英先生总结出的"三个方法"和巫鸿先生提出的"三个层次",都是研究佛教石窟艺术方法论层面的讨论,有重合的部分,也有不一样的地方。如巫鸿提出的中层研究和高层研究,含有对人与艺术品以及社会与艺术品互动关系的讨论,是将人类学的方法纳入到佛教石窟艺术的研

---

①郑炳林、沙武田《敦煌石窟艺术概论》,兰州:甘肃文化出版社,2005年,第1—25页。

②[美]巫鸿著,郑岩等译《敦煌323窟与道宣》,《礼仪中的美术——巫鸿中国古代美术史文编》(下卷),北京:三联书店,2005年,第419页。

究中。

上述石窟艺术的研究方法和理论，可为第 98 窟的研究提供方法论层面的有益指导。

四、研究重点与难点

石窟营建与窟主及时代背景有着密切关联，第 98 窟作为曹氏归义军首任节度使曹议金的功德窟,对窟主曹议金及其政权的认识是研究该窟必不可少的。本课题首先就曹氏及其政权初期的相关历史史实作了充分梳理,以便为我们理解石窟营建与设计动机做好准备;其次,本窟主室四壁多铺经变题记多数犹存,清晰可见,对这些题记的抄录、句读,以及对壁画具体内容的释读,都是展开后续研究的重要前提,有助于我们进一步探讨石窟的宗教意涵与功能;再次,我们通过与其他洞窟的比较研究,明确了第 98 窟造像与壁画的特点,进而结合典籍与曹氏政权背景,针对这些特点对图像作深层次解读,着重探讨佛教艺术与世俗政权间的互动关系;最后,我们对整个洞窟的营建思想和功能作了讨论,展现出曹氏归义军初期佛教文化的一些特色。上述这些问题便构成本课题研究的重点,其中宗教与政治间的微妙互动关系成为课题研究的难点。

第一章

图像与历史：第 98 窟的基本内容与营建背景

第98窟的营建在曹氏归义军政权建设中具有里程碑意义。本章首先对该窟中塑像和壁画及其绘制位置等作了简要交代，并经实地勘查，补充了《敦煌石窟内容总录》中记述不完整的内容，如甬道盝形顶南北两坡多铺瑞像图的定名，甬道南壁巨型供养人画像的具体数目等；然后对曹议金本人及其政权建设情况作深入考察；最后对藏经洞中幸存下的，关于曹议金营建功德窟的两件功德发愿文残卷，进行整理和要点提炼。我们发现曹氏归义军政权初期所面临的问题，同样在功德发愿文中有翔实的表达。这些发愿诉求是曹议金营建第98窟的重要动机之一，亦成为探讨第98窟造像与壁画中诸特殊现象的路径之一。

第一节　造像与壁画

一、造像

第 98 窟主室中心佛坛上现仅存一主尊佛与二弟子，其余 6 身塑像现已不存,仅留有圆形基座痕迹。主尊佛身为五代原作,头部清代重修;二弟子清代塑。主尊佛结跏趺坐于高台须弥座上,身披袈裟,左手作降魔触地印,右手上举作说法印;佛像背屏两侧各绘一棵菩提树向上生长交汇于佛头顶部,菩提树交会处绘一华丽宝盖,菩提宝盖上左右各绘 2 身飞天。(图 1–1)由主尊造像所施降魔触地印和头上菩提宝盖等,可判定第 98 窟的主尊造像尊格为释迦牟尼佛。

二、壁画

甬道南壁西起绘功德主曹议金(图 1–2)及其三子曹元德、曹元深、曹元忠画像,随后 4 身画像从胸部以上残缺,最后为 4 身[1]上下两两站

---

①《敦煌石窟内容总录》记为 2 身,经笔者实地勘查,实为 4 身侍从画像,并双手合十做供养状。

图 1-1　敦煌莫高窟第 98 窟主室内部全景图

立的侍从画像；甬道北壁西起绘张议潮、张淮深、索勋画像，随后 3 身身份不详，再后 2 身仅存小腿和脚部，余皆残毁。

图 1-2　第 98 窟甬道南壁曹议金、曹元德、曹元深供养人画像

甬道盝形顶东面壁画已不存，西面和中央残存佛教史迹画之牛头山圣迹（图 1-3）及瑞像图。盝顶南北坡各绘数铺竖条形格画，现南坡西起存 6 铺，余皆已毁坏；北坡西起存 7 铺，余 3 铺仅能见头部或更少。条格画由菱形几何纹样间隔分开，上下均为较宽的菱形几何纹样，上与甬道顶相接，下与二方连

续团花纹相接，并且团花纹绘于凸起的泥塑方框中，再往下接供养人画像。《敦煌石窟内容总录》概称这些条格画为瑞像，具体到每一格中为何种瑞像未作说明。现据前人研究成果①予以补充：

图 1-3 第 98 窟甬道顶佛教史迹画

甬道南坡西起：

第 1 格是阿隅阇天女：天女形象，身体侧向窟外而立，绘有头光，头披红巾，有颈饰、手镯；身穿宽袖大袍，左手于胸前持长颈莲花，右手掌心托一火焰摩尼宝珠，脚下散落三颗火焰摩尼宝珠。（图 1-4）

第 2 格是莎耶摩利神：天王形象，身体侧向窟外而立，身着铠甲，双臂交叉于胸前，左手持宝杵，脚踏恶鬼。

第 3 格是莎那末利神：身体侧向窟外而立，裸上身，下着短裙，六臂，左上手持宝镜，左中手捧螺于胸前，左下手执生珠莲枝，右上手持金刚杵，右中手持剑于胸前，右下手自然下垂。（图 1-5）

第 4 格是迦迦那莎利神：正面而立，天王形象，身穿铠甲，左手置胸前捏一宝珠，右手执棒，赤脚立于绿水之上。

---

①［法］伯希和著，耿昇、唐健宾译《伯希和敦煌石窟笔记》，兰州：甘肃人民出版社，1993 年；敦煌研究院《敦煌石窟全集 12：佛教东传故事画卷》，香港：商务印书馆，1999 年，第 62—81 页；张小刚《敦煌瑞像图中的于阗护国神王》，《敦煌研究》2005 年第 1 期，第 50—56 页；张小刚《敦煌壁画中的于阗装饰佛瑞像及其相关问题》，《敦煌研究》2009 年第 2 期，第 8—15 页；张小刚《敦煌佛教感通画研究》，兰州：甘肃教育出版社，2015 年，第 304—377 页；荣新江、朱丽双《于阗与敦煌》，兰州：甘肃教育出版社，2013 年，第 299—318 页。

图 1-4　第 98 窟甬道顶南坡阿隅阇天女

图 1-5　第 98 窟甬道顶南坡莎那末利神

第 5 格是中印度境授贼与珠佛瑞像:该格绘两身形象,一佛陀和一世俗装男子。佛陀居左,男子居右,佛陀形象高出男子许多,大小悬殊。他们相向而立,佛陀侧身屈躬,低头望向男子,右手下垂作与愿印或接引状;男子抬头高高举起左手,右手持物(不明)。二者之间非常明显地形成一种互动。

P.3352-c 载:

> 中印度境,佛额上宝珠,时有贫士,既见宝珠,乃生盗心,像便曲躬,授珠与贼。①

①敦煌遗书中现存几份与瑞像有关的写卷,它们分别是 P.3033V、P.3352、S.5659、S.2113,张广达、荣新江等先生作了录文,时隔二十余年,张小刚先生重新对其进行了订补。本文相关录文皆以张小刚先生的最新录文为准。见张小刚《敦煌佛教感通画研究》,兰州:甘肃教育出版社,2015 年,第 358 页。

S.5659 载:

中印度镜(境),佛额上宝珠,时有贫士,既见宝珠,乃生盗心,像便曲躬,授珠与贼。①

S.2113V-a 载:

中印度境有寺,佛高二丈,额上宝珠。时有贫士,既见宝珠,乃生盗心,诈见清君,画量长短,夜乃构梯逮乎欲登,其梯尤短,日日如是渐增高,便与念曰:“我闻诸佛,求者不违。今此素像,怯此明珠如姓明(性命),并为虚阐。”语讫,像便曲躬,授珠与贼。②

可见该格表现的是中印度境授贼与珠佛瑞像。

第 6 格是释迦牟尼佛真容白檀香身从王舍城腾空住于阗海眼寺瑞像:佛陀形象,正面立于莲花之上,左手托物,右手作说法印或施无畏印,身光中绘满小千佛。同时代莫高窟第 126 窟甬道南坡第 6 格,亦绘一着白色袈裟佛陀,正面而立,左手不详,右手作说法印或施无畏印,身光中布满小千佛,存有榜题“……住海眼寺”。另据 S.2113V-a 载:

释迦牟尼佛真容,白檀身,从国王舍城腾空而来,在于阗海眼寺住。③

---

①张小刚《敦煌佛教感通画研究》,兰州:甘肃教育出版社,2015 年,第 358 页。

②张小刚《敦煌佛教感通画研究》,兰州:甘肃教育出版社,2015 年,第 359 页。

③张小刚《敦煌佛教感通画研究》,兰州:甘肃教育出版社,2015 年,第 359 页。

可知该像为释迦牟尼佛真容白檀香身从王舍城腾空住于阗海眼寺瑞像。

甬道北坡西起:

第 1 格是悉他那天女:天女形象,身体侧向窟外而立,兽头人身,头上有竖起的双耳,嘴显长,口中衔草;绘有头光,头戴宝冠,有璎珞、手镯;下身穿长裙,右手作说法印,左手托火焰摩尼宝珠。存有题记:“悉他那天女守护于阗国。”(图 1–6)

第 2 格是摩诃迦罗神:天王形象,身体侧向窟外而立,身穿铠甲;绘有头光,头戴兜鍪,唇外龅齿突出;双手端盘于前,盘中置诸多蓝色宝珠。

第 3 格是阿婆罗质多神:天女形象,身体侧向窟外而立;绘有头光,头戴宝冠,有颈饰、手镯;裸上身,下着短裙,左手持长柄香炉,右手作说法印。

第 4 格是毗沙门天王神:天王形象,站立于一地鬼背上,正面而立;绘有头光,头戴宝冠,身穿铠甲;左手托塔,塔作方形覆钵顶,为西域样式,可见两面开龛,右手执三叉戟,上系铃铛。(图 1–7)

图 1–6　甬道顶北坡悉他那天女

图 1–7　甬道顶北坡毗沙门天王神

图 1–8　甬道顶北坡鹿野苑中瑞像

第5格是波罗奈国鹿野苑中瑞像:佛陀形象,结跏趺坐,左手捧一莲花苞,右手作说法印;佛座正面绘一圆形莲花,莲花中绘有双足,脚掌心相对。(图1–8)据S.2113V–a载:

张掖郡西影像,月之(支)王时见(现)瑞像。其像两足返。①

可见"其像两足返"是该瑞像最典型的形象特征。

第6格是释迦牟尼佛真容白檀香身从汉国腾空住于阗坎城瑞像:佛陀形象,正面立于莲花之上,左手托一莲花苞,右手作说法印或施无畏印,身光中绘满小千佛。同时代莫高窟第126窟甬道北坡西起第6格内绘一穿白色袈裟佛陀,身光中布满小千佛,存有榜题为:"……□□国腾空而来在于阗坎城住。"另外,同时代莫高窟第108窟甬道北坡西起第7格所绘同上,榜题为:"……佛真容白□香为身从/……坎城住。"据S.2113V–a载:

释迦牟尼佛真容,白檀香为身,从汉国腾空而来,在于阗坎城住。②

可判定该像为释迦牟尼佛真容白檀香身从汉国腾空住于阗坎城瑞像。

第7格是勃伽夷城菩萨装佛瑞像:右下部分残缺,菩萨装束,头戴宝冠,冠顶绘一佛头;戴耳环、项圈、璎珞、臂钏以及手镯;结跏趺坐,偏袒右肩,左手捧一莲花苞,右手作降魔印。《大唐西域记·瞿萨旦那国》载:

①张小刚《敦煌佛教感通画研究》,兰州:甘肃教育出版社,2015年,第359页。
②张小刚《敦煌佛教感通画研究》,兰州:甘肃教育出版社,2015年,第359页。

王城西行三百余里，至勃伽夷城，中有佛坐像……首戴宝冠……舍宝冠置像顶。①

可见在勃伽夷城出现过戴有宝冠的菩萨装坐佛，这与第 7 格菩萨装佛瑞像有很多相似之处，推测其是勃伽夷城菩萨装佛瑞像。这也是目前在敦煌地区仅见到的一例。

第 8、9、10 格仅存瑞像头顶及头光。

甬道南北两坡西起前 4 格画合为于阗八大守护神瑞像（图 1–9）。正如张广达和荣新江先生所言，于阗八大守护神的大量出现当与本地战乱

南　披					
东	①迦迦那莎利神	②莎那末利神	③莎耶摩利神	④阿隅阇天女	西
甬　道					
东	⑤毗沙门天王神	⑥阿婆罗质多神	⑦摩诃迦罗神	⑧悉他那天女	西
北　披					

图 1–9　第 98 窟甬道两坡于阗八大守护神图像位置示意图

①玄奘、辩机著，季羡林等校注《大唐西域记校注》，北京：中华书局，2000 年，第 1015 页。

和社会动荡有关，统治阶级和僧俗佛徒希望得到神明的庇护，也反映了于阗地区金刚乘的流行。[①]而于阗八大守护神及其他瑞像在敦煌石窟中大量出现，表明归义军时期的敦煌和于阗在宗教文化交流方面亦长期保持着密切联系。在曹氏归义军政权初期内忧外患的政治环境下，于阗八大守护神所拥有的护佑一方国土安稳的功能，便得到敦煌曹氏政权的借用，这是于阗八大守护神等瑞像，能在敦煌曹氏归义军时期大量流行起来的一个重要原因。

主室中心双层佛坛高1.35米，南北长8.4米，东西宽7.55米。上层马蹄形佛床东面有壶门22个，内画供养菩萨、摩尼宝珠、香炉；南、西、北面有壶门各12个，画供宝。下层佛坛东面有壶门7个，南、北两面有壶门各6个，西面有壶门4个，内画伎乐、摩尼宝珠、香炉。

背屏正面如前所述，绘菩提宝盖、四飞天，下有二天王。背面绘立佛1铺，佛左下绘一骑着飞马的猎人，下身着护甲，佩带箭囊，头戴官帽，脚蹬马鞍，赤裸上身，拉弓射箭，狂奔于山野，正猎杀长有长角的公鹿，公鹿亦狂奔于山野，做瞠目结舌状，显得极为惊慌失措；立佛右下绘僧人与猎人相向而对，公鹿静静立于僧人一旁，猎人跪于僧人面前，猎人身后的飞马低着头，静静地站着；最下绘幕僚供养像一列。背屏南、北侧面各绘菩萨1身，宝冠中各有一化佛，菩萨顶上各绘飞天1身。

主室内部壁画及位置如图1-10所示：

窟顶藻井绘团龙井心；四坡最上一层绘十方诸佛赴会，下层绘贤劫千佛，千佛中央各绘说法图1铺；窟顶东南角绘东方提头赖吒天王，西南角绘南方毗琉璃天王，西北角绘西方毗楼博叉天王，东北角绘北方毗沙门天王。

---

①张广达、荣新江《敦煌"瑞像记"、瑞像图及其反映的于阗》，北京大学中国中古史研究中心《敦煌吐鲁番文献研究论集》第三辑，北京：北京大学出版社，1986年。另收入同作者著《于阗史丛考》，上海：上海书店，1993年，第212—279页。

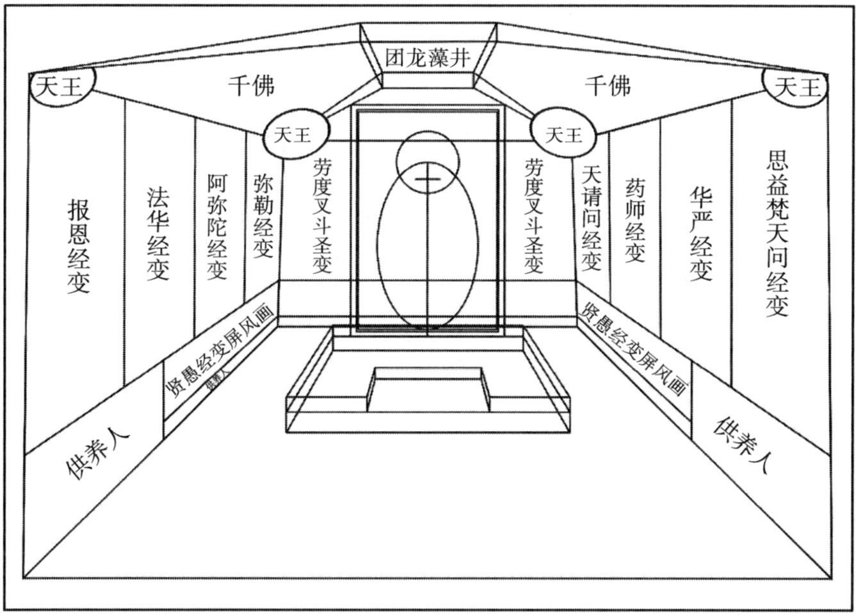

图 1-10 第 98 窟主室壁画及位置示意图

南壁东起依次绘《报恩经变》《法华经变》《阿弥陀经变》《弥勒经变》。下东端绘曹氏家族女供养人及女侍从画像 17 身,她们是曹议金的岳母、姊妹及侄女等;西端绘贤愚经变诸品屏风画 13 条,东起第 1—4 屏是梵天请法六事品,第 5—6 屏是摩诃萨埵以身施虎品,第 7 屏是二梵志受斋品,第 8 屏是海神难问船人品,第 9 屏是恒伽达品,第 10—11 屏是须阇提品,第 12 屏是波斯匿王女金刚品,第 13 屏是金财因缘品。屏风画最下层绘僧官及幕僚供养人像,部分残。

西壁绘《劳度叉斗圣变》。下绘贤愚经变诸品屏风画 16 条,南起第 1 屏是华天因缘品,第 2 屏是降六师品、慈力王血施品,第 3—7 屏是降六师品,第 8 屏是摩诃斯那优婆夷品,第 9—10 屏是散檀宁品,第 11—12 屏是月光王施头品,第 13 屏是五百盲儿往返逐佛缘品,第 14 屏是富那奇缘品,第 15 屏是出家功德尸利芯提品、沙弥守戒自杀品,第 16 屏已毁。

屏风最下层绘幕僚供养人像一列。

北壁西起绘《天请问经变》《药师经变》《华严经变》《思益梵天问经变》。下绘贤愚经变诸品屏风画13条,西起第1屏是迦旃延教老母卖贫品,第2屏是盖事因缘品,第3屏是善求恶求缘品,第4—6屏是善事太子入海品,第7屏是净居天请佛洗品,第8—9屏是无恼指鬘品,第10屏是檀腻骑品、贫女难陀品,第11屏是师质子摩头罗世质品和象护品,第12屏是象护品,第13屏是波婆离品。屏风最下层绘幕僚供养人像一列;屏风以东绘曹氏家族女供养人及侍从画像17身,她们是曹议金的女儿和儿媳等。

东壁绘《维摩诘经变》,门上绘方便品;门南侧绘文殊师利问疾品,其上绘香积国品和菩萨行品;门北侧绘维摩诘示疾,其上绘见阿閦佛品、不思议品和佛国品。东壁门南侧下绘于阗国王李圣天及夫人曹氏等男女供养人像11身;门北侧下绘曹议金甘州回鹘天公主、巨鹿索氏及广平宋氏夫人等女供养人像7身。其中于阗国王李圣天夫妇和曹议金的三位夫人画像是曹元深时期(940—944)补绘,余皆为建窟时原画。

第二节　曹议金上任与执政

907 年,唐王朝覆灭,历史从此进入五代十国时期。五代初期,各地藩镇节度使,部分独立建国,敦煌归义军节度使张承奉得知唐亡梁兴的消息后,于 909 年在河西走廊西部地区建国,号西汉金山国,911 年后又改称为西汉敦煌国。约在 914 年夏秋之交,曹议金取代张承奉,取消西汉敦煌国国号,重新恢复归义军藩镇建制,仍奉中原王朝为正朔,历史步入曹氏归义军时代(914—1036)。曹氏政权历五世、八主,使瓜、沙二州保持了长达一个多世纪的和平稳定。曹氏归义军初期,曹议金于莫高窟为自己修建敦煌石窟中规模最大的功德窟,现编号为第 98 窟。曹议金是第98窟营建出资人,因此对曹氏背景情况的掌握将对解读其功德窟第 98 窟造像和壁画所蕴含的深层次意涵奠定基础,也意味着我们才有可能站在出资人的立场和角度思考问题,从而最大限度地还原隐藏在宗教艺术背后的社会文化真相。以下本文将主要从曹议金的族属与政权的获得、曹议金的册封与称王现象、曹议金政权的内政与外交三个方面进行详细论述。

一、曹议金族属与政权获得

(一)族属问题

学界对于曹议金族属的讨论比较激烈,主要有两种观点:一是认为曹议金出自亳州谯郡,即其乃今安徽省亳县的汉族人;另一观点认为曹议金是西域昭武九姓中的粟特人。

持曹议金是汉人一说的学者,他们最主要的依据是敦煌文书 P.4638《曹良才邈真赞并序》,其中记载:

> 公讳厶乙,字良才,即今河西一十一州节度使曹大王之长兄矣。公乃是亳州鼎族,因官停彻(辙)于龙沙;谯郡高原,任职已临于西府。①

赞文中良才指曹仁裕,而曹仁裕为曹议金长兄,他们都来自中原亳州谯郡,辗转至敦煌做官。这也是目前唯一明确记载曹议金族属的文献资料。

罗振玉先生在《瓜沙曹氏年表》末附"谯郡曹氏世系表",认为曹议金郡望为谯郡。②藤枝晃先生根据 P.4638《曹良才邈真赞并序》,认为曹议金是汉人。③姜伯勤先生也肯定了曹议金"亳州鼎族"的汉人身份。④

---

①郑炳林《敦煌碑铭赞辑释》,兰州:甘肃教育出版社,1992 年,第 255 页。

②兰州大学历史系敦煌学研究室、兰州大学图书馆合编《敦煌学论文选》上册,第 88—107 页。

③藤枝晃《沙州归义军节度使始末(三)》,《东方学报》(京都)第 13 册,1942 年,第 64 页。转引自金伟、张虎生、李波汉译《沙州归义军节度使始末(下)》,《国外藏学研究译文集》第 14 辑,拉萨:西藏人民出版社,1998 年,第 101 页。

④姜伯勤《敦煌邈真赞与敦煌名族》,《敦煌邈真赞校录并研究》,台北:新文丰出版公司,1994 年,第 11—14 页。

支持曹议金是汉人说的第二个依据是敦煌历史上曾有汉族曹氏存在。东汉《郃阳令曹全碑》载:

君讳全,字景完,敦煌效谷人也。……世宗廓土斥竟(境),子孙迁于雍州之郊,分止右扶风,或在安定,或处武都,或居陇西,或家敦煌。枝分叶布,所在为雄。①

可见曹全在汉晋时期是敦煌效谷地区的豪门大族,并任职高官。另有唐代杨炯撰《曹通神道碑》载:

君讳通,字某,其先沛国谯人也。近代因官,遂居于瓜州之常乐县,故今为县人焉。②

据鲁才全先生研究,曹通在隋代开始就凭借军功上升到中下级官吏,而且荫及后人。③以上两则材料表明在曹议金所处五代之前,就已有从中原迁徙至敦煌的汉族曹氏,且均担任官职。

李并成和解梅先生就通过《曹良才邈真赞并序》中的"因官停彻(辙)于龙沙……任职已临于西府"和《曹通神道碑》中的"近代因官,遂居于瓜州之常乐县"这些相近信息,再结合曹通及其后代在唐初已是敦煌大族的地位,以及莫高窟壁画中曹议金及其后代相貌之汉人特征,认为同是谯郡郡望的曹议金可能是汉人曹通家族的血脉。④

①王昶《金石萃编》卷十八,第 1 册,西安:陕西人民美术出版社,1990 年,第 1 页。

②李昉《碑六十七(神道二十八)·职官十八》《文苑英华》卷九一〇,第 6 册,第 4792 页。

③鲁才全《〈唐昭武校尉曹君(通)神道碑〉跋》,武汉大学中国三至九世纪研究所《魏晋南北朝隋唐史资料》第 5 期,武汉:武汉大学出版社,1983 年,第 57—60 页。

④李并成、解梅《敦煌归义军曹氏统治者果为粟特后裔吗——与荣新江、冯培红先生商榷》,《敦煌研究》2006 年第 6 期,第 109—115 页。

而持曹议金是粟特人一说的学者认为,《曹良才邈真赞并序》所载信息太笼统,未能交代家族详细信息,似有意回避了一些内容,其可信度值得怀疑。另外,五代曹议金与汉代曹全及隋唐曹通,他们的家族之间是否有关联,在已知史料中并没有相关记载。如史苇湘先生对曹议金是亳州谯郡之郡望表示怀疑,推测曹议金与汉代敦煌郡效谷县的曹全家族恐非出自一系。①

在敦煌地区,除了有从中原迁徙至敦煌的汉族曹氏,同样也有许多从西域来到敦煌的粟特曹氏。敦煌文书S.613V《西魏大统十三年(547)瓜州效谷郡计帐》和P.3559+P.3018+P.2657+P.2803V《唐天宝十载(751)敦煌郡敦煌县差科簿》中就有粟特曹氏。据池田温先生研究,第一件中的曹匹智拔和曹鸟地拔就是粟特人或匈奴人。而在第二件中,反映出位于敦煌的从化乡共有236人,其中曹氏达30人之多,并认为这30人曹姓来自西域粟特。②另外,石田干之助先生亦认为,第二件文书中有8位曹姓是从西域粟特及其周边迁徙至敦煌的。③那么这些粟特曹姓与曹议金家族是否存在着联系,现存史料中并无相关记载。

然而,荣新江和冯培红两位先生认为他们之间存在着联系,推测曹议金可能来自粟特后裔之曹姓家族。④荣新江先生分析了粟特曹姓家族在敦煌吐蕃时代和张氏归义军时代的崛起情况,表明至五代时期,粟特曹氏有获取政权的可能条件;接着从少数民族之间有内婚制的文化背景

---

①史苇湘《世族与石窟》,敦煌文物研究所编《敦煌研究文集》,兰州:甘肃人民出版社,1982年,第154页。

②池田温《8世紀中葉における敦煌のソグド人聚落》,《ユーラシア文化研究》第1号,1965年,第81页。

③石田干之助《天宝十載の丁籍に見ゆる敦煌地方の西域系住民に就いて》,和田清编《加藤博士還曆記念東洋史集説》,东京:富山房,1941年,第85页。

④荣新江《敦煌归义军曹氏统治者为粟特后裔说》、冯培红《敦煌曹氏族属与曹氏归义军政权》,《历史研究》2001年第1期,第65—86页。

出发，结合莫高窟第 98 窟中曹议金与甘州回鹘天公主、于阗国王李圣天之间的联姻，推测“很可能是因为他们的种族同为胡族，甚至同为伊朗人种，在胡族内部联姻制的影响下而结合”；最后考察了曹氏归义军时期粟特人在官府的任职，以及他们在下层社会中的地位，对于其中一些粟特文化因素或现象的解释，如果以曹议金家族是粟特人来说明，似乎较合情理。冯培红先生则从纵向角度，对敦煌历史中的汉族曹氏和粟特曹氏进行了梳理，着重说明了从东汉至晚唐粟特曹氏势力的崛起，并以其族人担任僧俗两界高官为证，直至五代初曹议金夺得归义军最高统治权。由此推测曹议金极可能是来自中亚的粟特人。另外，沙武田先生从文化因素角度，推测曹议金家族可能是粟特人，并解释了敦煌所有曹氏窟中画像以汉人面貌呈现的原因。[①]

综上，学界对于曹议金是汉族人还是粟特人的争论相持不下，持曹议金家族为汉人说者，有明确的史料证据，并且曹议金似与隋唐时期迁徙至敦煌的中原汉人曹通家族有一定的关联。而推论曹议金家族很可能是粟特人后裔者，其说虽然属于推测，但仍可为第 98 窟等曹氏家窟的研究提供另一种可能性，具有一定启发意义。比如张氏归义军时期的洞窟，主室东壁门上多绘有亡父母画像，并成为一种普遍现象；然而在曹氏归义军时期的洞窟中，并未继承这种传统，该现象几乎不复存在，曹氏家族似乎在有意回避着某些祖源信息。

（二）政权获得

从上面对曹议金族属问题的梳理可以看出，迁徙至敦煌的汉姓曹通家族和曹姓粟特人，其共同点是均活跃在敦煌的政治舞台上，如鲁才全

---

①沙武田《敦煌石窟归义军曹氏供养人画像与其族属之判别》，中央文史研究馆、敦煌研究院、香港大学饶宗颐学术馆《庆贺饶宗颐先生九十五华诞敦煌学国际学术研讨会论文集》，北京：中华书局，2012 年，第 144、164 页。

先生认为汉姓曹通在隋代开始就凭借军功上升至中下级官吏，且荫及后人。[①]李并成和解梅先生也认为曹通及后代在唐初已成为敦煌大族。[②]荣新江和冯培红二先生均认为曹姓粟特人在张氏归义军统治后期迅速崛起，担任僧政两界重要官职。[③]无论曹议金出于他们中的哪一支，均可为曹议金政权的获得奠定一定的政治基础。

关于曹议金获得归义军政权的时间，《宋史》载：

> 至朱梁时，张氏之后绝，州人推长史曹义(议)金为帅。[④]

曹议金是在五代后梁时期被州人推选为帅，从而取代张氏而建立曹氏归义军政权的。而在《资治通鉴》和《新唐书》中均记载曹议金是在咸通十三年(872)获取政权的。《资治通鉴》载：

> 咸通十三年(872)八月，归义节度使张义潮薨，沙州长史曹义(议)金代领军府；制以义(议)金为归义节度使。[⑤]

《新唐书》亦载：

---

①鲁才全《〈唐昭武校尉曹君(通)神道碑〉跋》，武汉大学中国三至九世纪研究所《魏晋南北朝隋唐史资料》第5期，武汉：武汉大学出版社，1983年，第57—60页。

②李并成、解梅《敦煌归义军曹氏统治者果为粟特后裔吗——与荣新江、冯培红先生商榷》，《敦煌研究》2006年第6期，第109—115页。

③荣新江《敦煌归义军曹氏统治者为粟特后裔说》、冯培红《敦煌曹氏族属与曹氏归义军政权》，《历史研究》2001年第1期，第65—86页。

④[元]脱脱等《宋史》卷四九〇《沙州传》，北京：中华书局，1977年，第14123—14124页。

⑤[宋]司马光编著，[元]胡三省音注《资治通鉴》卷二五二，北京：中华书局，1976年，第8164页。

十三年卒。沙州以长史曹义(议)金领州务,遂授归义节度使。[①]

然而,《张淮深碑》中明确记载了张议潮于 872 年死后,其侄张淮深继承了归义军政权,而非曹议金。

除以上正史资料,敦煌文献中亦有相关记载。P.4044 是一件杂抄文书,其首行残存“使、检校吏部尚书、兼御史大夫曹”[②],在该行之后,连续抄有《唐乾宁六年(899)十月廿日某甲差充右一将第一队副队帖》《甘州使头都头某甲等帖》等,笔迹相同,是同一书手将不同年代的文书杂抄在了一起。

对这件文书的讨论,苏莹辉先生认为,文书中的节度使是指曹议金,并对时代判定为“远在僖、昭之世”;[③]唐耕耦先生认为是在“光化二年(899)十月廿日曹仁贵已自称归义军节度兵马留后使”。[④]此观点遭到李正宇[⑤]、荣新江[⑥]等先生的质疑,认为这与 899 年归义军藩帅为张承奉之史实相矛盾。冯培红先生在此基础上进一步结合相关敦煌文书进行了论证,认为“使、检校吏部尚书、兼御史大夫曹”是该文书前缺部分的末行,而非紧跟在后面文书的首行,将其与后面文书误判为同一帖文,导致了年代考证错误。其通过比对 P.3239 授官牒的格式,即 P.3239 末行中也

---

①[宋]欧阳修、宋祁《新唐书》卷二一六下“吐蕃下”,北京:中华书局,1975 年,第 6108 页。

②唐耕耦、陆宏基《敦煌社会经济文献真迹释录》第四辑,北京:全国图书馆文献缩微复制中心,1990 年,第 289 页。

③苏莹辉《瓜沙史事述要》,《敦煌文史艺术论丛》,台北:新文丰出版股份有限公司,1987 年,第 86—87 页。

④唐耕耦《曹仁贵节度沙州归义军始末》,《敦煌研究》1987 年第 2 期,第 15 页。

⑤李正宇《曹仁贵名实论——曹氏归义军创始及归奉后梁史探》,汉学研究中心《第二届敦煌学国际研讨会论文集》,台北:汉学研究中心,1991 年,第 552 页。

⑥荣新江《归义军改元考》,《文史》第 38 辑,北京:中华书局,1994 年,第 49 页。

为“使、检校吏部尚书、兼御史大夫曹”,进而根据 P.3239 中的年代记载“敕归义军节度兵马留后使牒……甲戌年十月十八日牒。使、检校吏部尚书、兼御史大夫曹仁贵”[①],将曹议金获得政权考证为甲戌年(914)十月十八日。[②]据 P.4638V 还可以将时间提前至同年八月十三日。详见后文考证。

曹议金是如何获得张氏政权,是和平过渡还是武力获取,由于缺乏史料,成为学界又一争论点。

这里首先涉及张承奉西汉敦煌国的覆亡时间, 冯培红先生认为,张氏掌政的西汉敦煌国在甲戌年(914)五月确实存在,甚至可能延续至七月。[③]

索勋与张议潮女儿所生之女,嫁于曹议金,当在张氏统治后期,说明此时曹议金已颇有势力,与张、索大姓结为姻亲。正因此故,劳幹先生认为“似乎曹张的交替是在一种和平状态之中,而非武力的篡夺”。[④]

荣新江先生认为张议潮家族成员在曹氏时期继续入仕, 表明张、曹二氏政权交替未出现大的斗争。但是,从张氏归义军时期张、索、李三氏的内部政治斗争来看,权力最终回归至张氏,若依这一历史现状,曹氏所取得的政权也不会一帆风顺。[⑤]冯培红先生认为,在甲戌年(914)七月至十月之间发生了一场政治变动, 曹氏取代张氏成为了瓜沙地区的统治者。从敦煌邈真赞、墓志铭所载曹氏时期的官员仕历来看,他们的仕途一如既往,甚至还得到了加官的殊遇,这似乎透露出,张、曹继代是一场没有流血的政治变动。[⑥]

---

①唐耕耦、陆宏基《敦煌社会经济文献真迹释录》第四辑,北京:全国图书馆文献缩微复制中心,1990 年,第 293 页。

②冯培红《敦煌的归义军时代》,兰州:甘肃教育出版社,2013 年,第 236—241 页。

③冯培红《敦煌的归义军时代》,兰州:甘肃教育出版社,2013 年,第 238 页。

④劳幹《唐五代沙州张曹两姓政权交替之史料》,《申报》1948 年 1 月 17 日“文史”版。

⑤荣新江《敦煌归义军曹氏统治者为粟特后裔说》,《历史研究》2001 年第 1 期,第 68 页。

⑥冯培红《敦煌的归义军时代》,兰州:甘肃教育出版社,2013 年,第 238 页。

在莫高窟营建史上,曹议金第一个将众多幕僚阶层画像绘制于自己的功德窟第 98 窟中,并且从这些幕僚供养人画像的官职可看出,他们代表着曹氏归义军政权的中坚力量[①]。另外,第 98 窟发愿文反映出曹议金初建的政权处于内忧外患的政治环境中[②]。综合这些信息,似乎表明曹氏初期政权的不稳定性,曹议金故将幕僚等中坚力量绘于自己家窟以笼络人心。

二、曹议金册封与称王现象

(一)册封

《宋史》载:

> 至朱梁时,张氏之后绝,州人推长史曹义(议)金为帅。[③]

该条史料提及曹议金被州人由长史推选为帅,由此建立了曹氏归义军政权。但此时其还未得到五代后梁朝廷的正式册封。P.3239《甲戌年(914)十月十八日归义军节度兵马留后使曹仁贵敕前兵马使邓弘嗣改补充左厢第五将将头牒》:

> 敕归义军节度兵马留后使牒……甲戌年十月十八日牒。使、检校吏部尚书、兼御史大夫曹仁贵。[④]

①冯培红《敦煌的归义军时代》,兰州:甘肃教育出版社,2013 年,第 263 页。

②马德《曹氏三大窟营建的社会背景》,《敦煌研究》1991 年第 1 期,第 19—21 页。

③[元]脱脱等《宋史》卷四九〇“沙州传”,北京:中华书局,1977 年,第 14123—14124 页。

④唐耕耦、陆宏基《敦煌社会经济文献真迹释录》第四辑,北京:全国图书馆文献缩微复制中心,1990 年,第 293 页。

牒文中记载了甲戌年(914)十月十八日,曹议金是以归义军节度兵马留后使,而非节度使的身份签署了任官牒。为了求得节度使这一殊荣,曹议金曾多次遣派使者朝贡后梁,因为还未得到朝廷册封,所以他在给官方的状文中仍以节度使留后相称。如P.4638V中有两件《权知归义军节度兵马留后守沙州长史曹仁贵(曹议金)状》,文末署:"权知归义军节度兵马留后、守沙州长史、银青光禄大夫、检校吏部尚书、兼御史大夫、上柱国曹仁贵状上。"[①]据苏莹辉、陈祚龙推断,该状与P.3239牒同属甲戌年(914)[②],但这第一次入贡,并未成功,中途被凉州嗢末剽劫。[③]918年,曹议金再次遣使朝贡。李正宇先生认为P.2945《权知归义军节度兵马留后使状稿》为曹议金于后梁贞明四年(918)写给灵州令公和凉州仆射的书信抄本,并认为曹议金未因贞明二年第一次通梁失败而放弃通梁的心愿,约在贞明三年至四年春夏之时再次通使中原,获得成功。[④]荣新江先生亦认为曹议金在贞明四年再次遣使朝贡,到达了梁廷,梁朝又遣使至敦煌,即P.2945 载"泽漏(露)西天,诏宣荒裔",梁朝使者很可能至敦煌

①唐耕耦、陆宏基《敦煌社会经济文献真迹释录》第五辑,北京:全国图书馆文献缩微复制中心,1990年,第387、388页。

②苏莹辉《敦煌文史艺术论丛》,台北:新文丰出版股份有限公司,1987年,第85页;陈祚龙《迎头赶上,此其时也——敦煌学散策之二》,《敦煌学园零拾》,台北:台湾商务印书馆,1984年,第422页。而李正宇则考定为贞明二年(916),见李正宇《曹仁贵名实论——曹氏归义军创始及归奉后梁史探》,汉学研究中心《第二届敦煌学国际研讨会论文集》,台北:汉学研究中心,1991年,第552—553;《曹仁贵归奉后梁的一组新资料》,《魏晋南北朝隋唐史资料(第11期)——唐长孺教授八十大寿纪念专辑》,武汉:武汉大学出版社,1991年,第274—281页。

③李正宇《曹仁贵名实论——曹氏归义军创始及归奉后梁史探》,汉学研究中心《第二届敦煌学国际研讨会论文集》,台北:汉学研究中心,1991年,第552—553;《曹仁贵归奉后梁的一组新资料》,《魏晋南北朝隋唐史资料(第11期)——唐长孺教授八十大寿纪念专辑》,武汉:武汉大学出版社,1991年,第274—281页。

④李正宇《曹仁贵归奉后梁的一组新资料》,《魏晋南北朝隋唐史资料(第11期)——唐长孺教授八十大寿纪念专辑》,武汉:武汉大学出版社,1991年,第274—281页。

后授予了曹议金节度使官职。[①]然李、荣二氏观点被杨宝玉、吴丽娱所质疑,认为曹议金终梁之世,也未能通梁成功。[②]冯培红先生也持此观点,认为到了后唐才被正式册封。[③]《新五代史》载:

> 至唐庄宗时,回鹘来朝,沙州留后曹义(议)金亦遣使附回鹘以来,庄宗拜义(议)金为节度使、瓜沙等州观察处置等使。[④]

《册府元龟》亦载:

> 后唐庄宗同光二年四月, 沙州曹义 (曹议金) 进玉三团、硇砂……[⑤]
>
> 后唐庄宗同光二年五月,以权知归义军节度兵马留后……充归义军节度、瓜沙等州观察处置管内营田押蕃落等使。[⑥]

这些史料反映出曹议金此次入贡时间是在同光二年(924)四月,同年五月唐庄宗才任命曹议金为瓜沙节度使。故曹议金终梁未被册封,直至唐庄宗时才求授节度使职成功。

---

①荣新江《归义军史研究——唐宋时代敦煌历史考索》,上海:上海古籍出版社,1996 年,第 238 页。

②杨宝玉、吴丽娱《梁唐之际敦煌地方政权与中央关系研究——以归义军入贡活动为中心》,《敦煌学辑刊》2010 年第 2 期,第 71—73 页。

③冯培红《敦煌的归义军时代》,兰州:甘肃教育出版社,2013 年,第 234 页。

④[宋]欧阳修撰,徐无党注《新五代史》卷七四“四夷附录”,北京:中华书局,1974 年,第 915 页。

⑤[宋]王钦若等《册府元龟》卷九七二“外臣部·朝贡”,北京:中华书局,1989 年,第 3858 页。

⑥[宋]王钦若等《册府元龟》卷一七〇“帝王部·来远”,北京:中华书局,1989 年,第 2057 页。

上述 P.4638V 是后梁乾化四年(914)的文书,记载了曹议金获得政权首次朝贡中原之史实。不过此次入贡,中途被凉州嗢末剽劫,未成而返。而该件文书落款之处所盖朱印皆为"沙州节度使印"[①],表明曹议金在914年获得政权时就已自称节度使,而文末落款却以"归义军节度兵马留后"相称。落款与印章上身份的冲突似乎表现出曹议金的矛盾心理。

曹议金自914年上任至924年,在敦煌莫高窟营建了自己的功德窟第98窟。这十年间,曹议金曾多次朝贡中原,但 P.4638V 和 P.2945 两件文书表明,曹议金未能被正式册封为节度使,也就是说曹氏政权的合法性仍未得到官方承认。在这种情况下,曹议金换了一种方式来证明自己政权存在的合法性,即营建功德窟第98窟。他以此具有纪念碑意义的建筑证明曹氏归义军政权的开始,并以窟中甬道张氏、曹氏画像证明政权继承的合法性。曹议金政权在其未被册封的这段时期,正是用这一纪念碑性质的佛教建筑来表明其合法性,同时也以此标示曹氏归义军政权的开始。这成为曹议金政权在取得官方承认前维持政权稳定的一种策略。而恰在第98窟建成前后,曹议金得到了中原王朝的册封。

(二)称王

自907年唐帝国覆亡后,历史进入了军阀割据混战的五代十国,诸路军阀各自为政。在这样的时代背景之下,敦煌归义军节度使张承奉也不例外,于909年建立了独立王国西汉金山国,后改称为敦煌国。从此开启了敦煌本地统治者称王、称帝的传统。

曹议金于914年从张承奉手中顺利获取政权,但他并未独立建国,而是积极尊中原朝廷为正朔,恢复了归义军藩镇旧制。其最本质之因是敦煌当地民众结构以汉人为主,曹氏归义军政权为了能够长久稳固地统

---

①[日]森安孝夫《河西帰義軍節度使の朱印とその編年》,《内陸アジア言語の研究》XV,2000年,第18—19页。

治瓜沙之地，首先要获得当地汉人的大力支持。[①]

然而，新旧《五代史》和《宋史》中，却将曹氏归义军政权分别列在《四夷附录》和《外国传》里，似表明曹氏政权独立性的一面。在曹议金执政期间（914—935）的二十余年里，他曾受封和自称过“谯王”“曹大王”“令公大王”和“托（拓）西大王”等。如 P.3718《李绍宗邈真赞并序》、P.3792Va《张和尚生前邈真赞并序》中称“谯王”；P.4638《曹夫人宋氏邈真赞并序》《曹良才邈真赞并序》中称“曹大王”；P.2704《曹议金回向疏四件》卷尾书“令公大王曹议金”；[②]莫高窟第 401、108、55、454 窟，以及榆林窟第 16 窟等窟中供养人题记称“托（拓）西大王”。[③]

其中莫高窟隋代第 401 窟中，甬道南壁西起第 1 身重绘有曹议金画像，榜题为：“敕……拓西大王谯□（郡）……□（曹）议金一心供养。”[④]曹议金的官衔中就有“拓西大王”。P.4044V《金山国修文坊巷社再葺上祖兰若标画两廊大圣功德赞并序》载：“奉为我拓西金山王，永作西陲之主。……一同皇王。”[⑤]其中“拓西金山王”指的是张承奉。显然，曹议金之“拓西大王”是对张承奉“拓西金山王”这一称号的延续和继承。第 401 窟中曹议金画像绘于 921 年[⑥]，时值曹议金功德窟第 98 窟营建期间（914—924）。这是我们目前所见关于曹议金自称为王的最早记载。表明曹议金在上任后最迟于 921 年就已称王。敦研 322《腊八燃灯分配窟龛名数》中所载窟龛名号“大王天公主窟”，分别指的是“大王窟”第 98 窟和“天公主窟”

---

①冯培红《敦煌的归义军时代》，兰州：甘肃教育出版社，2013 年，第 457 页。

②郑炳林《敦煌碑铭赞辑释》，兰州：甘肃教育出版社，1992 年，第 466、540、225、255 页。

③敦煌研究院《敦煌莫高窟供养人题记》，北京：文物出版社，1986 年，第 17、51、152、171 页；张伯元《安西榆林窟》，成都：四川教育出版社，1995 年，第 42 页。

④敦煌研究院《敦煌莫高窟供养人题记》，北京：文物出版社，1986 年，第 152 页。

⑤郑炳林《敦煌碑铭赞辑释》，兰州：甘肃教育出版社，1992 年，第 544—545 页。

⑥敦煌研究院《敦煌石窟内容总录》，北京：文物出版社，1996 年，第 234 页。

第100窟。曹氏后人等尊称第98窟为“大王窟”,可见曹议金自称为王在当地已深入僧俗民众之心,其政权独立割据的性质显现无疑。若从更为广阔的角度观察,在敦煌归义军史上,张承奉、曹议金、曹元忠、曹延禄、曹宗寿、曹贤顺六位统治者都曾先后称过王[①],表明自张承奉起,称王在敦煌地区已成为一种普遍现象,甚或成为一种传统。

对于曹议金称王现象,学界如苏莹辉[②]、荣新江[③]、赤木崇敏[④]、冯培红[⑤]等先生多有讨论,其中赤木崇敏先生从王权与佛教的关系角度进行了探讨,认为是受到佛教转轮王思想的影响。这一视角和观点对我们探讨政治与宗教间的关系,特别是对第98窟所代表的佛教与功德主曹议金作为地方统治者所代表的王权之间的深层次关系的探讨,非常有启发意义。我们将结合第98窟窟顶团龙藻井、窟顶千佛与曹议金组织所抄经等内容,在后文中展开讨论。

三、曹议金政权的内政与外交

(一)内政

1. 政权合法性的建设

曹议金面对归义军政权合法性问题,主要采取了以下两个措施:

---

①荣新江《归义军史研究——唐宋时代敦煌历史考索》,上海:上海古籍出版社,1996年,第128页;苏莹辉《瓜沙曹氏僭称‘敦煌王’及受封‘敦煌郡王’考》,《瓜沙史事丛考》,台北:台湾商务印书馆,1983年,第88—97页。

②苏莹辉《敦煌文史艺术论丛》,台北:新文丰出版公司,1987年,第96—109、146—153页;《瓜沙史事丛考》,台北:台湾商务印书馆,1983年,第88—97页。

③荣新江《沙州归义军历任节度使称号研究(修订稿)》,《敦煌学》第19辑,1992年,第35页。

④[日]赤木崇敏《十世纪敦煌的王权与转轮圣王观》,《东洋史研究》第69卷第2号,2010年,第59—89页。

⑤冯培红《敦煌的归义军时代》,兰州:甘肃教育出版社,2013年,第297—301、455—458页。

第一是恢复归义军建制，尊中原为正朔。曹议金约在 914 年夏秋之交，取代西汉敦煌国，难能可贵的是曹议金取消了国号，而重新恢复了归义军藩镇建制，奉中原王朝为正朔。如 P.3239 载："敕归义军节度兵马留后使牒……甲戌年十月十八日牒。使、检校吏部尚书、兼御史大夫曹仁贵。"[①]牒中记载甲戌年（914）十月十八日，曹议金是以归义军节度兵马留后使的身份签署任官牒的事实。另外，P.4638V 中状文末尾署："权知归义军节度兵马留后……"[②]这些官方文书的身份署名皆表明曹议金获得政权后恢复了归义军藩镇的建置，奉中原王朝为正朔。

第二是在自己功德窟第 98 窟中，绘制张氏供养人画像，并表明其与曹氏之间的姻亲关系，以证明政权的合法性和延续性。第 98 窟甬道南壁绘有 8 身供养人及 4 身[③]侍从画像，西起首位画像题记为："河西陇右伊西庭楼兰金满等州□□□□观察□（处）……授太保、食邑□（一）□（千）户……万户侯赐紫金……"[④]由官职等信息可知是现任节度使曹议金，其身后绘曹议金子孙等；[⑤]北壁现存 8 身画像中（最后两身仅存足部），西起第 1 身和第 3 身分别是已故归义军节度使张议潮和索勋之画像。贺世哲先生据曹议金之子曹元忠所建第 61 窟中，有"故母巨鹿郡君夫人索氏一心供养"之题记，认为张议潮是索勋的岳父，索勋又是曹议金的岳父，曹议金自然随夫人索氏称张议潮为"外王父"。[⑥]由于这种特殊的

---

①唐耕耦、陆宏基《敦煌社会经济文献真迹释录》第四辑，北京：全国图书馆文献缩微复制中心，1990 年，第 293 页。

②唐耕耦、陆宏基《敦煌社会经济文献真迹释录》第五辑，北京：全国图书馆文献缩微复制中心，1990 年，第 387 页。

③《敦煌石窟内容总录》中记为 2 身侍从，笔者曾亲自在洞窟中考察，发现实际为 4 身侍从，画像两两前后站立并双手合十并做供养状。

④敦煌研究院《敦煌莫高窟供养人题记》，北京：文物出版社，1986 年，第 32 页。

⑤敦煌研究院《敦煌石窟内容总录》，北京：文物出版社，1996 年，第 38 页。

⑥贺世哲《从供养人题记看莫高窟部分洞窟的营建年代》，敦煌研究院《敦煌莫高窟供养人题记》，北京：文物出版社，1986 年，第 217 页。

姻亲关系,使得他们被画在了窟主曹议金画像的对面。北壁西起第2身画像,早年伯希和就已说“题记很短并已无法释读”[①],很可能是张议潮的儿子张淮鼎或侄子张淮深,而索勋之后很可能还有张承奉。曹议金把与自己有姻亲关系的张、索诸任已故节度使绘于对壁,大有家族像谱的意味,用以表示他是张氏归义军政权的合法继承人,曹氏归义军是张氏政权的延续。

2. 政权稳定性的建设

曹议金虽然与张氏家族有姻亲关系,但毕竟是外姓。虽然曹议金上任后在政权合法性问题方面积极采取了以上措施,但其所处的环境似乎并不乐观。如张承奉时代与甘州回鹘签订的“父子之约”,曹议金仍要屈辱地代为履行,表明其处于劣势地位。P.3262 和 P.3781 两件敦煌文书是与第98 窟营建相关的发愿文,前者是第 98 窟营建前举行开工典礼时使用的祈愿文,后者是在第 98 窟完成窟顶壁画后的一次庆祝法会上的功德祈愿文。[②]这两件文书虽有所残缺,但从现有的内容中亦可看出曹氏归义军初期政权的不稳定性。

P.3781 中出现“府僚大将,各尽节于辕门;亲从之官,务均平而奉主”之文字,当是祈愿曹氏政权文武大将要尽忠护主。马德先生认为这透露出初建的归义军政权内部很不稳定,曹议金希望幕僚能够齐心协力,助曹氏振兴归义军政权。[③]另外,P.3262 和 P.3781 中还载有“四方通泰,使人早还,风雨顺时,五谷殷实”“四方开泰,使人不阻于前程;南北休征,驲骑往来而无滞,蝗飞永散,万劫不起于边甿;水治洪津,竞唱南风之雅颂”“河清海晏,千年无九横之殃;夏顺秋调,万载罢三灾之难”等,表明曹议

①[法]伯希和著,耿昇、唐健宾译《伯希和敦煌石窟笔记》,兰州:甘肃人民出版社,第 146 页。

②马德《曹氏三大窟营建的社会背景》,《敦煌研究》1991 年第 1 期,第 21 页。

③马德《曹氏三大窟营建的社会背景》,《敦煌研究》1991 年第 1 期,第 21 页。

金渴望和平,渴望风调雨顺,祈愿尽快消除天灾人祸的愿望。可见曹氏归义军政权初期是处在内忧外患的环境之中,维护和巩固政权的稳定性显得非常迫切。

这样的情形和迫切愿望在曹议金的功德窟第 98 窟中同样被表现出来。该窟所呈现出的一个新现象是大量供养人画像的绘制——曹氏除绘制与自己有着姻亲关系的人的画像,还首次将多达二百余名幕僚的供养人像绘制在了自己的家窟中。这是莫高窟以往不曾出现过的情况,具有特殊意义。这一举措提升了幕僚们的地位,明显具有笼络人心、凝聚政权力量之用心。这是曹议金在内忧外患的情境下,通过宗教信仰手段所做出的维护稳定之举,与 P.3262 和 P.3781 祈愿文中所表达的意愿是完全一致的。除了幕僚画像,第 98 窟主室南壁西段最下面绘有 36 身存有题记的僧官。从题记可见这些僧官官职均为法律,且都带有“临坛供奉大德”或“供奉大德”之名号,一些还兼有知使宅内阐扬三教大法师、五尼寺判官、管内诸寺都判官等僧职。僧统、僧政、僧录在僧官系统中都是都司中最为重要的僧官领袖,法律则是负责具体事务的中层执行僧官。一般的法律人数颇多,驻于诸寺,直接监管各个寺院的事务。像第 98 窟中的一些法律还兼知管内诸寺都判官和其他判官,更是掌握了实际权力。①冯培红先生就认为曹议金将僧官系统中的中坚力量即法律绘入第 98 窟中,反映了曹氏期望抓住大量起核心作用的中层僧官(法律),以便得到他们对政权的支持。②同样,第 98 窟存有题记的 97 身幕僚,其官职均是节度押衙,亦反映出这些世俗官员是曹氏政权的核心力量。曹氏将这些与自己没有姻亲关系的中坚核心力量绘于家窟之中,且没有出现比法律

①[日]竺沙雅章《增訂版中國佛教社會史研究后编:敦煌佛教教團の研究》,京都:朋友书店,2002 年,第 378—389 页。

②冯培红《敦煌的归义军时代》,兰州:甘肃教育出版社,2013 年,第 263 页。

更高的僧官和比节度押衙更高的俗官，反映出曹议金对政权建设有直接影响力之官员的积极争取和拉拢。

另外，在第98窟主室东壁门南北两侧和南北两壁东端，绘有曹议金的三位夫人、女儿、儿媳，以及祖母、母亲、姐妹、侄女等，还有后来重绘的女婿于阗国王李圣天和天皇后曹氏夫妇。在曹议金的姐妹、女儿、侄女画像题记末尾，均用小字特意注明“出适某氏”字样，用以强调她们各自的姻亲是出自敦煌的某个大族。从该窟中曹议金的夫人、儿媳及本家女的出嫁方来看，与曹氏联姻的除了甘州回鹘、于阗等周边政权的王族大姓（李氏）外，本地大族有翟、阴、索、张、阎、氾、宋、慕容等氏，据姜伯勤和冯培红二先生研究，这些姓氏大都是敦煌本地的大姓豪族。从上述婚姻关系中，可以看出曹议金政权在敦煌本地的社会基础，他的上任自然是得到了这些胡汉大族的有力支持。[①]曹氏家族与敦煌本地大族的联姻而产生的裙带作用，也构成了曹议金政权稳定性建设的基础。

（二）外交

曹议金从张承奉自称为帝的后果中汲取经验教训，一上任便及时尊中原王朝为正朔，恢复归义军建制，这是其内政改革最大的转变点。作为臣子的曹议金同时践行对中原朝廷的朝贡，以维持君臣关系。除了与中原王朝保持良好的关系，曹议金还与周边地区的民族政权积极搞好外交关系，比如东结回鹘、西和于阗等，以减轻或消除其对自身政权安全的威胁，极大地提升了曹氏归义军政权的稳固性。

1. 与中央政权的往来

曹议金在位二十余年（914—935），从目前材料可见，其间朝贡中原

---

①姜伯勤《敦煌邈真赞与敦煌名族》，《敦煌邈真赞校录并研究》，台北：新文丰出版公司，1994年，第1—55页。冯培红《敦煌的归义军时代》，兰州：甘肃教育出版社，2013年，第261—262页。

王朝达九次之多。

第一次是在曹议金上任后的后梁乾化四年（914），但因中途被凉州嗢末剽劫而以失败告终。[①]敦煌文书 P.2945《权知归义军节度兵马留后使状稿》中第 3 件《凉州书》载：“今者使臣回辙……中路被温末剽劫。”[②]

第二次是在后梁贞明四年（918），很可能与中原朝廷亦未能取得联系。据李正宇先生考订，P.2945《权知归义军节度兵马留后使状稿》的年代是后梁贞明四年（918），上状者即为曹议金，曹氏约在贞明三年至四年春夏之时第二次通梁成功。[③]荣新江先生亦认为曹氏于第二次通梁成功。[④]然李、荣氏观点被杨宝玉、吴丽娱所质疑，认为曹议金终梁之世都未能和后梁取得正式联系。[⑤]冯培红先生也认为该状文仅表明梁使来到敦煌，但并未提及此前归义军使节到达梁都开封之事，并认为 918 年梁使西来敦煌并非归义军使节入京后的回访，而是朔方节度使韩洙帮助从中联络所致。[⑥]笔者赞同曹议金在此次朝贡中也未能与后梁取得联系的观点。

第三次是在后唐同光二年（924），传世史籍明确记载了曹议金朝贡中原朝廷后唐成功，曹议金并被正式册封为归义军节度使，表明其与中

---

①李正宇先生认为曹议金第一次朝贡中原的时间是 916 年。见李正宇《曹仁贵归奉后梁的一组新资料》，《魏晋南北朝隋唐史资料（第 11 期）——唐长孺教授八十大寿纪念专辑》，武汉：武汉大学出版社，1991 年，第 274—281 页。

②上海古籍出版社、法国国家图书馆编《法藏敦煌西域文献》第 20 册，上海：上海古籍出版社，2002 年，第 189 页。

③李正宇《曹仁贵归奉后梁的一组新资料》，《魏晋南北朝隋唐史资料（第 11 期）——唐长孺教授八十大寿纪念专辑》，武汉：武汉大学出版社，1991 年，1991 年，第 274—281 页。

④荣新江《归义军史研究——唐宋时代敦煌历史考索》，上海：上海古籍出版社，1996 年，第 238 页。

⑤杨宝玉、吴丽娱《梁唐之际敦煌地方政权与中央关系研究——以归义军入贡活动为中心》，《敦煌学辑刊》2010 年第 2 期，第 71—73 页。

⑥冯培红《敦煌的归义军时代》，兰州：甘肃教育出版社，2013 年，第 261—262 页。

原朝廷正式取得了联系。《册府元龟》载:

> 后唐庄宗同光二年四月,沙州曹义(曹议金)进玉三团……[①]

这是曹议金于同光二年(924)四月向朝廷朝贡的物资。同年五月,其被册封为归义军节度使,《册府元龟》载:

> 后唐庄宗同光二年五月……上柱国曹义(议)金为检校司空、守沙州刺史,充归义军节度、瓜沙等州观察处置管内营田押蕃落等使。[②]

《新五代史》亦载:

> 至唐庄宗时,回鹘来朝,沙州留后曹义(议)金亦遣使附回鹘以来,庄宗拜义(议)金为节度使、瓜沙等州观察处置等使。[③]

至此,曹议金终于与中原朝廷取得了联系,而且还被正式册封为归义军节度使。

第四次是同光三年(925):

---

①[宋]王钦若等《册府元龟》卷九七二"外臣部·朝贡",北京:中华书局,1989年,第3858页。

②[宋]王钦若等《册府元龟》卷一七〇"帝王部·来远",北京:中华书局,1989年,第2057页。

③[宋]欧阳修撰,[宋]徐无党注《新五代史》卷七四"四夷附录",北京:中华书局,1974年,第915页。

正月，乙酉，沙州曹义（议）金遣使者来。①

第五次是天成元年（926）：

正月，沙州节度使曹议全（金）进谢赐旌节官诰玉鞍马二、于团硇砂……二月，沙州曹议全（金）进和市马百匹、羚羊角……”②

第六次是长兴元年（930）：

十二月，沙州曹义（议）金进马四百匹，玉一团。③

长兴二年（931）正月，丙子，以沙州节度使曹义（议）金兼中书令。④

第七次是长兴三年（932）：

正月，沙州进马七十五匹，玉三十六团。⑤

第八次是清泰元年（934）：

---

①[宋]欧阳修《五代史记·庄宗纪》，百衲本（影印本）。

②[宋]王钦若等《册府元龟》卷一六九“纳贡献”，北京：中华书局，1989年，第3858页。

③[宋]王钦若等《册府元龟》卷九七二“朝贡”，北京：中华书局，1989年，第3859页。

④[宋]薛居正等《旧五代史》卷四二“唐书·明宗纪八”，北京：中华书局，1976年，第575页。

⑤[宋]王钦若等《册府元龟》卷九七二“朝贡”，北京：中华书局，1989年，第3860页。

闰正月,瓜州入贡牙将唐进,沙州入贡梁行通等,各赐锦袍银带等物有差。①

正月,沙州、瓜州遣牙将各以方物朝贡。②

第九次是清泰二年(935):

七月,沙州刺史曹义(议)金……献马三十匹。③

在曹议金任职的二十余年里,共通使中原达九次之多,可见其与中原朝廷保持着紧密的联系。虽然前两次未能成功,但这种态度是值得肯定的。这是曹议金尊中原为正朔的具体体现,其政治态度为曹氏政权的长久稳固,以及与西域诸政权的和平共处奠定了坚实的基础。

2. 与外族政权的复杂关系

西汉金山国张承奉在敦煌实施了政治联姻,其目的正如敦煌遗书P.3633V《龙泉神剑歌》载:"结亲只为图长国,永霸龙沙截海鲸。"④曹议金虽未采取张承奉独立王国的政治处理方式,但是在"敦煌郡,四面六蕃围"⑤的政治格局下,为了维护曹氏政权的稳定,却很好地继承了张氏在敦煌开辟的和亲外交的政治策略,与外藩积极搞好关系。

(1)与东边甘州回鹘

曹议金为使尊中原为正朔的政治主张落到实处,通使朝贡中原王朝

---

①[宋]王钦若等《册府元龟》卷九七六"褒异",北京:中华书局,1989年,第3887页。

②[宋]王钦若等《册府元龟》卷九七二"朝贡",北京:中华书局,1989年,第3860页。

③[宋]王钦若等《册府元龟》卷九七二"朝贡",北京:中华书局,1989年,第3860页。

④唐耕耦、陆宏基《敦煌社会经济文献真迹释录》第四辑,北京:全国图书馆文献缩微复制中心,1990年,第381页。

⑤上海古籍出版社、法国国家图书馆《法藏敦煌西域文献》第29册,上海:上海古籍出版社,2003年,第208页。

图 1-11　第 98 窟回鹘天公主供养人画像(右)

是必不可少之举措。然而在曹氏政权建立之初，在通使中原的必经之路上，即河西道东边，存在着甘州回鹘这一势力强大的劲敌。为了打通此道,曹议金顺势而为,巧妙地与甘州回鹘进行联姻,在 914—918 年间[①]迎娶了甘州天睦可汗之女天公主为妻。营建于 914—924 年间的曹议金功德窟第 98 窟,其主室东壁门北侧南起第 1 身供养人画像即为这位回鹘天公主(图 1-11),榜题记为:“敕受汧国公主是北方大回鹘国圣天可□(汗)……”[②]这在一定程度上改变了西汉金山国在 911 年与甘州回鹘所签订的“可汗是父,天子是子”的城下之盟。曹议金通过婚姻关系,使得这种“父子之国”名正言顺。其给曹氏政权带来的益处有二:第一,正如孙修身先生所认为,此时双方关系的性质已发生改变,曹氏由被动变为主动[③],形成了一种全新的外交关系。第二,可在甘州回鹘可汗的许可和帮助下顺利朝贡中原。

①荣新江《归义军史研究——唐宋时代敦煌历史考索》,上海:上海古籍出版社,1996 年,第 310—311 页;冯培红《敦煌的归义军时代》,兰州:甘肃教育出版社,2013 年,第 314 页。

②敦煌研究院《敦煌莫高窟供养人题记》,北京:文物出版社,1986 年,第 32 页。

③孙修身《试论瓜沙曹氏与甘州回鹘之关系》,段文杰等《1990 敦煌学国际研讨会文集:史地语文编》,沈阳:辽宁美术出版社,1995 年,第 100 页。

但随着甘州回鹘可汗的人事变更,情况发生了变化。《旧五代史》载:

(924)十一月,仁美卒,其弟狄银嗣立。①

曹议金千辛万苦与中原王朝建立起来的政治关系,被天睦可汗之子狄银的上任所中断。于是曹议金于924年秋冬至925年初,亲征甘州回鹘,最终重新打通了去往中原的道路。②

曹议金亲征甘州回鹘这一战役的胜利,使其在对甘州回鹘的问题上获得了极大的话语权。《旧五代史》载:

同光四年(926),狄银卒,阿咄欲立。③

而据荣新江先生考订,狄银死于同光三年(925),并认为这可能是曹议金亲征甘州回鹘之结果④。对于新上任的阿咄欲,史载:

不知其为狄银亲疏,亦不知其立卒。⑤

据哈密顿研究,“阿咄欲”的突厥语为adrug,意思是“特选的人”。⑥这

①[宋]薛居正等《旧五代史》卷一三八“外国传二”“回鹘”条,北京:中华书局,1976年,第1842页。

②荣新江《曹议金征甘州回鹘史事表微》,《敦煌研究》1991年第2期,第1—12页。

③[宋]薛居正等《旧五代史》卷一三八“外国传二”“回鹘”条,北京:中华书局,1976年,第1842页。

④荣新江《曹议金征甘州回鹘史事表微》,《敦煌研究》1991年第2期,第1—12页。

⑤[宋]欧阳修撰,徐无党注《新五代史》卷七四“四夷附录三”“回鹘”条,北京:中华书局,1974年,第916页。

⑥J. R. 哈密顿著,耿昇、穆根来译《五代回鹘史料》,乌鲁木齐:新疆人民出版社,1982年,第76页注⑥,第154、156页。

说明阿咄欲是在曹氏政权的特选与扶持下坐上了可汗之位。曹议金将自己与回鹘天公主夫人所生之女嫁给了他。[①]正如 P.3500V《歌谣》所载：

休兵罢甲读文书。……甘州可汗亲降使，情愿与作阿耶儿。汉路当日无停滞，这回来往亦无虞。[②]

可见，曹议金在战役胜利后，仍然不忘和亲外交政策，嫁女给新任回鹘可汗阿咄欲，进一步加深了与甘州回鹘间的关系，使得以往“父子之国”的关系产生了巨大反转。

继第 98 窟稍后营建的天公主第 100 窟，其甬道北壁西起第 3 身供养人画像就是东嫁甘州回鹘阿咄欲的曹议金之女，榜题为：“女甘州回鹘国可汗天公主一心供养。”[③]另外，曹议金之子曹元忠修建的第 61 窟，主室东壁南侧北起第 2 身同样绘有此画像，榜题为：“姊甘州圣天可汗天公主一心供养。”[④]等等。这些信息表明，曹氏与甘州回鹘的交好在石窟中进一步得到了反映。

在阿咄欲可汗之后，最晚至 928 年回鹘顺化可汗王仁喻（仁裕）继位。据哈密顿先生考证，P.2992V《长兴二年（931）兄归义军节度使大王致弟甘州回鹘顺化可汗状》是曹议金写给甘州回鹘顺化可汗的信件，文书中“兄大王”指的是曹议金，“弟天子”指的是王仁喻。[⑤]其中：

---

①冯培红《敦煌的归义军时代》，兰州：甘肃教育出版社，2013 年，第 316 页。

②上海古籍出版社、法国国家图书馆《法藏敦煌西域文献》第 24 册，上海：上海古籍出版社，2002 年，第 362 页。

③敦煌研究院《敦煌莫高窟供养人题记》，北京：文物出版社，1986 年，第 49 页。

④敦煌研究院《敦煌莫高窟供养人题记》，北京：文物出版社，1986 年，第 21 页。

⑤J. R. 哈密顿著，耿昇、穆根来译《五代回鹘史料》，乌鲁木齐：新疆人民出版社，1982 年，第 122 页注②。

伏唯弟顺化可汗天子……自去年兄大王当便，亲到甘州，所有社稷久远之事，共弟天子面对商仪(议)，平稳已讫。[①]

这表明曹议金于930年夏秋亲赴甘州回鹘，[②]同仁喻可汗共商国是，希望保持长久的和平友好关系。可见曹议金进一步深化了与甘州回鹘间的交往，使得政权不断稳固。这在归义军外交史上具有极为重要的价值，也足见曹议金对外交的重视。

(2)与西边于阗国

于阗地处塔里木盆地南缘，是丝路南道上的交通要冲。在金山国时期，张承奉就曾迎娶了于阗公主为妻。[③]曹议金也就顺理成章地继承了这一政治联姻政策，将自己的女儿嫁给了于阗国王李圣天。这一重要历史事件，同样在壁画中表现了出来。第98窟主室东壁门南侧北起前两身就补绘于阗国王李圣天和皇后曹氏供养人像（图1–12），题记分别为："大朝大宝于阗国大圣大明天子……即是窟主。""大朝于阗国大政大明天册全封至孝皇帝天皇后曹氏一心供养"。[④]P.2998载：

马年五月，我等金国使者到来沙州，乞得百(？)王之女为[皇]偶。我等已获聘此女。[⑤]

---

①唐耕耦、陆宏基《敦煌社会经济文献真迹释录》第四辑，北京：全国图书馆文献缩微复制中心，1990年，第395页。

②荣新江《归义军史研究——唐宋时代敦煌历史考索》，上海：上海古籍出版社，1996年，第18、329页。

③钱伯泉《有关归义军前期历史的几个问题——〈周故南阳郡娘子张氏墓志铭并序〉研究》，《敦煌学辑刊》1987年第1期，第86页；杨秀清《敦煌西汉金山国史》，兰州：甘肃人民出版社，1999年，第135—136页。

④敦煌研究院《敦煌莫高窟供养人题记》，北京：文物出版社，1986年，第32页。

⑤上海古籍出版社、法国国家图书馆《法藏敦煌西域文献》第20册，上海：上海古籍出版社，2002年，第369页。

图 1-12　第 98 窟于阗国王李圣天与皇后曹氏供养人画像

文书中的“马年”就是曹议金嫁女于阗王的时间。据哈密顿、荣新江等先生研究，该“马年”为 934 年①。另外，曹元忠第 61 窟主室东壁门南侧第 3 身供养人画像即西嫁于阗的曹议金之女，榜题为：“姊大朝大于阗国大政大明天册全封至孝皇帝天皇后曹氏一心供养。”②

曹议金所经营的外交关系，在其子孙后代那里也得到了很好地继承和延续。如 P.3016V 记载了曹议金之子曹元忠，于 956 年派遣使节索子全出使于阗。日本大阪杏雨书屋藏羽 686《于阗皇帝赐归义军节度使男曹元忠札》，还记载了

①James Hamilton，“On the Dating of the Old Turkish Manuscripts from Tunhuang”，*Turfan，Khotan und Dunhuang：Vortage der Tagung “Annemarie v. Gabain und die Turfan-forschung”*（herausgegeben von Ronald E.Emmerick，Werner Sundermann，Ingrid Warnke und Peter Zieme），Berlin：Akademie Verlag，1996.p.142；荣新江《华戎交汇——敦煌民族与中西交通》，兰州：甘肃教育出版社，2008 年，第 146 页；荣新江、朱丽双《于阗国王李圣天事迹新证》，《西域研究》2012 年第 2 期，第 1—13 页。

②敦煌研究院《敦煌莫高窟供养人题记》，北京：文物出版社，1986 年，第 21 页。

曹元忠于 965—966 年迎娶于阗王之女为妻。[①]曹元忠之子曹延禄于 976 年上任后,又迎娶了于阗金玉国皇帝之女李氏为妻。这从石窟题记中可以得到证实。榆林窟第 35 窟绘有曹延禄和于阗天公主之供养人画像,题记分别为:"敕推诚奉化功臣、归义军节度、瓜沙等州观察处置管营田押番落等使、特进、检校太师、兼中书令、敦煌王、谯郡开□□(国公)、食邑一千七百□曹延禄一心供养。""大朝大于阗金玉国皇帝的子天公……"[②]该两身画像相对而立于供养人像列之首,当为夫妇画像。莫高窟天王堂塔中东壁门楣上方墨书题有《敦煌王曹□□圣天公主□□□□□□□建□□寺功德记》,其中"曹□□"与"圣天公主"连称,也能说明他们为夫妇。[③]曹元忠所修第 61 窟东壁门北第 7 身供养人画像题名:"大朝大于阗国天册皇帝弟(第)三女天公主李氏为新受太傅曹延禄姬供养。"[④]曹延禄的这位夫人正是于阗金玉国国王尉迟达磨(978—983 在位)的第三女。[⑤]据赤木崇敏先生研究,曹延禄还将自己的女儿嫁给了尉迟达磨。[⑥]

曹氏与于阗国之间世代、双向的不断通婚,充分见证了两个政权间的密切关系。张广达、荣新江二先生在其文中,检索了 10 世纪以来,来往于沙州的于阗使人资料。[⑦]从中可见,自 901 年以降,至 1006 年于阗王国被黑韩王朝灭亡的一个多世纪里,于阗与敦煌的使节往来从未断绝。这

---

①[日]赤木崇敏《10 世紀コータンの王統 · 年号問題の新史料——敦煌秘笈 羽 686 文書——》,《内陸アジア言語の研究》XXVII,2013 年,第 101—128 页,pls.III—IV。

②谢稚柳《敦煌艺术叙录》,上海:上海古典文学出版社,1957 年,第 488 页。

③敦煌研究院《敦煌莫高窟供养人题记》,北京:文物出版社,1986 年,第 178 页。

④敦煌研究院《敦煌莫高窟供养人题记》,北京:文物出版社,1986 年,第 22 页。

⑤荣新江、朱丽双《一组反映 10 世纪于阗与敦煌关系的藏文文书研究》,沈卫荣《西域历史语言研究集刊》第 5 辑,北京:科学出版社,2012 年,第 107—108 页。

⑥赤木崇敏《甲午年五月十五日陰家婢子小娘子榮進客目》,《敦煌寫本研究年報》第 7 号,京都:京都大学人文科学研究所中国中世写本研究班,2013 年,第 241—266 页。

⑦张广达、荣新江《于阗史丛考》,上海:上海书店出版社,1993 年,第 71—97 页。

同样可说明两地之间长久地保持着密切的关系。

(3)与西州回鹘

在通往西域北道的路上，唐末时期西迁至天山东麓的回鹘人，建立了西州回鹘王国。该政权在新旧《五代史》和《宋史》中被称为“西州回鹘”[①]，而后来在《辽史》中又被称作“和州回鹘”或“高昌国”[②]。

日本安部健夫先生曾对西州回鹘王国作过专门的研究，认为归义军与西州回鹘保持着密切的外交往来。[③]荣新江先生对曹氏归义军与西州回鹘之间的使节往来、敦煌佛教典籍的西传等相关问题进行了详细研究[④]，表明这两个政权之间的通使交往一直未有间断，政治往来、文化交往以及经济贸易，使得双边关系非常紧密、融洽。在此仅举一个通使交往的例子，略作说明。如敦研 1+ 敦研 369+P.2629《宋乾德二年(964)归义军衙内酒破历》记载：

> 去正月二十四日，供西州使逐日酒一斗，至四月二十五日夜断，除月小尽，中间九十一日，内两日全断，两日半断，计用酒[一]十四瓮四斗。[⑤]

①[宋]薛居正等《旧五代史》卷一一一“周书·太祖纪二”，北京：中华书局，1976 年，第 1468 页；[宋]欧阳修撰，徐无党注《新五代史》卷一一“周本纪·太祖纪”，北京：中华书局，1974 年，第 112 页。

②《辽史》卷二〇“兴宗纪三”、卷七〇“属国表”，北京：中华书局，1974 年，第 240、1164 页。

③[日]安部健夫《西ウィグル国史の研究》第四至七章，京都：汇文堂，1955 年，第 231—573 页。

④荣新江《公元十世纪沙州归义军与西州回鹘的文化交往》，汉学研究中心《第二届敦煌学国际研讨会论文集》，台北：汉学研究中心，1991 年，第 583—603 页。

⑤唐耕耦、陆宏基《敦煌社会经济文献真迹释录》第三辑，北京：全国图书馆文献缩微复制中心，1990 年，第 271—272 页。

文书表明出使敦煌的西州回鹘使团，受到曹氏官方长达 3 个多月共 14 瓮 4 斗酒的招待。从使团规模大小和出使时间长短及受到的待遇等方面，可看出曹氏政权与西州回鹘间的密切关系。

（4）与南山政权

南山政权因位于丝路祁连山和昆仑山的南面而得名。曹氏与南山政权进行通使和贸易往来，经常受到南山的掠夺和威胁。P.3257《后晋开运二年（945）十二月寡妇阿龙牒并都押衙王文通判牒》、P.3835V《戊寅年（978）五月十日归义军节度使曹氏下寿昌镇帖》等文书，其中多处将南山称作“贼”，后一件中还记载了南山人掠抢了曹氏归义军的三群羊。另有 S.5750V《清儿状》载：

> 都头清儿。右伏以清儿前时奉差南山，作其通和。有一个出者，便去西行。立便中间，劫骑马一匹、鞍一副，沿身箭具等。[①]

以及 S.2578《某年十一月十九日押衙薛九安致张索二都头状》也记载了薛九安之子薛员通出使南山，遭到了对方的劫持。于是曹氏政权发动了对南山政权的战争。敦煌文书 P.3718《张明集写真赞并序》中载：

> 南山偷路，公乃先行。对阵临锋，前荡后出。[②]

正如冯培红先生所言，曹氏政权与南山部族之间处于一种敌对的状态。[③]

---

①中国社会科学院历史研究所、伦敦大学亚非学院等《英藏敦煌文献》第九卷，成都：四川人民出版社，1994 年，第 116 页。

②郑炳林《敦煌碑铭赞辑释》，兰州：甘肃教育出版社，1992 年，第 414 页。

③冯培红《敦煌的归义军时代》，兰州：甘肃教育出版社，2013 年，第 367 页。

(5)与北山达怛

达怛人居住在漠北蒙古高原,唐末、五代时向西迁至河西走廊北部的额济纳地区。陆庆夫、张久和、白玉冬等先生对达怛政权都有深入的研究,并认为达怛的兴盛和崛起是在曹氏时期,实力不可小觑。[①]S.2474《归义军衙内面油破历》载达怛使节在敦煌病故,曹氏官方使用细供、胡饼等物为其助葬。据学者研究,细供是招待用餐中档次最高、待遇最为隆重的食物[②],可以看出曹氏对与达怛国的外交关系的重视。

然而,达怛国也常西侵曹氏归义军,对曹氏政权造成威胁。曹议金东征甘州回鹘时,达怛国就帮助甘州回鹘一起向西反扑归义军。P.2970《阴善雄邈真赞并序》载:

> 达怛犯塞,拔拒交锋。[③]

阴善雄率归义军军队迎击甘州回鹘、达怛等联军,最终在酒泉山口大获全胜。达怛国对曹氏归义军政权的战争和威胁一直延续到曹议金的儿孙时期。P.2155V《曹元忠致兄甘州回鹘可汗状》载:

> 领达怛贼一百已来,于瓜州、会稽两处同日下打将人口及牛马。[④]

可见在曹元忠时期,达怛国对曹氏归义军人口和牛马进行了掠夺。

---

①陆庆夫《河西达怛考述》,《敦煌学辑刊》1992 年第 1、2 期合刊;张久和《河西地区的达怛》,《西北史地》1997 年第 2 期,第 20—24 页;白玉冬《十世紀における九姓タタルとシルクロード貿易》,《史学雑誌》第 120 编第 10 号,2011 年,第 3—7、19—22 页。

②盛朝晖《"细供"考》,《敦煌学辑刊》1996 年第 2 期,第 101—104 页。

③郑炳林《敦煌碑铭赞辑释》,兰州:甘肃教育出版社,1992 年,第 475 页。

④上海古籍出版社、法国国家图书馆《法藏敦煌西域文献》第 7 册,上海:上海古籍出版社,1998 年,第 131 页。

P.3412《宋太平兴国六年(981)十月都头安再胜、都衙赵再成、李衍悉鸡等状》载：

> 况再胜等闻讯向东消息，言说回鹘、达怛及肃州家相合……则说向西行兵。[1]

这是曹延禄时期曹氏政权受到达怛国等联军的侵扰与威胁的记载。

曹氏归义军政权在面对“敦煌郡，四面六蕃围”[2]的严峻周边环境下，为了使得建立之初的政权获得巩固而免遭威胁，也为了使得瓜沙二州获得长期的稳定与繁荣，曹议金主要采取了和平外交的政治主张。这主要体现在政治和亲、使节往来、经济贸易、文化交流等方面，但仍常常受到周边诸多政权的掠夺、侵犯与威胁。如在与东面的甘州回鹘的关系上，曹氏政权初期不但仍要屈辱地履行张承奉时期所立的“父子之国”之约，回鹘还阻断了曹议金通往中原的道路，使得曹议金不得不亲征甘州回鹘；位于曹氏政权南面的南山政权，也时常掠夺归义军的牧羊，劫持使节，搜刮财产等；同样，位于曹氏政权北面的达怛政权，伙同甘州回鹘等结成同盟，经常掠夺人口牛羊，侵扰归义军政权。可见，曹氏政权周边的不稳定因素之多。曹议金在政权刚刚建立之初，既要维护政权内部的稳定，又要与周边诸政权进行交涉以免遭威胁，可谓极其艰难。

曹议金正是在这种内忧外患的条件下于莫高窟营建了自己的功德窟第 98 窟。而洞窟的整体设计、壁画内容的选择，以及所要表达的深层次意涵，势必会受到这一时代背景的深刻影响。

---

①唐耕耦、陆宏基《敦煌社会经济文献真迹释录》第四辑，北京：全国图书馆文献缩微复制中心，1990 年，第 517 页。

②上海古籍出版社、法国国家图书馆《法藏敦煌西域文献》第 29 册，上海：上海古籍出版社，2003 年，第 208 页。

第三节　营建时间与发愿文

弄清石窟营建时间是石窟研究最基础的工作,它直接关乎该将石窟置于何段历史背景和语境下思考的问题;石窟发愿文同样是石窟研究最基础的材料,它不仅将出资人与石窟联系起来,而且还能最直接地披露出资人营建洞窟的真实动机和目的。在本节我们将对曹议金在其执政期间(914—935)所营建的功德窟第 98 窟的具体营建时间和与该窟相关的两件发愿文作详尽考察。其中所述涉及的月份乃我国传统历法之月份,不能与公历月份相对应,故不以阿拉伯数字表示。

一、营建时间再论

关于第 98 窟的营建时间, 学界对于其建成时间意见基本一致,即 924 年三月至九月,而对于始建时间还存有争议。有鉴于此,笔者通过对前贤观点的梳理,并从曹议金上任前后的历史背景出发,将其置于更为宏观的视野下考察,初步推定第 98 窟之始建时间当在 914 年八月左右。

1. 学界对第 98 窟营建年代之讨论

为了更为方便地呈现各家之观点,现列表归类如下(表 1–1):

曹议金被正式册封、任命的这一史实。[①]同样，杨宝玉和吴丽娱二先生在其新作《归义军政权与中央关系研究——以入奏活动为中心》一文中，也认为"曹氏归义军虽多次派出朝贡使团，但均未能成功朝梁更未能获得节度使称号"。[②]所以，基本可以肯定曹议金在924年被中原王朝正式任命为节度使。另外学界将第98窟的建成时间已考证为924年中期，若按照将第98窟的始建时间，与是否得到中原王朝的正式任命而捆绑在一起的逻辑来判断，那么，第98窟始建时间和建成时间就集中在了同一年，像第98窟这样的大型洞窟显然不可能在一年之内完成。

实际上，曹议金在914年一上任就以归义军节度使自称。P.4638V有两件《权知归义军节度兵马守沙州长史曹仁贵（曹议金）状》[③]，由于曹议金在上任之初未得到五代后梁封其节度使的正式任命，所以在这两件给中央朝廷的状文中以权知归义军节度兵马留后相称，但是状文落款处都盖有朱色"沙州节度使印"[④]。曹议金显然是直接使用了888年唐昭宗赐予张淮深的"沙州节度使印""沙州观察处置使之印"中的一方，以此表明其政权继承的合法性。这同时也表明了曹议金在获得政权之始（914年）即以归义军节度使身份自居的事实。曹议金在掌权之初即自称节度使，透露出其已获得实权，并为庆祝实权已握而造功德窟第98窟。

另外，从开窟发愿文可看出曹氏政权在建立之初很不稳定。据马德先生考证，敦煌遗书P.3781是第98窟完成窟顶壁画绘制后的一次庆祝

①冯培红《敦煌的归义军时代》，兰州：甘肃教育出版社，2013年，第234页。

②杨宝玉、吴丽娱《归义军政权与中央关系研究——以入奏活动为中心》，北京：中国社会科学出版社，2014年。

③"学界大多认为这两件状文与P.3239牒文同属甲戌年（914）"。参见冯培红《敦煌的归义军时代》，兰州：甘肃教育出版社，2013年，第242页。

④[日]森安孝夫《河西帰義軍節度使の朱印とその編年》，《内陸アジア言語の研究》XV，2000年，第18—19页。

法会上的功德祈愿文残卷,并认为此愿文年代在 920 年前后。[①]愿文中载道:"府僚大将,各尽节于辕门;亲从之官,务均平而奉主"。曹议金自 914 年建立政权至 920 年已有 6 年之久,愿文透露出其政权仍然不稳定的信息。由此,我们可推测出曹议金执政之初的状况也不会很理想,甚至更加不稳定。所以,曹议金在执政初期急需用宗教信仰的力量来稳定和笼络人心。这一点从壁画中亦可看出,如第 98 窟中首次大量出现曹氏家族以外的供养人画像,即多达 208 身政界和僧界供养人。这种迫切的政治需求,成为曹议金建政之初急于营建第 98 窟的另一动机。

由以上可知,曹议金在 914 年已掌握归义军实权,同时出于维护政权稳定和笼络人心等政治需要,即在功德需要和迫切的政治目的这两层因素的作用下,曹议金一上任便急切地开始营建第 98 窟。

贺世哲、孙修身二先生将第 98 窟的始建时间定为 914 年[②],8 年后,贺世哲先生又将结论推迟到 915 年[③];而马德先生将始建年代判定为 914 年[④],沙武田先生则延续了马德先生 914 年的观点[⑤]。笔者赞同 914 年说,这从曹议金在这一年获得政权的事实中可以证实。

曹议金具体于 914 年何时上任,虽在正史资料中没有发现相关记载,但敦煌文书 P.4638V 有两件状文反映出曹议金在 914 年八月十三日已经握有实权这一重要信息。

第一件是:

---

①马德《曹氏三大窟营建的社会背景》,《敦煌研究》1991 年第 1 期,第 19—21 页。

②贺世哲、孙修身《瓜沙曹氏与敦煌莫高窟》,敦煌文物研究所编《敦煌研究文集》,兰州:甘肃人民出版社,1982 年,第 229—231 页。

③贺世哲《试论曹仁贵即曹议金》,《西北师范大学学报》1990 年第 3 期,第 40—46 页。

④马德《曹氏三大窟营建的社会背景》,《敦煌研究》1991 年第 1 期,第 19—21 页。

⑤沙武田《莫高窟第 98 窟及其对曹氏归义军时期大窟营建之影响》,兰州大学敦煌学研究所《敦煌归义军史专题研究续编》,兰州:兰州大学出版社,2003 年,第 642—662 页。

玉一团重一斤一两、羚羊角五对、硇砂五斤。

伏以碛西遐塞,戎境枯荒,地不产珍,献无奇玩。前物等,并是殊方所出,透狼山,远届敦煌;异域通仪,涉瀚海,来还沙府。辄将陈献,用表轻怀,干黩鸿私,伏乞检纳。谨状。

权知归义军节度兵马留后、守沙州长史、银青光禄大夫、检校吏部尚书、兼御史大夫、上柱国曹仁贵状上。①

第二件是:

仲秋渐凉,伏惟令公尊体起居万福,即日,仁贵蒙恩,未由拜伏,下情倍增瞻恋,伏惟鉴察。谨因朝贡使往,奉状不宣。谨状。

八月十三日,权知归义军节度兵马留后、守沙州长史、银青光禄大夫、检校吏部尚书、兼御史大夫、上柱国曹仁贵状上。②

这两件状文末尾署名的曹仁贵即为曹议金,第二件中有"仲秋渐凉"和"八月十三日"的时间信息,虽无纪年,但学界多认为状文时间是在 914 年,又因两件状文前后相连,署名相同,可推测曹议金在 914 年八月十三日实施了对中原王朝的朝贡和对某"令公"问好这样的外事活动。两件状文落款处所盖朱印皆为"沙州节度使印"③,表明此一时期曹议金已在行使最高权力。也就是说,曹议金在 914 年八月十三日已握有归义军

①唐耕耦、陆宏基《敦煌社会经济文献真迹释录》第五辑,北京:全国图书馆文献缩微复制中心,1990 年,第 387 页。

②唐耕耦、陆宏基《敦煌社会经济文献真迹释录》第五辑,北京:全国图书馆文献缩微复制中心,1990 年,第 387 页。

③[日]森安孝夫《河西帰義軍節度使の朱印とその編年》,《内陸アジア言語の研究》XV,2000 年,第 18—19 页。

实权。其为了庆祝握有归义军实权这一功绩，同时出于建政初期迫切的政治需要，便开始兴建第 98 窟，即其始建时间当在 914 年八月左右。

以上我们对各家关于敦煌莫高窟第 98 窟营建年代的观点或讨论作了全面梳理，就第 98 窟争议最大的始建时间问题，针对“914 年说”作了辩解、肯定，并在此基础上根据现有材料进一步推论出第 98 窟的始建时间当在 914 年八月左右。这样，结合已成定论的建成时间——924 年三月至九月这一结论，可以较为具体地明确第 98 窟的营建年代问题。

二、发愿文及要点

敦煌学前辈王重民、马德、施萍婷、郑炳林等先生，都曾对 P.3262、P.3781这两件敦煌文书做过定名或录文。王重民先生将其分别定名为《3262 在千佛洞开窟作佛会祈愿文》和《受方等道场祈光文》；[①]马德先生将其分别定名为 P.3262《河西节度使尚书镌窟发愿文》和 P.3781《河西节度使尚书造大窟功德祈愿文》，并有录文；[②]施萍婷先生将其分别定名为《3262 在千佛洞开窟作佛会祈愿文》和《P.3781a 河西节度使尚书修大窟功德记》；[③]《法藏敦煌西域文献》将其分别定名为《开窟佛会祈愿文》和《河西节度使尚书修大窟功德记》；[④]郑怡楠和郑炳林先生将其分别定名为《河西节度使尚书曹议金造窟功德记》和《河西节度使尚书曹议金修大窟功德记》，并有录文。[⑤]马德等先生经进一步研究认为：P.3262 号是曹议金在营建第 98 窟开工典礼仪式法会上使用的一件发愿文残卷，愿

①王重民《敦煌遗书总目索引》，北京：中华书局，1983 年，第 283、295 页。

②马德《敦煌莫高窟史研究》，兰州：甘肃教育出版社，1996 年，第 116—118 页。

③施萍婷主编《敦煌遗书总目索引新编》，北京：中华书局，2000 年，第 274、298 页。

④上海古籍出版社、法国国家图书馆编《法藏敦煌西域文献》第 28 册，上海：上海古籍出版社，2004 年，第 324、38 页。

⑤郑怡楠、郑炳林《敦煌曹氏归义军时期修功德记文体的演变》，《敦煌学辑刊》2014 年第 1 期，第 2—3 页。

文年代在914年左右；P.3781号是曹议金在完成第98窟窟顶壁画绘制后，于专门举行的庆祝法会上使用的功德发愿文残卷，并认为该愿文年代在920年前后。①

现根据前贤的研究定名和文书的性质，本文重新定名为P.3262《河西节度使尚书曹议金乾化四年（914）修大窟功德记》和P.3781《河西节度使尚书曹议金贞明六年（920）修成大窟上层功德记》，并对马德和郑炳林二先生的录文在互校的基础上，结合原文书（图1–13、1–14）分别重新做了整理。

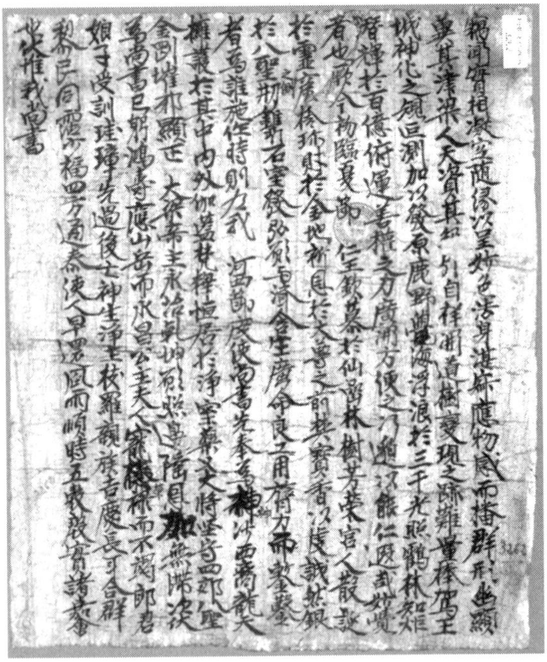

图1–13 P.3262《河西节度使尚书曹议金乾化四年（914）修大窟功德记》

P.3262《河西节度使尚书曹议金乾化四年（914）修大窟功德记》：

窃闻实相凝空，随缘以呈妙色；法身湛寂，应物感而播群形。幽显冀其津梁，人天资其级引，自祥开道树，变现之迹难量；捧驾王城，神化之规叵测。加以发原鹿野，觉海浮浪于三千；光照鹤林，知炬潜辉于百亿。俯运善权之力，广开方便之门。邈以能仁，遐哉妙觉者也。厥今初临夏节，仁王钦慕于仙岩。林树芳

①马德《曹氏三大窟营建的社会背景》，《敦煌研究》1991年第1期，第19—21页。

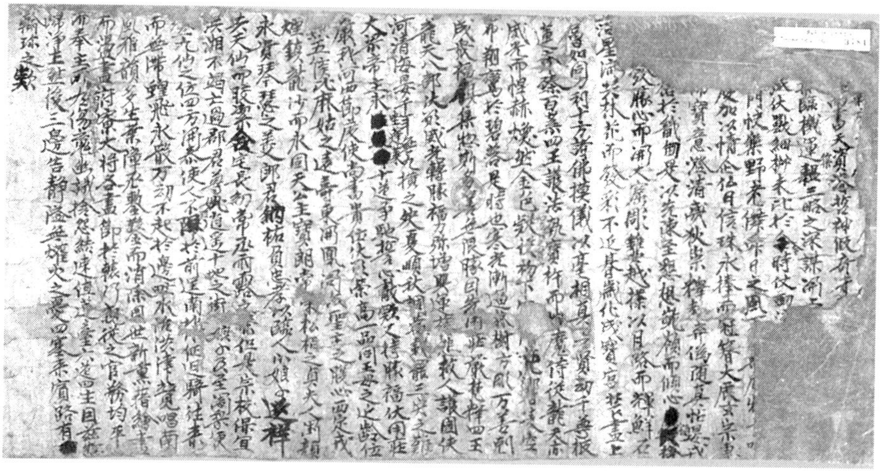

图 1–14　P.3781《河西节度使尚书曹议金贞明六年（920）修成大窟上层功德记》

荣，官人散诞于灵窟。舍珍财于金地，祈恩于大尊之前。焚宝香以虔诚，然（燃）银灯于八圣之侧。创镌石室，发弘愿与济含生。广命良工，用膂力而斩凿者，为谁施作？时则有我河西节度使尚书，先奉为神沙西裔，龙天拥护于其中；内外伽蓝，梵释恒居于净室；药叉大将，坚守四郊；八圣金刚，摧邪显正。大梁帝主，永治乾坤，愿照边陲，恩加无滞。次伏为尚书，已躬鸿寿，应山岳而永昌；公主夫人，宠荣禄而不竭；郎君娘子，受训珪璋；先过后亡，神圣净土；枝罗亲族，吉庆长年；合群黎民，同沾少福；四方通泰，使人早还；风雨顺时，五谷殷实；诸嘉会也，伏惟我尚书（后缺）。

P.3781《河西节度使尚书曹议金贞明六年（920）修成大窟上层功德记》：

（前缺）

□□我尚书，天资睿哲，神假奇才，□

□□□临机运策，韫三略之深谋。开□

□□狐伏兽，细柳未比于今时；仗剑□

□□□门快乐，野老舞舜日之风；□□□□□□□□□庆。加以情企佛日，信珠永捧而冠簪；大展玄宗，惠□□而宝意，澄清夷狄，崇释教弃伪随真；帖晏戎□，□□据于畿甸。是以先陈至恳，想崆岭而倾心；顿舍珍财，发胜心而开大窟；彫镌越样，以月路而辉鲜；石落星流，共林花而发彩。不延期岁，化成宝宫。装(妆)画上层，如同刀(忉)利。十方诸佛，模仪以毫相真身；贤劫千尊，披莲齐臻百叶；四王护法，执宝杵而摧魔；侍从龙天，亦威光而怛赫；焕然金色，疑□初下□□(如盛日之宝山)；梵响凌空，布翔鸾于碧落。是时也，寒光渐逼，林树方彫；万善剋成，众福俱集。总斯多善，无限胜因，先用庄严，梵释四王，龙天八部，伏愿威光转胜(盛)，福力弥增，兴运慈悲，救人护国。使河清海晏，千年无九横之殃；夏顺秋调，万载罢三灾之难。大梁帝主，永坐蓬莱。十道争驰，誓心献欵。又持胜福，伏用庄严，我河西节度使尚书贵位，伏愿荣高一品，同王母之延龄；位兼五侯，比麻姑之远寿；东开凤阁，□圣主之腹心；西定戎烟，镇龙沙而永固。天公主宝朗，常荣松柏之贞；夫人闺颜，永贵琴瑟之美。郎君纳祐，负忠孝以临人；小娘子延祥，共天仙而皎洁。合宅长幼，常承雨露之荣；但是宗枝，保宜洪湘不竭。亡过郡君尊妣，逍遥十地之街；娘子及其阇梨，便登九仙之位。四方开泰，使人不阻于前程；南北休征，驲骑往来而无滞；蝗飞永散，万劫不起于边甿；水治洪津，竟唱南风雅韵。多生业障，丞(承)鏊凿而消除；见世新熏，藉绘画而荡尽。府僚大将，各尽节于辕门；亲从之官，务均平而奉主。所有伤魂幽识，舍怨结速值莲台；六道四生，因兹总归净土。然后三边告静，隘无爟火之忧；四塞来宾，路有输珍之叹。

这两件与曹议金功德窟第 98 窟营建密切相关的功德发愿文，主要反映出三部分内容:第一,历史时代背景;第二,第 98 窟的功德主及窟中部分壁画的具体内容和视觉效果;第三,曹氏政权初期所面临的自然灾害、政治环境,以及祈愿内容。(这些内容在录文中以下画线标示)

第一,历史时代背景。两件发愿文中均出现“大梁帝主”,此处大梁就是五代十国之一的后梁,该国是由梁王朱全忠在 907 年建立,至梁末帝 923 年亡国。表明发愿文和第 98 窟营建的大致时间不会超出后梁时期。P.3262 中“愿照边陲,恩加无滞”之文字,说明曹议金于 914 年建立的曹氏归义军政权,希望能得到中原大梁王朝的关照,这与曹议金尊中原为正朔,恢复归义军藩镇旧制的政治主张是一致的。

第二,第 98 窟的功德主及窟中部分壁画的具体内容和视觉效果。两件发愿文中都出现 “河西节度使尚书”,P.3781 中还有 “发胜心而开大窟”,即为曹议金修建功德窟第 98 窟这一史实;而两件愿文中的“天公主、夫人”是指曹议金的三位夫人,其中“天公主”即为甘州回鹘国天公主李氏,“夫人”分别指巨鹿索氏和广平宋氏。马德先生认为 P.3781 中“不延期岁,化成宝宫”是对第 98 窟营建时间和速度的夸赞。①

P.3781 中“装(妆)画上层,如同刀(忉)利。十方诸佛,模仪以毫相真身;贤劫千尊,披莲齐臻百叶;四王护法,执宝杵而摧魔;侍从龙天,亦威光而怛赫;焕然金色,疑□初下□□(如盛日之宝山);梵响凌空,布翔鸾于碧落”之内容,表现的是第 98 窟窟顶壁画的内容和效果,也是判定该愿文是专为妆画完第 98 窟窟顶将要进行的法会仪式所准备的重要依据。专为窟顶发愿,这在敦煌石窟营建史上属孤例。窟顶妆画的最终目标和效果是“如同刀(忉)利”,这里的“忉利”就是“忉利天宫”,这同其前一句“化成宝宫”中的“宝宫”有着密切的关联,它们将对曹议金第 98 窟宗

①马德《敦煌莫高窟史研究》,兰州:甘肃教育出版社,1996 年,第 118 页。

教功能和意涵的判断有着非常重要的价值。愿文中对窟顶内容的具体描写与第98窟窟顶上层所绘壁画一一对应,如“十方诸佛”对应窟顶四坡最上层12身赴会佛;“贤劫千尊”对应四坡下层贤劫千佛;“四王护法”对应窟顶四天王;“侍从龙天” 代表窟顶最上层十方诸佛身旁的协侍护法;最后一句中的“焕然金色”“梵响凌空”是对窟顶壁画整体视听效果的赞叹。

第三,曹氏政权初期所面临的自然灾害、政治环境,以及祈愿内容。建窟妆画的一个很重要目的就是为了现世的种种利益:“梵释四王,龙天八部,伏愿威光转胜(盛),福力弥增,兴运慈悲,救人护国。”“救人护国”的具体内容, 就是愿文中所描述的通过佛教龙天等护法使得河海无九横、四季罢三灾,蝗飞永散、水治洪津等;另一方面使得四方通泰、三边告静、南北休征、隘无爟火、府僚亲从、尽忠奉主等。

这些内容是发愿文中的重要组成部分,通常能够反映出当时的社会面貌和历史背景,尤其是一些典型的自然灾害和政治事件。其中一些通过造窟妆画的象征性功能被表达了出来。如P.3781中“府僚大将,各尽节于辕门;亲从之官,务均平而奉主”,就反映出曹议金刚刚建立的政权内部不稳定的现象,窟中所绘200多身官僚画像,是表现出曹议金对下属的拉拢。[①]这一点还表现在窟中的《维摩诘经变》《劳度叉斗圣变》等壁画中,详见第五章。P.3262“四方通泰,使人早还”和P.3781“四方开泰,使人不阻于前程;南北休征,驲骑往来而无滞”“然后三边告静,隘无爟火之忧;四塞来宾,路有输珍之叹”,这些都是曹氏政权初期周边环境的真实写照,即P.3911《望江南》所述“敦煌郡,四面六蕃围”。曹议金通使中原曾被甘州回鹘阻挠,南山部族与北山达怛经常对曹氏政权进行掠夺和侵袭甚至引发征战等,都是曹议金不想看到的。曹议金主张坚持和平外交的政治策略,于是就有了“四方通泰、三边告静、南北休征、隘无爟火”及

①马德《曹氏三大窟营建的社会背景》,《敦煌研究》1991年第1期,第19—21页。

"路有输珍"等美好政治愿望。其中"路有输珍"则表达了其渴望与周边四塞来宾和平往来,进行经济贸易。曹议金的这些美好的政治理想,在其功德窟中多有体现。

小 结

本章从整体上对第98窟塑像和壁画的基本内容作了简要交代,并据造型手印等特点,推定中心佛坛主尊造像为释迦牟尼。位于甬道盝形顶部南北两坡的瑞像图,《敦煌石窟内容总录》中并未展开说明,笔者结合前人成果和相关敦煌文献,以及图像特点,对瑞像图进行考释定名,认为他们是于阗八大神王等瑞像。甬道南壁东端实为4身上下两两而立、双手合十的曹氏侍从画像,纠正了《敦煌石窟内容总录》中所载为两身侍从画像的纰漏。

曹氏归义军政权统治瓜沙地区长达一个多世纪(914—1036),曹议金作为该政权的开创者,其执政初期,面临复杂的政治环境,"内忧外患"成为这一阶段的一个显著特点。

由于曹议金的族属很可能是粟特人,这对其政权统治的合法性带来很大挑战,而这又很可能是曹氏政权终后梁一朝,都未能得到中央朝廷册封和认可的真实原因。曹议金面对政权合法性这一问题,虽尊中原为正朔,但同时却自称为"拓西大王",充分显示出其独立性的一面,这又势必造成其政权的不稳定性。于是,曹议金在内政和外交建设中做足了文章。在内政建设上,他为僚属加官进爵,将他们绘入自己的功德窟中流芳百世,还与当地有势力的胡汉大族联姻等,这些都非常明确地表现出曹议金笼络人心之良苦用心。在外交上,面对历史遗留问题(张承奉时期与甘州回鹘签订的"父子之国"条约)和"敦煌郡,四面六蕃围"的困境,曹议金奉行和平外交和政治联姻的战略主张。面对多数周边外族政权对曹氏政权的不断挑衅,比如在通往中原的道路上受到甘州回鹘的阻挠,时常遭受北山达怛和南山政权的掠夺及侵扰,等等,曹议金被迫亲征甘州回鹘以及对南山政权发动战争。值得肯定的是曹氏与甘州回鹘、于阗王国之间的世代联姻,在很大程度上促使外部政治环境得到改善,使得曹氏政权面临的外部威胁有所减轻。可见,在曹氏归义军政权初期内忧外患的情境下,曹议金为了政权的合法性和稳定性,付出了极大的心血。

伴随着曹氏初期政权的建设,曹议金在 914—924 年里,用了 10 年时间营建了自己的功德窟第 98 窟。幸运的是藏经洞中保留下了营建该窟的两件功德发愿文,而且其中一件是目前为止所发现的唯一一例窟顶功德发愿文,这为曹议金功德窟的功能解读提供了特殊史料。这两件功德发愿文成为连接曹氏政权与佛教石窟的绝佳材料。功德发愿文中所反映的祈愿事由,与曹氏初期政权所面临的内忧外患的境况相一致,比如愿文中"府僚大将,各尽节于辕门;亲从之官,务均平而奉主",透露出政权内部的不稳定性;愿文中祈愿"河海无九横、四季罢三灾""蝗飞永散、水治洪津",以及"四方通泰""三边告静""南北休征""隘无爟火"等,透露出外部自然环境和周边外族政治环境对曹氏政权所造成的威胁。对这些非常现实而又具体的困难事件,曹议金希望通过祈愿所造佛窟和所绘佛画得以解决。如愿文中"梵释四王,龙天八部……救人护国"等,非常明显地利用了佛教护法的职能,将其运用在了现世利益的解决之中。所以说第 98 窟的营建,不但是曹议金开启曹氏归义军时代的功德见证,而且还是曹议金借助宗教信仰的力量以寻求政权合法性和稳定性的举措。

第二章

众志供养:第 98 窟供养人画像特色与功能

供养人作为石窟营建出资人，常将自身绘入石窟壁画中，成为供养人画像。就敦煌石窟供养人画像，《敦煌学大辞典》中将其分为三类：集资造窟、结社合资造窟和一人或一家出资独建洞窟的供养人画像。[①]随着佛教文化的社会化不断深入，敦煌不同时代供养人画像，在其功能上有所差异，前期多以礼佛、修功德及祈福祉为主，后期（晚唐以后）多以画像题名炫耀官位、显赫家世；画像大小由前期之高不盈尺，变为唐、五代后与真人等身或高于真人。敦煌莫高窟第98窟之供养人画像即属于后期的一个典型代表，同时也是供养人数量在敦煌石窟中位居第二[②]的洞窟，现存供养人画像292身[③]。

---

①季羡林主编《敦煌学大辞典》，上海：上海辞书出版社，1998年，第177—178页。

②敦煌莫高窟供养人最多的洞窟是北周第428窟，多达1200余身。见季羡林主编《敦煌学大辞典》，上海：上海辞书出版社，1998年，第177—178页。最新成果显示为1242身，见范泉《周武灭法与敦煌北周石窟营造的关系——以莫高窟第428窟供养人图像为中心》，《敦煌学辑刊》2008年第4期，第116页。

③《敦煌学大辞典》中记为251身。见季羡林主编《敦煌学大辞典》，上海：上海辞书出版社，1998年，第64—65页。另外，第98窟有题记的供养人数量位居敦煌莫高窟之首。在《敦煌学大辞典》中，李永宁在词条“供养画像”中记为167身，段文杰在词条“五代敦煌石窟艺术”中记为168身，贺世哲在词条“第98窟”中记为163身。分别见季羡林主编《敦煌学大辞典》，上海：上海辞书出版社，1998年，第177—178页、42页、64—65页。然笔者据《敦煌莫高窟供养人题记》统计为292身。见敦煌研究院编《敦煌莫高窟供养人题记》，北京：文物出版社，1986年，第31—48页。

学界对供养人画像的研究多集中在画像题记部分,以此说明相关历史史实;段文杰[①]、谭蝉雪[②]、竺小恩[③]等先生从服装史的角度专门对古代服饰进行研究;关友惠[④]等先生从美术史的视角对供养人像进行探讨;近些年来,郑炳林先生专门从敦煌古面相学的角度对供养人画像进行了非常有益的讨论[⑤];另外,沙武田[⑥]、张先堂[⑦]等先生还从佛教史的角度对供养人画像进行研究,探讨宗教信仰与供养人间的关系。笔者将结合前贤研究成果,从新的角度对第98窟供养人画像作进一步研究。

本章主要聚焦第98窟供养人画像呈现出的三大特色:一是将已故几位张氏归义军节度使画像绘于曹议金功德窟的重要位置;二是大规模将非曹氏家族(幕僚和僧官)供养人画像绘入曹议金功德窟;三是大规模供养人画像以甬道归义军节度使为中心的礼拜次序。在深入梳理这三大现象在敦煌艺术中的演变源流的同时,笔者提炼出第98窟供养人画像的差异化特征,并对这些差异化特征在曹议金功德窟中出现的原因和功能作了阐释,发现其与曹氏归义军初期内忧外患的政治环境密不可分。曹议金通过宗教手段凝聚人心,团结幕僚共建政权是其最终目的。第98窟供养人画像数量具有一定规模,但巨型供养人画像与早期小供养人画像同居一窟的现象则很少见。将该窟中供养人画像作为一个典型案例,来

---

①段文杰《敦煌壁画中的衣冠服饰》,敦煌文物研究所《敦煌研究文集》,兰州:甘肃人民出版社,1982年,第165—188页;《莫高窟唐代艺术中的服饰》,《段文杰敦煌艺术论文集》,兰州:甘肃人民出版社,1994年,第273—317页。

②谭蝉雪《解读敦煌——中世纪服饰》,上海:华东师范大学出版社,2016年。

③竺小恩《敦煌服饰文化研究》,杭州:浙江大学出版社,2011年。

④关友惠《敦煌壁画中的供养人画像》,《敦煌研究》1989第3期,第16—20页。

⑤郑炳林《敦煌写本相书理论与敦煌石窟供养人画像——关于敦煌莫高窟供养人画像研究之二》,《敦煌学辑刊》2006年第4期。

⑥沙武田《供养人画像与唐宋敦煌世俗佛教》,《敦煌研究》2007年第4期,第72—79页。

⑦张先堂《莫高窟供养人画像的发展演变——以佛教史考察为中心》,《敦煌学辑刊》2008年第4期,第93—103页。

探讨敦煌艺术中供养人画像在绘制过程中的普遍性和特殊性有着积极的意义。受传统礼制尊卑观念的影响,石窟中供养人画像绘制呈现出各归其位的普遍性特征,同时因窟主的特殊要求和政治目的,“外交图像”(如于阗国王画像)的出现往往会打破按尊卑关系绘制的程序,从而表现出供养人画像绘制的特殊性,它们共同构成完整的一套供养人画像绘制程序。而这套受尊卑关系和政治等因素驱动的供养人画像绘制程序,通过永恒固化的视觉形象,强化着政权的向心力,从而达到凝聚人心之作用。

第一节 甬道供养人画像特点及其意涵

一、甬道供养人画像特点

第 98 窟甬道南北壁画像主要以张氏和曹氏归义军时期的节度使为主要表现对象。甬道南壁西起分别绘曹议金及其子曹元德、曹元深和曹元忠画像,元忠后 4 身画像胸部以上残毁,身份不详,最后 4 身为侍从画像;甬道北壁西起绘张议潮、张淮深及索勋画像,后 3 身身份不详,随后 2 身仅存小腿和脚部,余皆残毁。可见,在曹议金功德窟中,曹氏将张氏归义军历任节度使画像绘于和自身同等重要的位置。

然而,在其他绘有曹氏画像的所有洞窟中,张氏画像不再出现。如与第 98 窟关系最为紧密的第 100 窟甬道南壁绘曹议金父子 4 身画像,北壁绘回鹘天公主等女像 10 身;五代第 121 窟甬道绘曹议金等像,北壁绘回鹘天公主等像 2 身; 榆林窟五代第 16 窟甬道南壁绘曹议金及男侍从 2 身,北壁绘回鹘天公主及侍女 3 身。再如曹氏时期重修的多个前代洞窟中,亦表现出同样的现象:北周第 428 窟甬道五代绘曹议金父子,北壁绘回鹘天公主等女供养像 3 身;隋代第 401 窟甬道五代绘曹议金等画像,北壁绘回鹘天公主等画像；初唐第 205 窟甬道南壁五代绘曹议金及侍从,北壁绘回鹘天公主及侍从;盛唐第 126 窟甬道南壁五代绘曹氏男供养人画像 2 身,北壁绘曹氏女供养像 2 身;中唐第 7 窟甬道南壁五代绘曹氏男供养像 1 身,北壁绘曹氏女供养像 3 身。

这些例证表明,在曹氏时期,凡是在甬道南壁绘有曹议金等男供养像,在其对面之北壁基本会绘以曹议金夫人等女供养像。这与另一类非常特殊的出行图供养像有类似之处,如张议潮第 156 窟、天公主第 100 窟,其主室南壁为节度使出行图,北壁为节度使夫人出行图。这皆说明在石窟中夫妇对置绘制是一种常规的绘制程序。当然我们也发现两例在曹议金对面绘男供养人画像的洞窟,它们是五代张都衙第 108 窟和宋代曹延恭第 454 窟，但与曹议金画像相对的男供养人并不是张氏归义军画像。因此,第 98 窟甬道供养人画像的绘制关系显得极为特殊,并成为该组画像的一个重要特点。

二、甬道供养人画像设计意涵

绘有曹议金等画像的诸多石窟中,多数情况下是在曹氏画像对面绘回鹘夫人等女供养像,在曹议金等画像对面绘前一历史阶段中已故张氏家族画像的洞窟仅第 98 窟一例,显得很特别。如此绘制设计或有以下两个方面之意涵:

第一,曹议金希望通过强调与张氏家族间的姻亲关系,以表达曹氏归义军政权在敦煌的合法继承性。由题记可知,第 98 窟甬道北壁西起第 1 身和第 3 身分别是已故张氏归义军节度使张议潮和索勋之画像。贺世哲先生据曹议金之子曹元忠所建第 61 窟,有“故母巨鹿郡君夫人索氏一心供养”之题记,认为“索勋是张议潮的女婿,曹议金是索勋的女婿,曹议金随夫人索氏称张议潮为'外王父'"。[1]可见,曹议金把与自己有姻亲关系的张、索诸任已故节度使绘于对壁,大有家族像谱之意味,用以表示他是张氏归义军的合法继承人,曹氏归义军是张氏政权的延续。

第二,曹议金欲表达其与张氏政权取得了同等辉煌成绩的自我政治评价。一般在敦煌壁画中,供养人画像绘制大小与其当时的政治地位高低成正比(详见本章第四节)。第 98 窟甬道中最高大的画像是曹议金,达 2.42 米,而对壁张议潮画像比曹议金的低 2~3 厘米。若按照辈分来论,作为曹议金外王父的张议潮画像应该高于曹氏的。然而,这里并未严格按照家族像谱的逻辑来绘制,而是更加突出了供养人画像的政治功能,即将曹氏归义军的节度使曹议金画像身高绘制得最高,用以体现曹氏归义军的时代地位与辉煌的张氏时代是可以相媲美的这一意蕴。另外,我们还可在建窟的位置看出这种政治意愿。曹氏第 98 窟和张氏第 94 窟分别建于第 96 窟北大像之南北两侧,这在方位上与第 98 窟甬道南北壁分别绘曹氏与张氏画像显示出一致性,再加之第 96 窟是与皇室武则天有关联的洞窟,将张、曹二氏功德窟分列其左右两侧,显示出张、曹二氏之地位在归义军史上不分上下。

---

①贺世哲《从供养人题记看莫高窟部分洞窟的营建年代》,敦煌研究院《敦煌莫高窟供养人题记》,北京:文物出版社,1986 年,第 217 页。

第二节　幕僚和僧官供养人画像特点与绘制原因

第 98 窟供养人画像身份可分为两类（图 2-1），第一类是曹氏家族供养人，包括其外王父张议潮、岳父索勋、太夫人、夫人（甘州回鹘天公主李氏、巨鹿索氏、广平宋氏）、儿子（曹元德等）、女婿于阗国王李圣天、姊妹、女儿、儿媳、侄女等；第二类是非曹氏家族供养人，包括两部分，分别是曹氏政权的幕僚和僧官。本节主要探讨对象为第二类。

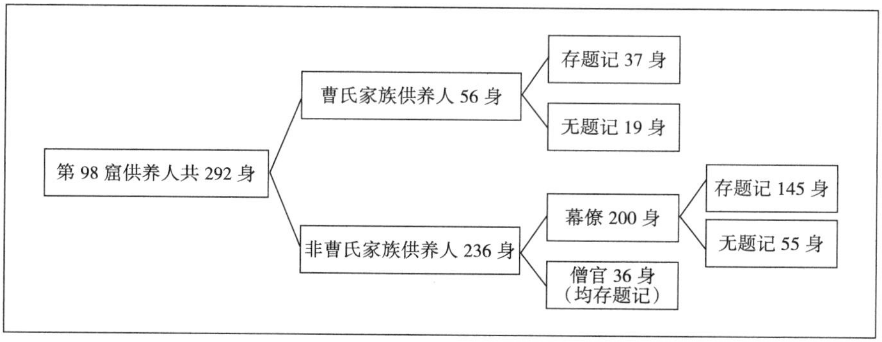

图 2-1　第 98 窟供养人类别及人数

一、非曹氏家族供养人画像特点

在敦煌石窟中,大量非家族供养人画像涌入家窟或功德窟的案例并不多见,北周第428窟和五代第98窟最具代表性,前者供养人画像达1242身,后者达292身;并且它们都是各自时代里营建规模最大的功德窟,前者面积约达142平方米,后者约220平方米。

学界普遍认为第428窟窟主是从中原派遣到敦煌任刺史的建平公于义,该窟营建于其执政期间(565—576)。施萍婷、贺世哲、李玉珉、范泉等学者对第428窟及其供养人都有深入的研究。如对窟中为何要大规模地绘入非家族供养人画像的原因探讨,认为主要是众人跟随地方长官于义作"随喜功德"和"随喜供养"①,这可透露出众人对建平公于义的拥护。范泉先生重新对该窟中供养人画像进行了实地勘查,并列表统计出改绘前的底层供养人画像共607身(包括未改绘部分),其中僧侣有278身,占总人数的46%;改绘后即表层供养人画像共1242身(包括北壁穿洞处被毁供养人),其中僧侣有732身,占总人数的57%;另外,着胡装男供养人由改绘前的186身增加至改绘后的316身,着汉装的5身男供养人始终未变。他认为胡装供养人可能是活跃于丝路上的商人,汉装供养人是于义政权下的官吏。②

结合前贤研究成果,我们发现第428窟供养人画像呈现出如下特征:

第一,僧侣供养人占比最高,远超仅有5身之官吏供养人,在画像表

①施萍婷《建平公与莫高窟》,《敦煌研究文集》,兰州:甘肃人民出版社,1982年,第150页;施萍婷、贺世哲《近承中原　远接西域——莫高窟第428窟研究》,《敦煌石窟艺术·莫高窟第428窟》,南京:江苏美术出版社,1998年,第25页。

②范泉《周武灭法与敦煌北周石窟营造的关系——以莫高窟第428窟供养人图像为中心》,《敦煌学辑刊》2008年第4期,第115—117页。

现对象中占主导地位。

第二，供养人身份和来源较复杂。从供养人身份上看，除了最常见的僧侣、官吏，还出现了童子以及众多胡人（其中一些很可能是胡商）。僧侣供养人身份包括住持、弟子、比丘等，这在该窟现存部分供养人题记中可看到，如“观音堂住持僧弟子净增□（徒）□定叩”“福祥寺弟子□喜供养”“晋昌郡沙门比丘庆仙供养”“凉州沙门比丘道瑹□（供）养”“甘州沙门孙义▭”等；官吏身份供养人，如“大道□（江）州慎四都督冯诲供佛时”；童子身份供养人，如“童子李花□一心供养佛时”。[①]从供养人来源观察，出现了很多非敦煌本地之僧侣，如上引题记中就显示出供养人来自观音堂、福祥寺、晋昌郡、凉州、甘州等不同地方。

第三，窟主于义似乎在对供养人的选择上较随意。如上述供养人中有高僧大德观音堂住持，也有来自不同地区的弟子、比丘以及童子等，甚至有可能还有胡商。他们的身份地位高低贵贱不一，但却同处一窟供养，这表现出窟主于义似乎在对供养人的选择上比较随意。另外，窟主在窟中原本已经绘好了上下两排供养人，不知何种原因，又改绘为上、中、下三排（除南壁西端两排未改动）。施萍婷和贺世哲二位专家认为，重绘的原因是“由于‘随喜供养’的人数较少，或计算不周”[②]；范泉先生则认为，由于“周武灭佛”，大量僧侣逃难至敦煌，受到了地方官于义的收留。[③]这也从侧面说明，对于哪些供养人可以被绘入自己的功德窟这一问题，于义的处理显得比较随意。

第 428 窟前室和甬道壁画五代曹氏时期重绘，从甬道南北两壁西起

---

①敦煌研究院《敦煌莫高窟供养人题记》，北京：文物出版社，1986 年，第 160—163 页。

②施萍婷、贺世哲《近承中原　远接西域——莫高窟第 428 窟研究》，《敦煌石窟艺术·莫高窟第 428 窟》，南京：江苏美术出版社，1998 年，第 25 页。

③范泉《周武灭法与敦煌北周石窟营造的关系——以莫高窟第 428 窟供养人图像为中心》，《敦煌学辑刊》2008 年第 4 期，第 118—122 页。

最前面一身画像分别是曹议金和甘州回鹘天公主夫人便可知道,其很可能重绘于曹议金执政期间,该时期也正是曹议金功德窟第 98 窟的营建时间。曹议金或许继承了在功德窟中大量绘入非家族供养人画像的传统,但是在对待供养人的选择上却与上述第 428 窟的三个特征完全不同,呈现出全新的特点。

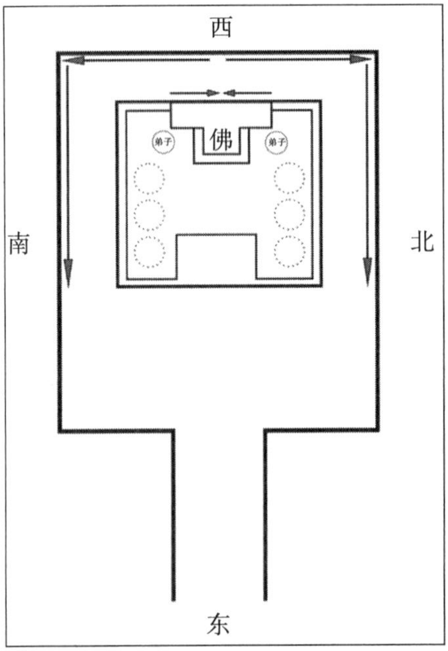

图 2–2 第 98 窟幕僚与僧官供养人画像位置示意图

首先,在第 98 窟非家族供养人中,幕僚画像数量远超僧官画像。第 98 窟主室南北两壁西端、西壁及背屏后部最下方,是曹议金政权幕僚和僧官供养人画像(图 2–2),均高约 0.35 米。据《敦煌莫高窟供养人题记》可统计出,幕僚供养人共有 200 身,占总供养人人数的 68%;僧官供养人共有 36 身,占总供养人人数的 12%。可见,幕僚供养人数量在窟中占比最高,远超僧官供养人数量。因此,自吐蕃统治时期形成家族营建洞窟的传统以来,第 98 窟成为敦煌石窟中唯一一个大规模将非家族的幕僚供养人画像绘于家窟的特殊洞窟。

其次,第 98 窟非家族供养人身份和来源较单一。从供养人身份上看,非曹氏家族供养人主要有幕僚和僧官两类。200 身幕僚画像中现存题记的有 145 身,从题记来看,他们的身份大都趋同,题记的格式或为“节度押衙银青光禄大夫检校太子宾客某某某一心供养”,或为“节度押衙银青光禄大夫检校国子祭酒兼御史中丞上柱国某某某一心供养”,唯一不变的是 145 身幕僚题记最前面都有“节度押衙”这一官职名，表明幕僚身份的一致性。同样，窟中 36 身存有题记的僧官供养人，其题记格式基本为：“释门法律临坛大德沙门某某某一心供养。”虽有少数僧官还兼有知使宅内阐扬三教大法师、五尼寺判官、管内诸寺都判官等僧职，但是唯一不变的是都有“法律”这一官职名，同样说明僧官身份的一致性。从供养人来源上看，他们都是曹氏政府僧俗两界要员，来源地非常集中。

最后，窟主曹议金在对非家族供养人的选择上很具有针对性。上述第 98 窟中非曹氏家族的两类供养人的官职皆呈现出高度的一致性，他们分别是“节度押衙”和“法律”。“节度押衙”是比较重要的政府官职，是构成政权的核心力量；僧统、僧政、僧录在僧官系统中都是都司中最为重要的僧官领袖，从现存 36 身僧官供养人画像题记来看，僧官领袖并没有被窟主曹议金选择绘入窟中，他选择绘制了“法律”这一僧官。这些都表明曹议金对绘入自己功德窟中的非家族供养人是有针对性地作了选择的，并非随意的。

以上三方面内容，构成五代曹议金第 98 窟中非曹氏家族供养人画像的全新特征，与北周于义第 428 窟非家族供养人画像的特点截然不同。

二、非曹氏家族供养人画像绘制原因

由于“节度押衙”和“法律”是僧俗两界各自官职系统中的一种，他们从表面上来看互不相干，但若稍作分析便可发现他们都属于中层官职这一共性特征，而中层官职正是在曹氏政权中起到核心作用的中坚力量。[①]这也就是曹议金为何要有针对性地选择“节度押衙”和“法律”这两类中

①［日］竺沙雅章《中国佛教社会史研究》（增订版），京都：朋友书店，2002 年，第 378—389 页。

层官职人员绘入窟中的重要原因。学界对此进一步给出了相应的答案,如对于"节度押衙"的选择,马德先生认为曹议金刚恢复的归义军政权很不稳定,大规模将众多幕僚即节度押衙绘入自己的功德窟中,是为了笼络人心,以达到齐心协力共建政权的目的。[①]郑雨、荣新江先生亦认为这类供养人画像是曹议金巩固曹氏政权的重要措施。[②]幕僚们人心不齐的现状在第 98 窟功德发愿文 P.3781《河西节度使尚书曹议金贞明六年(920)修成大窟上层功德记》中也隐晦地表露了出来:"府僚大将,各尽节于辕门;亲从之官,务均平而奉主。"而对于"法律",日本学者竺沙雅章先生认为这一僧职是在僧官系统中负责具体事务的中层执行僧官,一般的法律人数颇多,驻于诸寺,直接监管各个寺院的事务。像第 98 窟中的一些法律还兼知管内诸寺都判官和其他判官,更是掌握了实际权力。[③]冯培红先生也认为"法律"是僧官系统中的中坚力量,将他们绘入窟中,反映出曹氏政权得到了起核心作用的这一广大中层僧官的支持。[④]

因此,曹议金如此大规模地将这些非曹氏家族中坚核心力量绘入自己的功德窟,是其在建立曹氏政权之初,在面临着内忧外患的困境下,为了凝聚人心而采取的举措。这是对政权建设有直接影响力的官员的积极争取和拉拢。这也是上述现象产生的根本原因。

至于将非家族供养人画像绘入地方长官功德窟中之价值,从第 428 窟1242 名各阶层僧侣争相"随喜"可看出,众人非常希望能与地方长官共处一窟共同供养,以便获得荣耀感和优越感。曹大王将僧俗两界中起核

---

①马德《曹氏三大窟营建的社会背景》,《敦煌研究》1991 年第 1 期,第 21 页。

②郑雨《莫高窟第九十八窟的历史背景与时代精神》,《九州学刊》1992 年第 4 卷第 4 期(敦煌学专号),第 35—43 页;荣新江《关于曹氏归义军首任节度使的几个问题》,《敦煌研究》1993 年第 2 期,第 49—52 页。

③[日]竺沙雅章《中国佛教社会史研究》(增订版),京都:朋友书店,2002 年,第 378—389 页。

④冯培红《敦煌的归义军时代》,兰州:甘肃教育出版社,2013 年,第 263 页。

心作用的中坚阶层绘入自己的功德窟中，一方面可以以此拉拢他们,凝聚人心,共建政权;另一方面也顺应了众人渴望将自己与曹氏同绘一窟中供养的特殊心理。因此,将非家族供养人绘于地方长官的功德窟中,对于这些供养人而言,大大提升了他们的地位;对于曹议金而言,则有助于稳固其政权统治。总之,将非家族供养人绘于家族功德窟中,在敦煌莫高窟供养人画像绘制发展史上有其特殊价值,极大地扩展了供养人画像的意义,彰显出供养人画像的政治意味。

第三节 整窟供养人画像排列特点及其原因

敦煌莫高窟供养人画像在其发展演变过程之中,时至晚唐、五代、宋时期发生了巨大变化。除画像大小、位置发生变化外,还呈现出以甬道节度使为中心排列供养人画像次序这一特殊现象。①五代时期首个大型功德窟第98窟供养人画像的排列就是典型代表。在这一节里我们将从两个方面,把曹议金功德窟中的供养人画像置于整个莫高窟供养人画像的发展序列中来考察,即在详细梳理供养人画像以甬道节度使画像为中心排列这一特点的形成过程后,进一步分析了这种特殊排列次序在特定历史阶段出现的原因。

①张先堂先生称之为"以地方长官为中心的供养人画像排列次序"。另外,他还将敦煌莫高窟供养人画像的发展演变史,按照画像本身的时代特色及其演变趋势,划分为四个阶段:第一阶段包括十六国、北朝和隋代,是供养人画像的起始和发展阶段;第二阶段包括初唐、盛唐以及中唐,是供养人画像发生变化的阶段;第三阶段包括晚唐、五代以及宋代,是供养人画像发生巨变的阶段;第四阶段包括西夏和元,是供养人画像的衰落阶段。见张先堂《莫高窟供养人画像的发展演变——以佛教史考察为中心》,《敦煌学辑刊》2008年第4期,第97—102页。

一、以甬道节度使画像为中心排列的形成过程

（一）供养人画像在佛教艺术中的地位变迁

敦煌石窟中供养人画像的出现是由于人是宗教崇拜和石窟营建的主体，将自身绘制进宗教建筑和壁画之中，拉近了人与宗教崇拜偶像间的距离。如果说信奉佛教是拉近了人与佛教之间的心理距离，那么，将自身绘入石窟壁画中是拉近了人与佛教之间的空间距离，使得自己成为宗教的一部分，进而体现出人与神之间的某种互动性。

敦煌莫高窟北凉至隋代的供养人画像，从绘制在壁面上的位置观察，多位于洞窟四壁下方、龛沿、龛下及中心柱下部四周等次要位置，最显著的一个特征是该阶段供养人画像，与佛、菩萨画像之间多由一条二方连续纹样构成的装饰带隔开，形成一道明显的界栏。可见，这一阶段人与神之间还存在着一定距离，表现出人对神的虔诚与敬畏之心。

在初唐和盛唐时期的供养人画像中，虽然初唐的部分洞窟仍然继承前一阶段将人与神用装饰带隔开的样式，如初唐第329、331、390等窟，但这一阶段也出现了将供养人画像绘入佛、菩萨脚下的样式。此时界栏装饰带不见了，供养人成为与参拜对象密不可分的一部分，如初唐第329、372窟，盛唐第215、172、379等窟，皆反映出在莫高窟供养人画像发展演变的这一阶段，人与神之间的距离进一步缩小，两者之间的密切互动被直接地表现了出来，供养人画像成为佛教壁画中的重要内容之一。

自盛唐开始，莫高窟中的供养人画像发生了非常大的变化，一些极为重要的供养人画像均被绘在了石窟甬道南北两壁，并且在尺寸上亦由以往的高不盈尺变成与真人同高或超越真人身高的巨型供养人画像。如莫高窟盛唐第130窟，甬道北壁西起为太守乐庭瓌与其三子等画像，南壁西起为夫人太原王氏与其二女等供养人画像。太守乐庭瓌画像高达2.15米，其对壁夫人王氏画像高达1.97米。如此高大的供养人画像，可

以说在之前的敦煌石窟艺术中是不曾出现的。之前石窟中高不盈尺的供养人画像,表现出人对待宗教的虔诚与敬畏之心,通过身高的巨大悬殊对比,凸显出佛、菩萨的神圣;而由盛唐第130窟开始出现的巨型供养人画像,瞬间提升了供养人画像的地位,人对神的敬畏之心显然被弱化了。

造成这种巨型供养人画像出现的原因,主要表现在以下两个方面:

第一,石窟形制的变化。唐代以前多小型禅窟和中心塔柱窟;唐代以后石窟形制发生改变,多大中型殿堂窟和中心佛坛窟,空间的不断增大,为巨型供养人画像的呈现提供了物质条件。

第二,佛教信仰的社会化倾向。早在北朝时期,石窟和造像碑中大量出现释迦多宝二佛并坐题材,学界普遍认为该题材的大量出现,除佛教发展的自身因素外,还与北朝的时代、政治背景有关。在当时,造像流行"诏有司为石像,令如帝身"①;同时,又出现帝王"即是当今如来"②的观念,因此朝拜皇帝如同拜佛。冯太后在北魏献文帝和孝文帝时摄政,出现二皇共同并坐一把朝椅,二圣共同执掌一国朝政的现状,因此,北朝时期大量出现的二佛并坐造像或象征着二皇并坐共同执政的历史史实。随后出现的洛阳龙门石窟中的奉先寺卢舍那大佛和莫高窟初唐第96窟之北大像等,都是帝王(武则天)与佛身份转化的进一步例证③。乐庭瓌作为晋昌郡的地方最高长官,虽没有像帝王一样将自己等同于佛,但却在莫高窟第130窟甬道北壁,通过增加自己的画像高度,以尽可能显示出自身地位与佛或佛像之地位的一致性。因此,莫高窟盛唐第130窟巨型供

①[北齐]《魏书·释老志》,北京:中华书局,1974年,第3036页。

②[北齐]《魏书·释老志》,北京:中华书局,1974年,第3031页。

③相关研究参见宫大中《龙门石窟艺术》,上海:上海人民出版社,1981年,第141—142;杜斗城《关于武则天与佛教的几个问题》,《宗教学研究》1994年第1期,第29—30页。

养人画像并非突然出现,而是前期佛教不断社会化的必然结果。

这一现象在敦煌盛唐以后愈演愈烈。地方高官、世家大族,以及僧界领袖亦于窟中绘制自身巨型供养人画像。如中唐第 158 窟甬道北壁绘有 3 身僧人和 1 身俗人,南壁绘有 4 身僧人,其高度均超过 1.8 米,是为巨型供养人画像。甬道北壁西起第 2 身存有题记“大蕃管内三学法师持钵僧宜”[①]。由此可见这些僧人享有很高的地位。晚唐第 85 窟是都僧统翟法荣功德窟,该窟甬道南壁绘有 3 身男供养人画像,西起前两身残存的画像高度为 1.8 米左右;晚唐第 196 窟是何法师功德窟,甬道南壁西起所绘最前两身男供养人画像高 1.85 米,北壁还绘有当时地方长官索勋及其儿子等供养人画像,其中索勋画像高达 2.03 米。至五代、宋时期,敦煌巨型供养人画像的绘制达到了繁盛阶段。如五代曹议金第 98 窟、天公主第 100 窟、曹元忠第 61 窟、张都衙第 108 窟,宋代曹元忠第 55 窟、曹延恭第 454 窟等,这些窟中供养人画像基本都超越真人高度,已经与窟中佛、菩萨画像高度等同甚至超越。可见,敦煌莫高窟供养人画像发展演变到晚唐、五代、宋这一阶段,供养人地位获得极大提升,供养人与崇拜偶像之间的距离进一步缩小。

第 98 窟供养人画像是这一时期的典型代表。如曹议金画像高达 2.42 米,张议潮画像高达 2.38 米,索勋画像高达 2.37 米,于阗国王李圣天画像高达 2.4 米,于阗国王夫人画像高达 2.08 米,曹议金夫人画像高达 2 米。在第一章中我们详细论述了曹议金在其执政期间自称为王的史实,敦煌遗书中就有曹议金把自己比作“转轮王”的记载,体现出他作为地方王与宗教的关系。将自己的身份等同于佛,这显然是继承了历史上帝王将自己比作“当今如来”的传统(如北魏皇帝和唐代女皇武则天将自

---

①敦煌研究院《敦煌莫高窟供养人题记》,北京:文物出版社,1986 年,第 75 页。

己比作如来),很可能第 98 窟中心佛坛上的主尊便有这层象征涵意。但不同于以往的是,巨型供养画像的增加,使得人与佛形成直接的互动,如曹议金等巨型供养人画像与主尊相向而视;更有意思的是曹议金等地方长官画像与窟中众多幕僚等供养人画像之间形成被朝拜者与朝拜者的关系,更加强化了曹议金等地方长官的地位。在佛教石窟中极力通过王与臣子之间的身份差异,强化王者的绝对地位,进一步显示出人权对神权的借重。

(二)供养人画像在佛教艺术中的礼拜方向变迁

莫高窟现存最早的北凉三窟中,第 268 窟供养人画像位于西壁佛龛下,上下两层共 12 身,分为南北两组,每组 6 身,相向而立,分别由南北两侧上层最前面的 1 身僧人引导礼拜位于他们中间上方的龛中之佛;第 275 窟北壁下部现存供养人画像 35 身,他们均朝向西壁主尊的方向排列,西起前 8 身是伎乐供养人,第 9 身为高出所有供养人半头的僧人,引导着之后的 26 身匈奴供养人,他们与对面南壁中的供养菩萨共同礼拜着位于西壁前的主尊佛像;第 272 窟西壁龛内早期供养人画像漫漶不清,在此不作叙述。以上案例表明,在莫高窟最早的石窟中,供养人礼拜的方向是朝向窟中西壁的主尊佛,以整窟内的主尊为中心。

北朝时期的第 285 窟和第 428 窟可看作是该时代的两个代表洞窟,不但规模巨大,而且功德主还是地方长官,他们分别是西魏东阳王元荣和北周建平公于义。①我们现以这两个洞窟为代表来探讨北朝时期供养人画像的朝向特点。

第 285 窟共 72 身供养人画像,他们集中分布在北壁。北壁分上下

---

①参见贺世哲《从供养人题记看莫高窟部分洞窟的营建年代》,敦煌研究院《敦煌莫高窟供养人题记》,北京:文物出版社,1986 年,第 197—199 页;施萍婷《建平公与莫高窟》,《敦煌研究文集》,兰州:甘肃人民出版社,1982 年,第 144—150 页。

两层，下层开四个禅窟，上层绘七铺说法图，均由一佛二菩萨组成，72 身供养人画像分为七组，每组 10 身左右，分别绘于每铺说法图下，这 10 身左右供养人又由一铺发愿文一分为二，东西相向而立于说法图下方左右两边。各组中的供养人由僧人在前面引导，各自礼拜着相应的说法主尊。（图 2–3）

图 2–3　莫高窟西魏第 285 窟北壁上层东起第 1 铺说法图及供养人画像

第 428 窟供养人画像多达 1242 身，他们分布在中心柱龛沿和四壁下方。中心柱每个向面龛沿上的供养人画像，依然一分为二，相向而立，由僧人引导供奉着每个龛中主尊。四壁供养人画像可分为三组：第一组是东壁门南侧和南壁供养人画像，以南壁西起第 2 铺说法图主尊下的部位为中心左右相对而立；第二

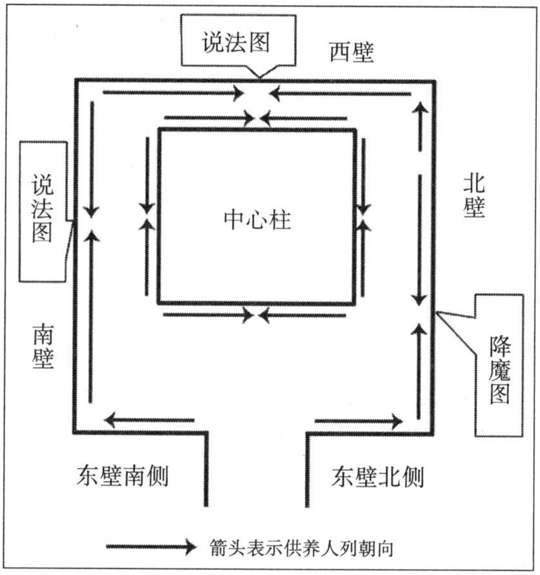

图 2–4　莫高窟北周第 428 窟供养人画像方位朝向示意图

组是西壁和北壁西端供养人画像,以西壁北起第 3 铺说法图(位于西壁正中间)为中心左右相对而立;第三组是北壁中端、东端和东壁门北侧的供养人画像,以北壁东起第 2 铺降魔变为中心左右相对而立(图 2–4)。

以上两窟供养人画像的朝向特点表明,供养人的礼拜对象除了代表整个洞窟的西壁主尊以外,其他壁面和中心柱的四个向面中的说法主尊也成为礼拜对象,这与北凉时期唯一礼拜西壁主尊有所变化,即供养人礼拜中心由一个变为多个。这种变化主要与不同供养人的经济能力、信仰偏好和目的等因素有关,也表明出现了共同造窟做功德的现象。

供养人画像发展到隋代,洞窟中每个壁面供养人像列多以本壁面中的壁画佛像为中心左右相对而立,如隋代第 305 窟等。这不但继承了北朝时期供养人画像以多个礼拜对象为中心的传统,也更加完善了单独以每壁主尊为中心的供养人画像礼拜样式,不再像北周第 428 窟一样,出现多个壁面的供养人一起礼拜的图像样式。

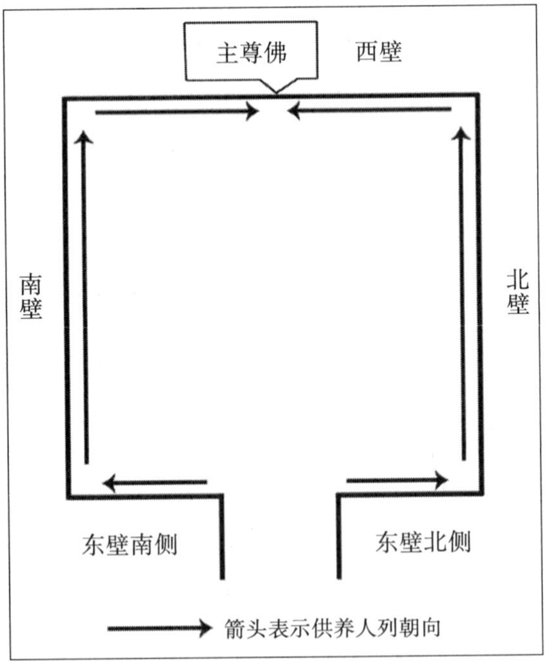

图 2–5　莫高窟初唐第 390 窟供养人画像方位朝向示意图

在初唐第 390 窟中,整个洞窟四壁的供养人画像,则重新以西壁龛中的主尊为中心相对排列(图 2–5)。可见,从初唐时期开始,供养人画像重新回归北凉时期只礼拜一个中心的传统。但是此时期供养人画像的排列特点要显得更为复杂,不仅供养人画像的数量增加了许多，而且四壁中的供养人画像都被整合在了一起，从而形成一个整体。这与北凉时期仅有西壁供养人（第268窟），或者仅有北壁世俗供养人（第275窟）礼拜西壁主尊的情况有所不同。经过北朝和隋代的变化发展，初唐时期已形成了四壁供养人画像，以正壁西龛主尊为中心的礼拜次序。

然而，从晚唐开始，供养人画像的礼拜方向发生了巨大转变，由原来以正壁西龛主尊佛和四壁壁画中佛像为中心排列，变为以甬道节度使画像为中心排列。如晚唐都僧统翟法荣第85窟、何法师第196窟，五代曹议金第98窟、张都衙第108窟、曹元忠第61窟，宋代曹延恭第454窟等，这些窟中的供养人画像都是以甬道归义军节度使为中心礼拜，即东壁门南北两侧和南北两壁东端的供养人画像均是朝向甬道而排列，摒弃了以往四壁中供养人画像以佛为中心的礼拜序列。

二、以甬道节度使画像为中心排列的原因分析

张先堂先生认为，造成上述以甬道节度使画像为中心排列的根本原因，是为了表示对他们的尊重。[①]这其实是古代封建制度下根深蒂固的君臣等级关系在石窟中的延续。我们认为这仅是造成这种变化的原因之一。尤其是曹氏时期的洞窟，供养人画像如此排列还当有其他原因，即朝拜帝王如同拜佛。这样就能合理解释晚唐以前，延续了半个多世纪以佛为中心的供养人画像朝拜序列，为何在之后突然发生了巨大转变。

前文已述，早在北朝时期就已产生造像“令如帝身”[②]和帝王“即是当今如来”[③]的观念，即朝拜帝王如同拜佛。这一传统造像观念在随后的龙

①张先堂《莫高窟供养人画像的发展演变——以佛教史考察为中心》，《敦煌学辑刊》2008年第4期，第101页。

②[北齐]《魏书·释老志》，北京：中华书局，1974年，第3036页。

③[北齐]《魏书·释老志》，北京：中华书局，1974年，第3031页。

门奉先寺卢舍那大佛和莫高窟初唐第 96 窟之北大像中都很好地得以延续。可见这一观念无论在时间上还是在地域上既长又广,影响力非常深远。曹氏归义军政权既尊中原为正朔,又在当地自称为王的双重性格,发源于首任节度使曹议金执政时期。曹议金称王及其对“王即如来”传统的继承也深深影响到其子孙后代。因此,在曹氏石窟中众人以曹氏节度使为中心的礼拜序列,是把曹大王等地方长官当作“当今如来”来朝拜,其中尤以曹议金第 98 窟最为典型也最具规模。第 98 窟出现了 236 身幕僚和僧官等非曹氏家族供养人画像,并且画像安排都表现出了以甬道曹议金画像为中心的朝拜序列(图 2–6)。这一现象出现的原因,除了表达幕僚等对曹议金的尊重,以及曹议金作为地方王,众人践行拜王如拜佛的传统外,还与曹氏政权初期所面临的内忧外患的政治环境有关,即曹议金想借宗教的力量凝聚人心,团结共建曹氏政权。这是曹议金第 98 窟中以甬道节度使为中心的供养人画像礼拜序列得以形成的一个特有原因。

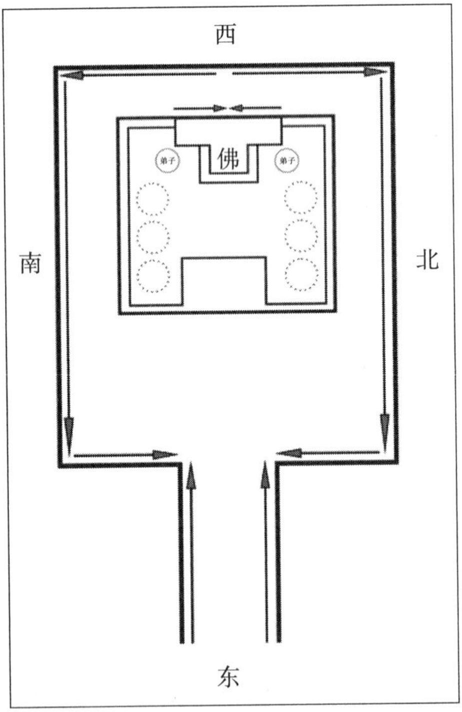

图 2–6　第 98 窟供养人画像方位朝向示意图

这种以甬道节度使画像为中心的礼拜方式或序列的出现,是佛教社会化程度不断加深的必然结果。五代时期礼拜王如同礼拜佛的观念已经很成熟。曹氏家窟供养人画像的礼拜序列,反映出曹氏政权以教治政的特点,即以宗教手段治理政权。这一方面表明统治者需要以佛教信仰的精神力量来统治子民，另一方面也说明佛教需要统治者的支持来进一步壮大自身力量。两者是相辅相成、相互依存的关系。

第四节　尊卑因素对供养人画像绘制之影响

敦煌莫高窟第 98 窟供养人画像多达 292 身，本节将以该窟供养人画像为案例,从画像本体出发,通过分析画像绘制的大小、画像在洞窟中的空间位置布局、画像的两种组织形式、画像的榜题华盖样式,以及画像所持供养物品等五个方面,探讨供养人之间的尊卑关系问题。整体而言,位于洞窟内部南侧的供养人画像地位要尊于北侧的供养人画像;位于佛坛前部和后部的供养人画像的尊卑关系,是由东向西分为四级依次递减的。对供养人画像本体语言和空间关系的讨论,是对图像本体作为视觉图像证据的积极运用。同时,理解和掌握莫高窟中画像本体对人物尊卑关系表达的视觉规律,对于推测和判断题记现已不存或无法识别的供养人画像的性质有着积极意义。

一、画像绘制大小

第 98 窟甬道、主室东壁门南北两侧及南北壁东端的供养人画像,高于真人或与真人等身。其中甬道供养人画像皆高于真人,如窟主曹议金画像高达 2.42 米；主室东壁门南北两侧及南北壁东端供养人画像与真人高度不分上下。而主室南北两壁西端、西壁及中心佛坛背屏后的供养人画像高度却仅为 0.35 米左右。第 98 窟中这两部分供养人画像大小悬殊，尊卑关系一目了然。这是因为前者是以窟主曹议金为中心的曹氏家族成员，后者是曹议金政权的拥护者。

结合《敦煌莫高窟供养人题记》可以进一步佐证供养人身份与画像大小之间的关系。甬道北壁是以张议潮、索勋等为代表的张氏归义军历任节度使画像；甬道南壁是以曹议金、曹元德等为代表的曹氏归义军历任节度使画像。并且这两组画像高度由西向东依次递减约半个头长，这是辈分大小和官职地位高低在供养人画像中的体现。从辈分上来看，甬道北壁西起第 1 身是张议潮，第 3 身是索勋，余画像题记不存，张议潮是索勋的岳父，二人曾先后为张氏归义军时期的节度使；甬道南壁西起第 1 身是窟主曹议金，第 2 身是曹元德，余画像题记不存，曹议金是曹元德的父亲。这里除了依辈分关系表现画像大小外，还依据官职大小来表现。曹议金既是节度使又是窟主，官职和地位最高，画像也最大。

主室东壁门南侧画像共 11 身（图 2–7–a），北起第 1 身是曹议金女婿于阗国王李圣天，第 2 身是国王夫人曹氏，约低国王一头，夫人后 4 身作上两男、下两女分层排列，形象显小，当为于阗国王和夫人的侍从，接着是第 7~11 身五位僧尼，第 7 身即领头僧约低曹氏夫人半头，余下僧尼高度由北向南依次递减；主室南壁东端供养人画像共 17 身（图 2–7–b），东起第 1、2 身与于阗国王夫人同高，第 3 身比第 2 身略低三分之一头长，第 4 身又比第 3 身略低半头，第 4~11 身高度依次递减，变化幅度不大，最后 6 身两两作上下分层排列，仅见上面 4 身胸口及头部，明显比前 11 身小。

通过进一步分析，我们可以看到以辈分为主的等级观念在画像中同样有体现。图 2–7 中于阗国王画像最高大，相反，服侍于阗国王夫妇的四位侍从却非常矮小。这与他们作为王者和侍从的身份与地位有关，等级地位分明,画像视觉形象上的大小差异亦非常明显。五位僧尼题记现已不存,她们具体的职位无法确定,但据画像中面相的描绘,可以清楚地看出最前面的显年长,越至后面越显年轻,仍然反映出画像高低与辈分之间的关系。图 2-7-b 中前三位已故太夫人在南壁中最大且基本同高,然而第 3 身与第 4 身画像高度差距明显,以低半头拉开距离;前三位太夫人与后面 4~13 身姊、妹、侄等辈女供养人画像,是严格按照辈分高低来表现画像大小的;同样,第 4~8 身姊妹画像高度则按照年龄大小排列。

主室东壁门北侧画像共 7 身(图 2-8-a),南起前 4 身中除第 2 身题记不存,第 1、3、4 身为曹议金的三位夫人,分别是回鹘天公主、巨鹿索

图 2-7　第 98 窟主室东壁门南侧、主室南壁东端供养人像与画像大小配置示意图

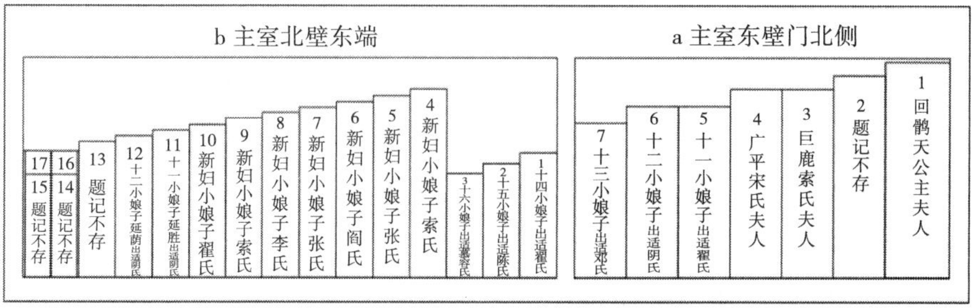

图 2-8　第 98 窟主室东壁门北侧、主室北壁东端供养人像大小配置示意图

氏、广平宋氏。其中第 1 身回鹘夫人比门东侧于阗国王曹氏夫人约高一头，第 2 身比第 1 身约低三分之一头，第 3、4 身两位夫人同高，但比第1 身回鹘夫人约低半头，第 5、6 身同高，但比第 4 身约低半头，第 7 身又比第 6 身低半头；主室北壁东端画像共 17 身（图 2-8-b），东起第 1 身约低门北第 7 身一头，第 2、3 身分别比第 1 身渐次低三分之一头，第 4 身又与门北第 4 身同高，第 4~13 身基本渐次降低，最后 4 身上下分层排列，明显低于前面画像。

这组画像间的大小差异则更多与其作为“外交图像”所要传达的政治意蕴相关。图 2-8-a 中第 1 身回鹘天公主画像最高大，同其后第 3、4 身两位曹议金夫人相比，明显高出半头，这里不仅与辈分相关，还与回鹘天公主在曹氏政权中的政治地位相关，其是以“政治外交图像”的身份地位而优于另两位夫人。从图 2-8-a 中最后 3 身与图 2-8-b 中前 3 身供养人画像题记可以看出，她们是曹议金的六位女儿，画像依年龄大小由高至低进行绘制。但是图 2-8-b 中从第 4 身开始，画像明显增高很多，与图 2-8-a 中两位曹议金夫人画像同高，而图 2-8-b 中第 4~10 身画像身份都是曹氏的儿媳，表明这几位儿媳妇的身份地位比曹议金的六位女儿要高，近乎曹议金后两位夫人的地位。之所以将这些来自索氏、张氏、阎氏等家族的女儿地位提高，恐怕和敦煌世家大族与曹议金家族间的政治婚姻不无关系，她们很可能仍然是以“政治外交图像”的身份而优于他人。

综观上述供养人画像,曹议金将甬道中位于北壁的张氏归义军政权的统治者画像与南壁自家画像同高比例绘制,颇有用心。实际上,这既是曹氏为求得政权合法性而创造的具有家谱画像意味的“政治图像”,又反映出曹氏政权欲开启与张氏政权同样辉煌政绩的心理。而主室东壁门南侧高大的于阗国王画像,更是一种“政治外交图像”,用以彰显于阗国与曹氏政权间的特殊关系;同样,门北侧回鹘天公主夫人比同样身份的另外两夫人画像高出半头,亦是曹氏政权与回鹘之间特殊关系在“政治外交图像”上的反映。主室南壁东端东起前三位太夫人画像,同为太夫人,但是前两身是曹议金的“婆太夫人”,而第3身是“王母太夫人”,前两身之所以比第3身高出半头,这仍然是“政治外交图像”的延续。同样,主室北壁东端东起第4身以后世家大族的女儿画像供养人高度,突然与前3身曹议金女儿画像高度拉开很大距离,仍然是为了提高与自己有姻亲关系的世家大族的地位,是一种政治上的考量。

主室南北两壁西端、西壁及背屏后部是曹议金政权的幕僚及僧官供养人画像,前者比后者占多数,高约0.35米,位于壁面最底部,与窟中曹议金家族供养人画像高度相差悬殊,尊卑关系一目了然。

二、画像绘制位置

窟中供养人画像有的置于壁面最前端的首要位置,有的置于最末端的次要位置,这同他们的身份地位和辈分长幼有关。例如,曹议金和张议潮画像分绘于甬道南北壁西起第1身的位置,与他们作为节度使的最高职位和在家族中的最大辈分有关;同样,主室东壁门南北两侧靠近甬道门口的供养人是曹议金的女婿(于阗国王李圣天)和夫人(回鹘天公主),他们之所以能处于首要位置,也同他们特殊的身份地位有关,即与曹氏的政治联姻密不可分,具有“政治外交图像”的意义;主室南壁东端前3身太夫人中,两位“婆太夫人”排列在“王母太夫人”的前面,亦应与政治姻亲及身份有关；主室南北两壁东端中曹议金的姊妹、女儿、儿媳等都按照年龄长幼先后排列。可见职位大小、姻亲政治地位、辈分长幼都是影响画像前后排列次序的决定性因素，其中身份地位的显著与否影响最为突出。

不但供养人画像在前后位置的排列上体现出尊卑关系，而且他们所站立的位置也体现出画像间的尊卑关系。据笔者实地调查，在第 98 窟甬道南北两壁最底层，即甬道供养人脚底距离地面不到 1 米的部位，制作有立体泥塑的壸门，每个壸门长约 1 米，宽约 0.5 米，这与第 98 窟中心双层佛坛中底层的壸门完全一致，今壸门里图像已不存。同样，主室东壁供养人底下亦有小型壸门，以绘画的形式表现出来，里面图像亦不存。由于主室南北壁东端供养人底部残毁，推测也当绘有壸门。从壸门所饰位置可看出，其具有彰显尊贵身份的象征意义。佛教建筑中能显示尊贵的入口之处一般会采用壸门样式，由此表明甬道张氏和曹氏供养人，主室东壁，主室南北两壁东端供养人，是有别于窟中站立在地面上的幕僚等小供养人画像，而独显尊贵身份。此外，甬道供养人画像脚下均踩有方形地毯，显现出身份地位的与众不同。最前面的张议潮和曹议金各独自踩一块地毯，而后面的或者两人同踩一块，或者三人同踩一块，等级地位也一目了然。而于阗国王李圣天脚踩一地神漂浮于海面之上，这种表现也强调了主人特殊的尊贵身份。

从所有供养人画像在窟中的空间位置布局来看，洞窟中各部分空间位置本身也决定了所绘画像的尊卑关系。在第 98 窟中，由供养人画像的身份地位可知，甬道南北壁是整个石窟中绘制供养人画像最重要的位置，接着是主室东壁门两侧，然后是主室南北两壁东端，最后是主室南北两壁西端、西壁及背屏底部。在这四组画像中，前三组与最后一组的尊卑关系最为分明（图 2–9）。

这种布局，除由供养人身份地位等尊卑关系所致外，还与第 98 窟中心佛坛上的主尊有很大关系。石窟功德主和供养人将自身的画像绘于窟

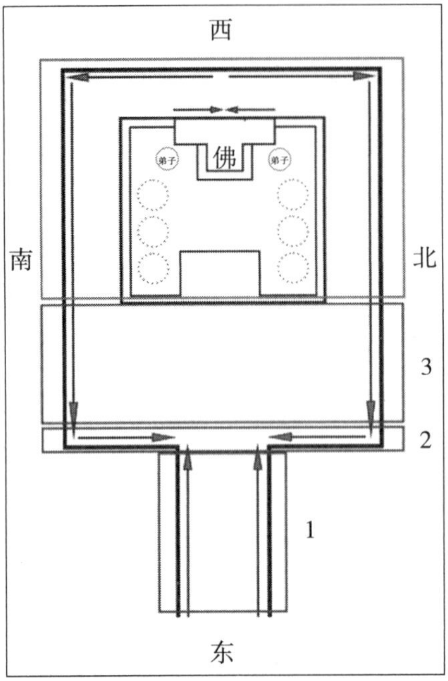

图 2-9 第 98 窟供养人像绘制位置示意图

中，来表示对佛的虔诚礼拜和供养,位于窟中中心佛坛上的主尊佛当是最主要的礼拜对象。而信众礼拜和供养当在佛的正面,如“礼拜者,须正面西方,想阿弥陀佛如对目前”①;“见阿弥陀佛身真金色,在七宝树下金莲华上坐,十僧围绕亦各坐一宝树下,佛树上乃有天衣挂绕,正面向西合掌坐观”②;“正面住身前,观一圆明像”③。在第 98 窟中,处于佛正面的甬道和主室东壁及其侧前方的左右壁(主室南北壁东端),是礼拜和供养主尊的最佳位置,故曹氏家族所有画像都被绘制于此区域,而处于主尊佛后侧及背面的幕僚处于次要供养位置。

古代礼制,在不同时代或尚左为尊,或尚右为尊,各不相同。在唐、五代、宋时期,遵循尚左为尊的礼制,这种尚左为尊的观念同样渗透于敦煌石窟壁画的绘制中。

曹议金是第 98 窟营建的功德主,又是曹氏归义军政权的首任节度使。位于甬道北壁的曹议金外祖父张议潮和岳父索勋供养人画像绘制,并没有高于曹议金,而仅以与曹议金同高的尺度并列出现。前文已证供养人画像有按照辈分长幼来绘制大小的规律,将作为长辈的张氏供养人画像

①[唐]迦才撰《净土论》卷上,《大正藏》,第 47 册,第 1963 页。

②[唐]善导集记《观无量寿佛经疏》卷四,《大正藏》,第 37 册,第 1753 页。

③[唐]轮婆迦罗译《摄大毗卢遮那成佛神变加持经入莲华胎藏海会悲生曼荼罗广大念诵仪轨供养方便会》卷一,《大正藏》,第 18 册,第 850 页。

如此安排、绘制,就有使其屈尊为卑的嫌疑,表明甬道南壁位置当尊于北壁。由于甬道供养人画像是面西而立,即面朝窟中主尊,北壁张氏画像处于甬道右边,而南壁曹氏处于甬道左边,尊左卑右由是可见,即窟中甬道以南壁为尊(图 2-10)。

在主室东壁门南北两侧,南侧 11 身供养人画像中有 3 身是男性,即于阗王李圣天和两位男侍从;而北侧 7 身供养人画像全是女性。从古代男尊女卑的传统观念出发来考察,同样表明门南侧位置尊于北侧位置。

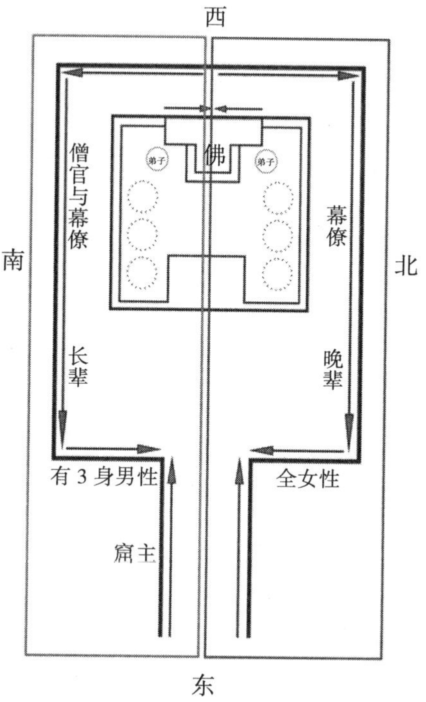

图 2-10 第 98 窟供养人像南北区域分布图

在主室南北两壁东端,其中南壁共有 17 身画像,东起前 8 身是窟主的三位长辈太夫人和五位同辈姊妹,已故画像人数 7 身,这一比例接近这组画像总人数的一半;北壁同样有 17 身画像,而以现存前 12 身画像题记可看出,她们是曹议金的女儿、儿媳等晚辈,并且仅有两身已故供养人。对比这两壁画像,南壁近半的画像为窟主的长辈和同辈,而北壁画像都是晚辈;南壁已故人数 7 身,而北壁已故人数两身,表明主室南壁前端画像位置要尊于北壁前端位置。

主室南壁西端,东起最前面若干身供养人画像的身份是僧官,而北壁西端全是幕僚画像。将僧官置于南壁而非北壁,似乎也表明南壁西端位置尊于北壁西端。

晚唐张议潮第 156 窟和五代天公主第 100 窟中的供养人出行图,都是将节度使等男性置于洞窟南壁,将夫人出行图置于洞窟北壁,也说明了南壁要尊于北壁。

我们从第98窟供养人画像布局的空间位置出发，将供养人画像分别从东西、南北两条线进行了详细分析，发现第98窟中供养人画像位置的重要性由东向西递减；若将第98窟从中间东西纵向一分为二，靠近南面的壁面供养人画像位置要比北面的相应壁面位置尊贵。我们知道除背屏后部供养人外，主室四壁供养人全部面向甬道供养人，而非坛上主尊佛，是与甬道供养人面向而立的。这种供养人排列方式在敦煌五代石窟中很流行。我们以节度使为中心，那么面向而立的主室南壁供养人方位就处于节度使的左边，这表明唐、五代、宋时期以左为尊的礼制在石窟中也得到了应用。

三、画像组织形式

在第98窟中，供养人画像的排列组织形式分为两种，分别是“一字式”和“叠压式”。从这两种组织形式也可以看出供养人画像间的尊卑关系。

第98窟中供养人画像的绘制多是从前至后以一字并置排列的方式来表现，将每一身画像从头到脚全部画出，例如甬道南北两壁曹氏和张氏供养人画像，主室门北侧供养人画像，主室南北壁西端及西壁供养人画像等。

然而，主室东壁门南侧于阗国王夫妇后面的4身侍从，主室南北两壁东端供养人画像的最后4~6身，以及甬道南壁最后4身供养人，他们并非呈一字并置排列，而是上下叠压绘制，仅能看到被叠压画像的胸口以上部分，从他们的身份地位来看，都是侍者。这表明将供养人画像叠压绘制的方式，具有反映人物地位较低的功能（图2–11）。

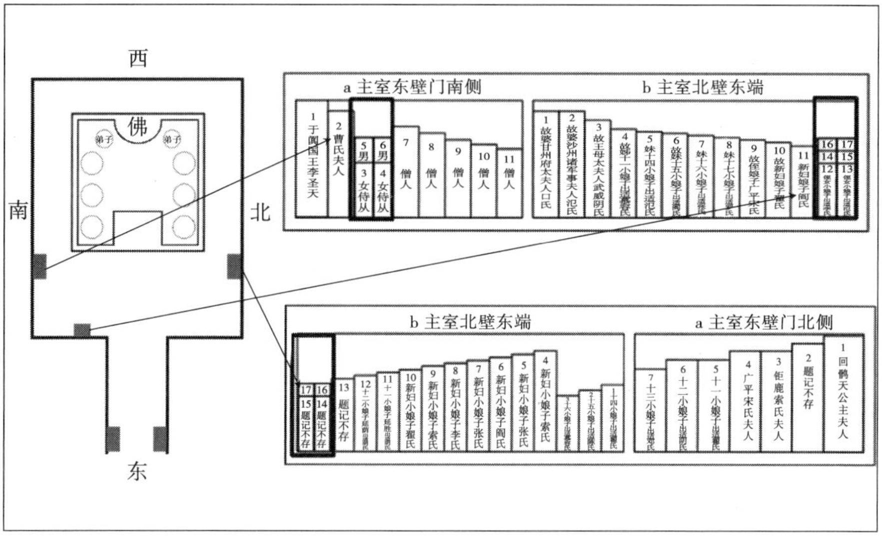

图 2–11　第 98 窟“叠压式”供养人画像示意图

四、画像华盖式榜头

在第 98 窟中，甬道和主室东壁一些供养人画像的榜题最上端绘有华盖，在此我们姑且将此称为华盖式榜头题记。这种题记的特别之处就在于华盖。华盖在史籍中多有记述。

《汉书》载:

> 或言黄帝时建华盖以登仙，莽乃造华盖九重，高八丈一尺，金瑵羽葆。①

《后汉书》载:

①[汉]班固撰,[唐]颜师古注《汉书》卷九十九“王莽传下”,北京:中华书局,1962 年,第 4169 页。

起大坛,上建十二重五采华盖,高十丈……复建九重华盖,高九丈……天子亲出临军,驻大华盖下,进驻小华盖下。①

设华盖以祠浮图、老子。②

以上史料表明,能够拥有华盖者,为帝王、王侯、大将军、佛陀、老子等。其共同点皆为权贵阶层,并因其身份地位的不同所设华盖之规格有别。如第二条史料中,天子在大华盖下,为十二重、十丈高;大将军在小华盖下,为九重、九丈高。

《新唐书》载:

天子……羽葆、华盖……盖所以为慎重也。故慎重则尊严,尊严则肃恭。夫仪卫所以尊君而肃臣,其声容文采。③

这表明,包括华盖等在内的所有仪卫的作用是为了表达权贵的尊贵和威严。一般置于出行辇车之上的华盖,除了表达尊贵的身份地位外,还有遮阳避雨的作用。在西域,华盖也有遮阳避暑的作用,如《妙法莲华经玄赞》中记载:

西域暑热,人多持盖,以花饰之,名为华盖。④

---

①[宋]范晔撰,[唐]李贤等注《后汉书》卷五十九"窦何列传",北京:中华书局,1965年,第2246—2247页。

②[宋]范晔撰,[唐]李贤等注《后汉书》卷七"孝桓帝纪",北京:中华书局,1965年,第320页。

③[宋]欧阳修、宋祁撰《新唐书》卷十三"仪卫上",北京:中华书局,1975年,第481页。

④[唐]窥基撰《妙法莲华经玄赞》卷二,《大正藏》第34册,第685页。

随着佛教在中国的发展以及中西文化的不断交融，象征帝王将相权力与地位的华盖，被运用于佛教尊像以显示其崇高的地位。

第 98 窟中的情况亦如此，一些地位较高者的题记框顶端画有华盖，并且依据地位尊卑的高低，华盖也有单、多重之分，而一般人物是没有的。如甬道南曹议金及其后曹元德题记上华盖均为四重，而元德后元深题记为单重华盖（图 2–12）；甬道北西起第 2 身为双重题记华盖，第 3 身为单重题记华盖，后几身题记华盖已不存。主室东壁门北侧北起于阗国王题记华盖为四重，其后夫人为三重（图 2–13），第 1 身僧尼题记华盖为单重，后 4 身僧尼题记未绘华盖；门北侧南起前 4 身女供养人题记有宝珠华盖，其余没有，天公主题记上为多重华盖，其余 3 身为单重华盖题记（图 2–14）。由此可见，供养人题记顶端是否有华盖以及华盖重数，反映出供养人画像身份地位的尊卑关系，是等级职位视觉化的表现形式之一。

图 2–12　第 98 窟曹议金、曹元德、曹元深画像华盖式榜头

图 2-13　第 98 窟于阗国王夫妇画像华盖式榜头

图 2-14　第 98 窟回鹘天公主等画像华盖式榜头

五、画像所持供养器物

对佛陀的供养有香、花、灯、涂等多种方式，第 98 窟供养人的供养方式主要为香、花供养。香即焚香，供养人会持手炉焚香。手炉分长柄手炉和无柄手炉。长柄手炉又称香斗，是带有长长的握柄的小香炉，多用于供佛；而无柄手炉是可握在手中或随身携带的小熏炉。在第 98 窟中，位于甬道南壁西起第 1 身的窟主曹议金，双手持长柄手炉供养，其后的曹元德持无柄手炉供养，紧跟在后面的供养人手中未拿任何东西，仅做双手合十状供养；主室东壁门两侧的于阗王和回鹘夫人都是拈花供养，跟在后面的供养人也未持有任何东西。在第 98 窟中，持手炉和拈花供养的是窟主曹议金、儿子曹元德、女婿于阗国王李圣天、回鹘夫人天公主等这些重要人物，其他多数供养人仅做双手合十状供养。

可见，持有供养物的供养者之身份地位要比双手合十的供养者尊贵，并且持长柄手炉者尊于持无柄手炉者。这是从第 98 窟中供养人是否持有供养物以及持有哪种供养物，所反映出的供养人身份尊卑关系的又一视觉例证。

综上所述，我们着重从本窟供养人画像的本体出发，分别从画像大小、画像位置、华盖式榜头、组织形式、供养器物几个方面，详细分析论证了供养人画像绘制的视觉规律及其所反映的供养人之间的身份地位与尊卑关系。

在画像大小方面，此窟甬道、主室东壁等曹议金家族供养人画像，明显高于主室西壁等幕僚供养人画像。窟主曹议金画像、于阗国王李圣天画像、回鹘夫人天公主等画像，在各自壁面中显得最高大。主室东壁南侧五位僧尼高度由北向南依次递减，北侧曹议金的三位夫人高度同样由南向北依次递减。主室南壁东端太夫人及曹议金姊妹画像也按照辈分大小由东向西依次变小，北壁东端曹议金的众多女儿和儿媳画像大小也各自按照长幼关系由东向西依次递减绘制。这些都表明,画像高低大小的绘制同供养人的辈分和官职的高低大小存在着紧密的联系。另外,一种带有政治性质的画像,因其政治地位的重要性,并不按照辈分的亲疏远近进行绘制。比如主室南壁东端三位太夫人画像中,曹议金的亲生母亲“王母太夫人”画像绘制高度低于岳母“婆太夫人”;同样北壁东端世家大族的女儿画像高度,与前 3 身曹议金女儿画像高度有一定差距,仍然是将与自己有姻亲关系的供养人画得更为高大,这显然是一种政治上的考量。

影响供养人画像绘制位置的因素,同样与供养人职位大小、辈分长幼、姻亲政治地位有关。上述因素主要在画像前后排列次序上起决定性作用,其中尤以身份地位的显著与否最为重要。壸门在佛教中作为与佛陀关联的一种装饰符号,被置于供养人脚下。如第 98 窟曹氏家族画像脚下皆有壸门,幕僚画像则没有,并且甬道供养人画像脚下的壸门比主室东壁等供养人画像脚下的要大,表现手法还是立体的,尊卑关系很明显。另外,从甬道供养人画像脚下所踩方形地毯的大小及方毯上所站人数等角度出发,也可分析其上供养人身份地位的与众不同。如最前面张议潮和曹议金各独自踩一块较大地毯,而后面的或者两人同踩一块,或者三人同踩一块,等级地位一目了然。第 98 窟供养人画像布局的空间位置,表明此窟中供养人画像布局位置的重要性由东向西递减,靠近洞窟南面的壁面供养人画像位置要比北面的相应壁面位置尊贵。以节度使为中心,面向而立的主室南壁供养人方位就处于节度使的左边,表明唐、五代、宋时期以左为尊的礼制在石窟中也得到了应用。

在组织形式方面,供养人画像的排列组织形式呈现出“一字式”和“叠压式”,从这两种组织形式也可以看出供养人画像间的尊卑关系。如在此窟中将有身份的供养人均以并排“一字式”展开绘制,而将身份地位较低的侍者均以上下叠压的绘制方式来表现。供养人题记是供养人画像身份地位的进一步注释,其顶端是否有华盖,以及华盖重数等,也会反映出供养人画像身份地位的尊卑关系。比如曹议金、张议潮、李圣天、天公主等的题记顶端不但都有华盖，并且都在两层以上，反之其他供养人题记顶端为单层华盖或者没有华盖。供养人画像是否持有供养物以及持有哪种供养物，也反映出供养人身份的尊卑关系。一般持有供养物的供养者之身份地位要比双手合十供养者尊贵，并且持长柄手炉者要尊贵于持无柄手炉者，窟中唯有曹议金和于阗国王李圣天持长柄手炉供养。

作为五代时期一个非常具有代表性的洞窟，第 98 窟供养人绘制的视觉特点和规律虽有其特殊性，但其对敦煌同时期乃至宋代石窟供养人画像研究仍然具有一定的参考价值。尤其是对现存供养人画像题记模糊不清、无法识别的，可借助画像本体的视觉规律及其在洞窟中的布局特点，对其进行研究。

小　结

第98窟供养人画像众多,在敦煌石窟中具有一定代表性,并且显示出明显特色。如甬道曹氏家族画像对壁绘已故张氏节度使画像;大量幕僚和僧官等非曹氏家族供养人画像被绘入家窟;这些画像又以甬道节度使画像为中心礼拜排列。我们结合敦煌其他时代众多洞窟进行比较研究,提炼出第98窟供养人画像的差异化特征,并对这些差异化特征在曹议金功德窟中出现的原因和功能作了阐释,发现这与曹氏归义军初期内忧外患的政治环境是密不可分的。曹议金通过宗教手段凝聚人心,团结幕僚共建政权是其最终目的。在最后一节中,我们从画像本体的视角出发,分别探讨了尊卑因素对画像大小、画像位置、画像组织形式、画像华盖式榜头以及画像所持供养器物的影响。受传统礼制尊卑观念的影响,画像在绘制过程中遵循着一套完整的供养人绘制程序,并希望通过永恒固化的视觉形象,强化政权的向心力,进而达到凝聚人心之作用。

第三章

梵音净土：主室南北壁经变图像研究（上）

第一节　《报恩经变》

一、经典与图像

《大方便佛报恩经》又称《大方便报恩经》《报恩经》，共有两种译本，一卷本已不存，现仅存七卷本。七卷本是由汉僧截取、割裂、增删、改写和辑录《贤愚经》《涅槃经》等经中的相关经品而成，完成年代应在宋梁之际（445—516）。[①]敦煌壁画中的《报恩经变》就是依据七卷本而绘制。另外，敦煌遗书中有《报恩经》写本48件。其特点是《报恩经》同《佛说报父母恩重经》《佛说孟兰盆经》等一样宣扬报恩思想，且所报之恩更为丰富，上报三宝恩，中报君亲恩，下报众生恩，而非单一的报父母恩。

据现有文献资料记载，《报恩经变》出现的最早时间很可能是在初

①李永宁《报恩经和莫高窟壁画中的报恩经变相》，敦煌文物研究所《敦煌研究文集》，兰州：甘肃人民出版社，1982年，第195页。

唐时期。[1]现存《报恩经变》实例仅见于敦煌和大足两地。敦煌石窟中的《报恩经变》最早出现于盛唐末(如第 31、148 窟),随后不断盛行,吐蕃时期达 7 铺,归义军时期达 26 铺,西夏、元时期消失。重庆大足宝顶山现存南宋时期的两例石刻《报恩经变》,分别是大佛湾第 17 号和小佛湾第 9 号,内容完全一致,仅画面大小相差悬殊,是中原汉地仅有的两例实物遗存。

同一题材的《报恩经变》在两地所强调的重点各有不同,敦煌的多以忠君报国为主旨,而大足的则以孝道为主题。敦煌壁画中大量出现《报恩经变》与当地历史背景息息相关,而大足石刻《报恩经变》中增加了敦煌壁画中不曾出现的其他孝道内容,如“大孝释迦佛亲担父王棺”“释迦为睒子行孝”等。

二、《报恩经变》内容释读与图像特点

《报恩经变》绘于第 98 窟主室南壁东起第 1 铺,该图像以《序品》说法场面为主,正中大殿坐一佛二菩萨,佛白毫放出七道“五色毫光”,照出佛顶大殿之上祥云中的四方赴会诸佛,形成左中右三组画面,左右两组祥云上分别绘一佛二菩萨,中间一组瑞云上绘一饰有华盖的榜题曰“报恩经变”,点明主题。佛殿外周围两侧围绕着诸多赴会听法的菩萨和天王等,大殿最前方亭台上绘伎乐歌舞场面,诸会众下方的莲池里绘西方净土世界特有的莲花及花蕾,表明《西方净土变》对其在图像样式和观念上

---

①《大慈恩寺三藏法师传》卷九记载了高僧玄奘在唐高宗 656 年佛光王满月时进“《报恩经变》一部”,此处“一部”是指变相还是变文,学界存在争议。松本荣一最早认为是变相;潘重规、李永宁认为是变文,他们把“一部”当作文字著述;王中旭认为是变相,并给出了三点原因。参见[日]松本荣一《敦煌画の研究》,东方文化学院东京研究所刊,京都:法藏馆,1937 年,第 165 页;潘重规《敦煌变文新编》,《幼狮》第 49 卷第 1 期,第 43 页;李永宁《报恩经和莫高窟壁画中的报恩经变相》,敦煌文物研究所《敦煌研究文集》,兰州:甘肃人民出版社,1982 年,第 197 页;王中旭《敦煌吐蕃时期阴嘉政窟〈报恩变〉研究》,《美术学研究》第 1 卷,2011 年,第 88 页。

的影响。说法图下部正中绘婆罗门子孝养父母等故事。经品画绘于四角,左上角绘《亲近品》,右上角绘《论议品》,左下侧绘《恶友品》,右下侧绘《孝养品》。(图 3-1)

图 3-1　第 98 窟《报恩经变》

现结合榜题对每一品进行释读:

《序品》

榜题位于画面下方中间位置,其上题写:

尔时,六师徒党,亦是大众唱道(导)之师,/残灭正法,语罗言:瞿昙白言实恶/人,踰(逾)城逃走,是不孝子。

图绘一僧与两男子相向而立，其中一男子肩负老人。该画面表现的是阿难遇婆罗门子肩负母亲乞食，六师徒党之师萨遮尼乾奚落瞿昙（释迦）不孝顺父母之情节。这是释迦说法的缘起。

《孝养品》（图 3–2）

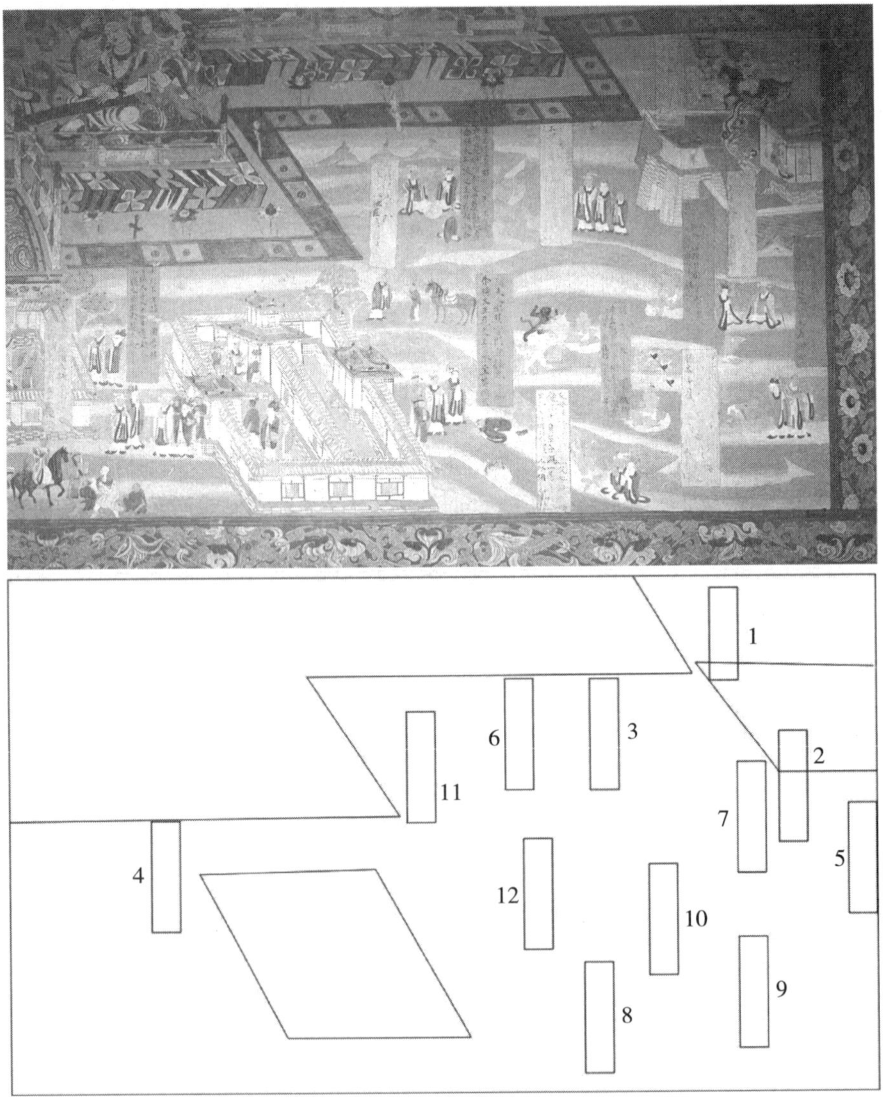

图 3–2　第 98 窟《报恩经·孝养品》图像及示意图

榜题1:尔时,守宫殿神语大王,罗睺/大臣,心生恶逆,谋夺国位,/太子夫人▭

图绘一守宫殿神乘云至城中,向安然坐于殿中的小国王告知大臣罗睺叛乱,并已杀害其父王和二位兄长,现叛军正欲赶来杀他,让他赶快逃命。城外两位身穿铠甲、手持旗帜的将士正骑高头大马飞奔而来,旗帜迎风招展、马蹄腾空、马尾上扬,营造出叛军立马将至的危险情境。此叛军画面只在莫高窟第85窟和第98窟有绘制。

榜题2:▭启告□/▭时

榜题叠压在宫殿上,但未绘制画面,依据经文推测,可能是小王被告知叛军之事后,回到宫内又告知夫人和太子须阇提详情。

榜题3:夫人□□□欲父□▭/不□□处有□□□□□□/▭献二亲▭

图绘小王、夫人及太子并排而立,皆双手合十并抬头做祈祷状。画面表现的当是小王等仓皇逃出城后误入十四日道,所带粮食已用尽的茫然无助之状态,显然画面情节与榜题内容不符。榜题描述的当是太子须阇提割肉奉二亲的画面,可见,此榜题放错了位置。

榜题4:尔时,太子出有其二路,一□□□/日,时太子如(入)十四日道,粮食俱□,/去死不久,非□困苦时。

图绘小王和夫人,并不见太子,画面与其下邻国国王等出城迎接他们的情节相连,当是小王和夫人告别太子后将至邻国的情景。此画面与榜题内容不符,榜题4的内容当是榜题3画面的内容,此处榜题也放错了位置。

榜题5:夫人太子白父王言:“王若煞(杀)母,/何处有子噉(啖)于母肉?”

图绘太子须阇提为二亲献肉的画面,而榜题描述的是因食物用完,父王欲杀母亲,太子劝父的情节。此处榜题题写有误。根据故事的推进,此图当是榜题6所述画面内容。

榜题6:尔时,太子谏父王曰:"若断此命,/血肉自臭烂,唯须父母莫煞(杀)此身,/王若违者,非慈父王,乃不逆意。"

图绘父王右手欲拔刀杀母,坐在对面的母亲身体微微向后倾斜,受到惊吓,坐于下方的太子正在劝说父王"何处有子噉(啖)于母肉?"这正是榜题5所描写的情节。接着太子给出自己的解决办法,割己肉来奉二亲,并为保持肉不臭烂,谏父王勿直接将其杀死,而允其以每日割己肉,三人分食的方式延续生命。这正是榜题6所描述的内容。

榜题7:时王子即割见(鲜)肉,用济饥乏,子白父/言:"莫断命,侣(屡)取其肉,命断肉坏,/命得久长。"

图绘两个情景,由榜题隔开,左边绘太子须阇提正坐于石上割右腿肉,并有鲜血喷射而出,这是以往同类题材所没有的特征。通过这一情节,画面将太子流血牺牲、勇于奉献的精神表现得淋漓尽致。右边绘太子双手捧刚割好的一盘肉,跪地献于眼前饥乏而瘫痪在地的父母,并再次向父母强调勿杀死自己,以便日日不断取肉,保持血肉新鲜。上述标错位置的榜题3中有"献二亲",当是此右边情景的补充。

榜题8:太子身肉□尽,□人母相□□/余□肉身,三分赐一,苟存□命,/父母得济,三□□一,父母□□时。

图绘太子割肉二日食尽,再次陷入饥乏之困境,太子父母瘫坐于地,太子要求父王割取骨头肢节间的余肉,三分各一,得以活命。

榜题9:时太子身□不□□动不得,/住地手□□□□百俯□□□父/母二亲□

图绘太子瘫趴在地而不能动,与前行的父母告别,母亲回望,表现出依依不舍状。

榜题10:尔时,帝释化作师(狮)子、大虫,太子前/来去,欲搏噬太子,微语:"要我随意。"/诸□言:"我是天帝释,故来试卿。"

图绘两个情节，由榜题隔开，右边是太子双手合十，盘坐于地，其头顶有三只大鸟飞过，当是太子发声立誓愿，惊扰禽兽四散驰走的画面，榜题中未描述此情节；榜题左边是盘坐的太子面前现张牙舞爪的狮子、老虎各一只，当是帝释天化作狮虎试探太子。随后，太子誓愿打动帝释天，身体恢复了血肉之躯。（图 3-3）

图 3-3　第 98 窟《报恩经·孝养品》之太子立誓及帝释化作狮虎图

随着故事的推进，小王与夫人来到邻国受到迎接，并讲述太子须阇提以血肉孝养父母的事情。整幅《孝养品》画面左边绘一邻国城池，城门口是邻国国王、夫人及二大臣迎接小王与夫人的画面，城里画的是小王向邻国国王讲述须阇提割肉孝养二亲，由此感动邻国国王，并愿举兵帮助复国等内容。不解的是这些画面都没有相应榜题。

榜题 11：时太子欲他国来时，彼国王/遣使迎太子时。

图绘邻国国王正吩咐一躬身使臣迎接太子，使臣后立一准备出行的骏马。

榜题 12：尔时，大王见太子来至其国，与/诸夫人出其宫门迎接太子时。

图绘邻国国王、夫人及二大臣于另一城门口迎接太子的到来,太子正跪地拜谢。

故事的最后是因太子须阇提血肉报恩之福德力,感动邻国出兵相救而复国,图中未表。

第98窟《孝养品》图像的主要特点:一是为了着力表现太子须阇提为使父母能到邻国,求得救兵,进而帮助复国这一主旨,画面将割肉、奉二亲肉、刮余肉等关键情节表现在了图像的主体位置,通过对这一部分内容的重点强调,表现出太子须阇提为了父母的生命,更为求得救兵,实现复国的目标,敢于奉献和牺牲自己血肉之躯的精神。而将父母来到邻国并受到迎接、在宫内谈话等内容置于图像边缘位置,并且不题写具体榜题,显然是要弱化这部分情节,以免喧宾夺主。二是图像中添加了经典中没有的两个情节,即邻国国王遣使迎接太子(榜题11)、邻国国王夫妇及大臣在城门口迎接太子到来(榜题12)。经典中所述太子是父母在回国的路上遇到的,而经变图像中,太子是由邻国国王和使臣迎接而至其国。邻国国王有感于须阇提血肉报恩之事,派遣使臣寻找和迎接太子,这是对太子报恩事迹的肯定;邻国国王等在城外迎接太子,太子跪地拜谢,这表达了太子对国王等迎接自己,以及对国王愿意帮助其父母复国的拜谢、感恩,进一步突出了太子的报恩善行。图像通过邻国国王夫妇、大臣及使臣对太子须阇提的礼遇,通过他国权贵对太子以血肉孝养二亲之德的肯定,使太子报君亲恩得到升华。

《恶友品》(图3–4)

榜题1:尔时,波罗奈国王有太子,名须阇提,好/喜布施,黄金色身,人相具足,始年七/岁,其父爱念,目不爱暂舍。

图绘波罗奈国左半城内国王坐着,慈祥地看着面前站立的善友太子须阇提,因其好喜布施,国王爱念有加。

榜题2:尔时,施主还到其家,便唤/饿者,给须衣食,而皆施之。

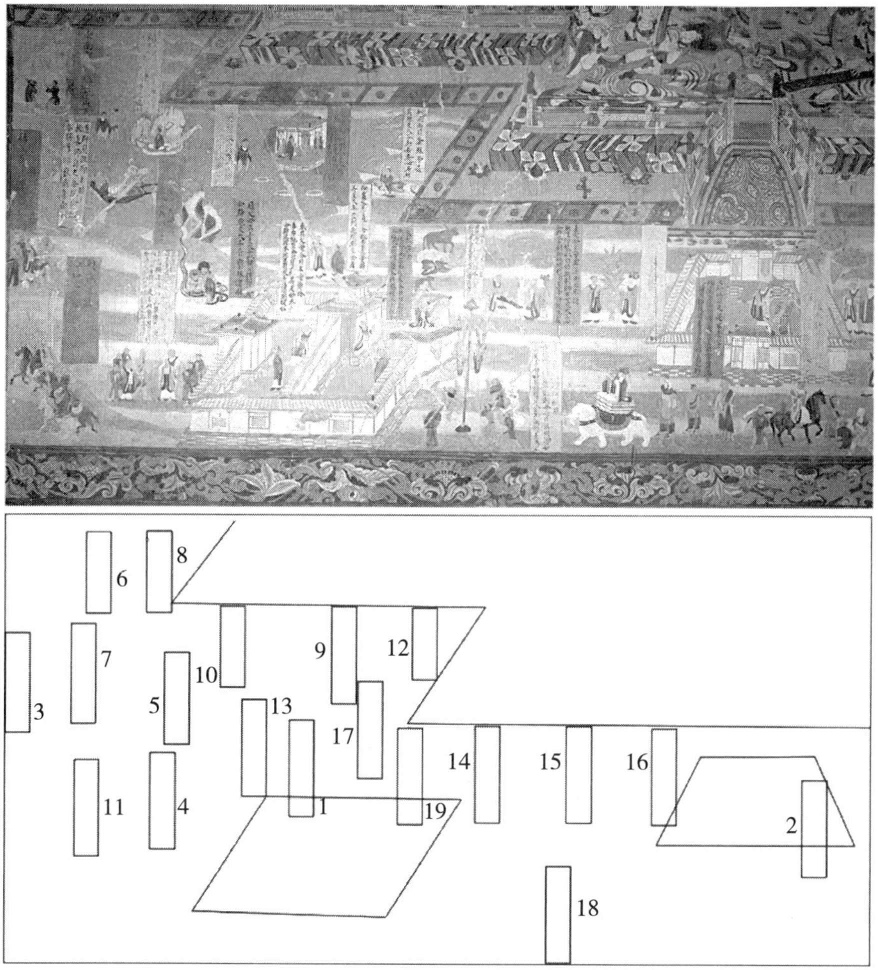

图 3-4　第 98 窟《报恩经·恶友品》图像及示意图

图绘善友太子同一侍从来到饿者院内，侍从抱两束布匹，正唤饿者以布施衣食，此情节经典中不载。院外下方善友太子骑马抱物，左右各一侍从或背或抱财宝衣食，面前三位贫苦大众，其中两位快步前来迎取财宝衣食。这是善友太子携国王财宝，出城布施贫苦大众的场面，只不过经典中是由大象载珍宝出城布施，图像中将象换成了马。

接下来的三处画面没有榜题，第一处是波罗奈国右半城内，王坐于殿内,对面立一大臣,根据故事情节的推进,当是守护国王库藏的大臣,向国王报告善友太子已布施国库财宝三分之一,让王三思,王举左手回绝。第二处位于波罗奈国左城门口,绘国王及二大臣与善友太子、盲导师及三大臣相向而立做抱拳告别状。太子、盲导师及三大臣5人表示王所征召的500人,准备入海取摩尼宝珠。第三处位于波罗奈国城门外左下角,绘三骑马者前行,当是善友太子一行往海边去,此画面经典中不载。

榜题3:时善友太子以婆罗门问龙宫时。

图绘善友太子一行来到海边问龙宫在何处。

榜题4:尔时,太子以导师辞王,入海□珍宝/山,停七日,复作是言:“此宝甚重,于/阎浮提亦无所直,莫重载,恐沉/没,不达所至。使诸人别,□□隐归,吾向/前进,采摩尼宝珠。”

图绘善友太子一行在盲导师的带领下乘船来到珍宝山,珍宝山上布满七宝,画师以密点示之。船上善友太子告诉恶友太子及随从,前方路途险恶,让轻载七宝归还,其与盲导师将踏水前去采摩尼宝珠。

榜题5:尔时,导师以太子行经七日,一/▭七,浮而得渡。

图绘导师和善友太子提起衣裤踏水而行,水淹没膝盖处,经二十一日得渡。

榜题6:东南方有银山在此下。

图绘三大臣做搬运银山状(图3-5左),依经典当是善友太子与盲导师来到银山。

榜题7:尔时,导师疲,我身命不/救,导师语已,气绝命终,/道(导)师悲泣而去时。

图绘盲导师为善友太子指明去往金山、龙宫的方向后,疲劳而死,平躺岸上,善友太子跪地扑向导师痛哭。(图3-5右)

榜题8:太子前至金山,有青莲花遍铺,/其水莲花有青蛇张目而视,太子/入三昧而得进路,踏青莲毒龙不/动。

图 3-5　第 98 窟《报恩经·恶友品》之众人搬运银山、导师命终图

图绘善友太子手提衣裤，以慈心三昧力踏莲而过，只见三片青莲，未见毒蛇。

榜题 9：太子以慈心故，得至龙王住处问，守门人/白龙："善友太子见在门下。"王请入宫，/问太子欲何所求？太子答："请左耳宝珠，/还问浮时。"

图绘一宫殿现于海中，殿中坐一头生两角，头后有圆光者，当是龙王，左右各立一侍女，与对面坐着的善友太子讲话，当是太子求龙王左耳朵中摩尼宝珠的场景。（图 3-6 左）

榜题 10：龙王使诸龙神飞空/送太子持珠到海岸时。

图绘两有头光的龙神同善友太子，乘瑞云由龙宫经珍宝山飞至海岸。

榜题 11：尔时，太子访见恶友航/船沉没时。

画面未表。

榜题 12：其恶友太子即去恶心与竹，/刺兄两目，夺珠而去。

图 3–6　第 98 窟《报恩经·恶友品》之善友太子龙宫取宝、恶友刺眼夺宝图

图绘恶友太子趁善友太子熟睡时,左手按住善友太子,右手持竹刺刺向其眼睛。(图 3–6 右)

榜题 13:尔时,恶友太子赍宝珠还归,/见父母云:“善友太子以诸同伴俱没□。”

画面未表。

榜题 14:时牧牛人与五百牛牧于左右游,有/牛王与有□□□得小念左在/□□珠与被□友将走。

图绘三只牛,中间一只白牛当是牛王,正为躺在地上的善友太子舔出双目竹刺,不见利师跋国牧牛人留承。

榜题 15:尔时,太子利师□城,于园果中,访(防)护鸟雀,/兼复弹琴以自娱乐,利师王女见太子,心/生爱念,愿为夫妻,遂两目平复。

图绘善友太子在为利师跋国国王防护果园鸟雀之余,弹奏牧牛人留承送予他的琴以自娱,引来国王之女听其弹琴,后心生爱恋,结为夫妻,双目平复。(图 3–7 左)

榜题 16:尔时,善友太子以波罗奈国说见。

图绘善友太子和国王之女在果园树下相向而立。表示的是善友太子

图 3–7　第 98 窟《报恩经·恶友品》之善友太子与公主树下弹琴、起誓图

疑公主对自己不贞，以及公主不相信善友太子是波罗奈国太子，并相互起誓等情节。（图 3–7 右）

榜题 17：善友太子宫门先问恶友金（今）在/何处？父王言："今在劳（牢）狱，苦不放恶友时。"

图绘善友太子和父王在城门外相向而立，向父王问弟弟恶友太子的下落。

榜题 18：尔时，太子□□本国，见父母劳（牢）狱□出恶友，/方便收得宝珠，愿我母两目俱明净如/故，□兄□平复得相见。

图绘父母乘坐白象，当是迎接善友太子归来，太子并用摩尼宝珠祈愿，使父母双目复明的情节。省掉了将恶友太子从牢里放出来的情节。

榜题 19：尔时，太子烧妙宝香于高楼上，手执香/炉，□宝池遍两粮米，香甜细柔，此名/衣服黄金。

图绘善友太子坐于波罗奈国城门之上，面朝城外高高耸起的摩尼宝珠，太子祈愿，摩尼宝珠放出光芒，顿时降下各种衣食财宝，地上的人们正在抢拾。

第 98 窟《恶友品》图像的主要特点:图像中关于恶友的画面只出现恶友刺瞎善友这一情节(榜题 12),像善友见到恶友沉船(榜题 11)、恶友携摩尼宝珠回国见到父母(榜题 13)、父母从狱中放出恶友(榜题 18),这三个情节仅有榜题而无画面。这种弱化恶友而强化善友的表现方式是同类题材不常有的。

《论议品》(图 3–8)

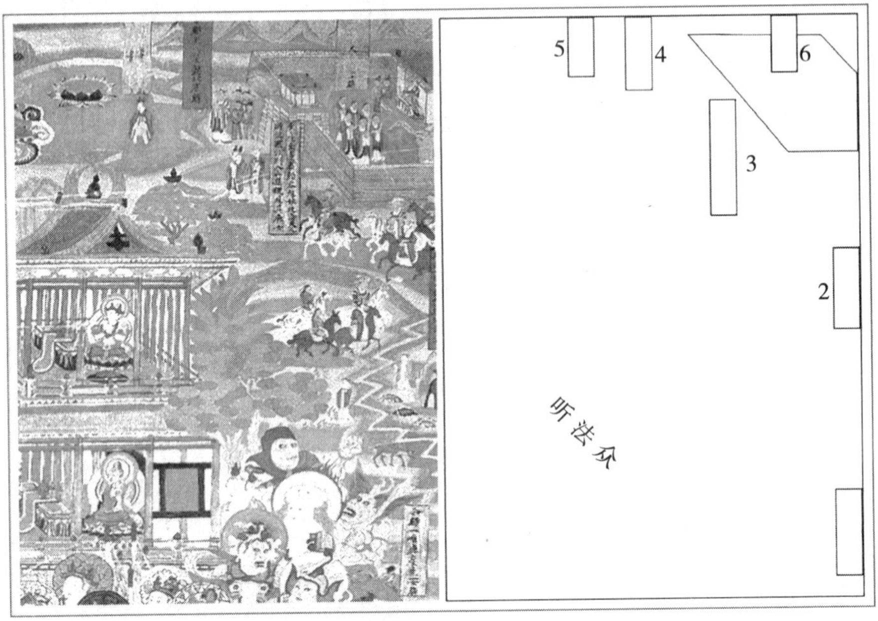

图 3–8　第 98 窟《报恩经·论议品》图像及示意图

榜题 1:尔时,一雌鹿产生一女时。

图绘一仙人、一只鹿、一女子立于河边,内容表现的是南窟仙人在河边洗衣、洗脚、小便,位于河下游的雌鹿正在低头喝水,于是将仙人衣垢、小便一同喝下,数日后产下鹿女。

榜题 2:其鹿女渐大,年十四,其父爱念,/使女往诣北窟取火,步步生花。

图绘一山,当是圣游居山,山下一草庐,当是南窟仙人的草窟,草窟旁有一女子,当是鹿女,地上生三朵莲花。内容表现的是南窟仙人将鹿女养大，让其去北窟仙人处取火，其每走一步，地上便生出莲花。

榜题3：时波罗沙门入山游猎，见其鹿女/步步化出莲花，颜容殊妙，状为夫人。

图绘两组画面，均绘国王、鹿母夫人及大臣乘马前行。一组靠近仙人草窟，当是国王入山游猎见到鹿女，求姻缘成功后离开的情节；另一组靠近王城，当是国王及鹿女等来到王城的情节。这两组画面前后紧密相连，共绘出十匹马，显示出嫁娶场面的宏大，也反映出波罗奈国兵强马壮的军事实力。(图3-9)

图3-9　第98窟《报恩经·论议品》之迎娶鹿女图

榜题4：尔时，□鹿女就北窟时。

图绘国王、鹿母夫人及大臣至后园游乐，看到池塘中现一朵奇异大莲花，鹿母夫人双手挽起衣裤，入池塘前去观看。图像与榜题内容不符，图像表现的是波罗奈国后园发生的事情，而榜题所描绘的是圣游居山发生的事情，此处榜题当有误。

榜题5：尔时，_____莲_____/欢_____

图绘一大莲花生长于池中，生出诸多花瓣，一女子立于池中莲花旁。内容表现的是鹿女夫人池中观看莲花，发现此莲花有五百叶，每一叶下有一男童，并将所见告诉站在岸边的国王及诸大臣，国王甚是欢喜。

榜题6：鹿女夫人还宫时。

图绘一城池，当是波罗奈国，城内殿中坐国王，其阶下右侧立两大

图3–10 第98窟《报恩经·论议品》之太子卜卦图

臣,双手合十;左侧立两男子,一前一后,着装冠式与大臣有别,双手持物于胸前;殿前分两排站立六男子,双手合十,面朝国王左侧的两男子,形成互动。画面表现的是国王请诸相师为五百太子看相(图3–10),图中殿前六男子代表五百太子,此处多画了一位,国王左侧的两男子为相师,手拿卦书。图中六太子均为大人形象,依据经典,此画面还表示应验卦相,即国家因五百太子而蒙福。

第98窟《论议品》图像的主要特点:一是对鹿母夫人婚嫁场面的强调;二是删除并篡改鹿母夫人被贬、复位等情节。

《亲近品》(图3–11)

榜题1:尔时,猎狮见狮子身毛金色,心生欢喜。

无画面,当是交代猎人见到金毛狮王,而欲设计谋杀。

榜题2:我等比丘于山林间晏/座,诸狮子左右瞻视时。

图绘猎人扮成沙门双手合十坐于地上,诱骗狮子坚誓亲近并卧其前。

榜题3:猎狮见狮子归(皈)依沙门,见袈/裟往□□□。

图绘沙门扮成猎人前行,正引诱跟随其后的狮子。

榜题4:彼若见我,必来相射,挽弓射/之,□子遂死。

图绘一团大火,是火化狮子尸骨的情节,此处榜题标错了位置。榜题描绘的当是大火左边的画面,沙门扮猎人状,左手持弓,右手向后拉弦,以毒箭正欲射向其面前的狮子,其下狮子躺地已死,猎人正拿刀剥狮皮。

榜题5:我得此狮子皮奉上国王,/必得爵禄。

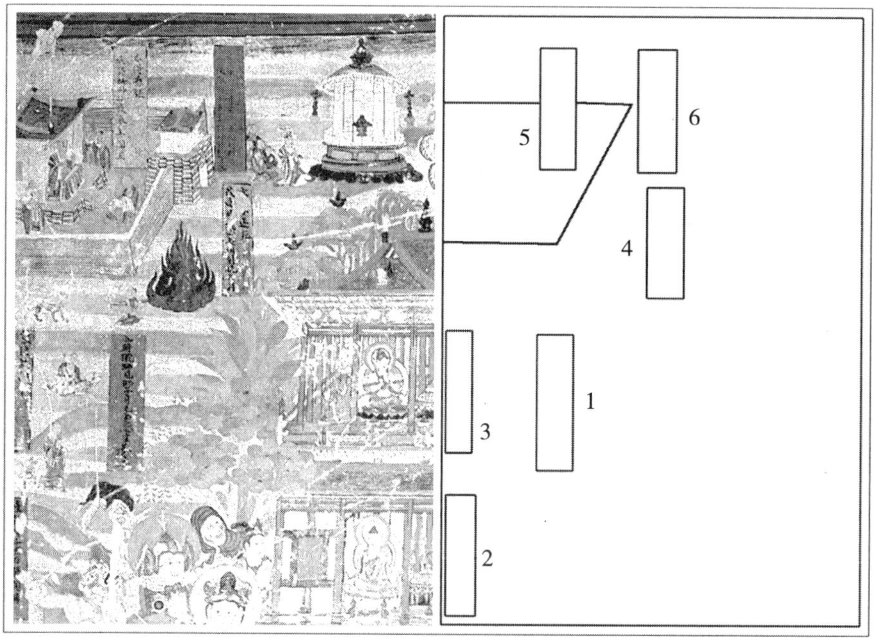

图 3-11　第 98 窟《报恩经·亲近品》图像及示意图

图绘沙门扮猎人于波罗奈国王城内,手捧狮子皮,跪地献于国王,国王两侧立诸大臣。表示的是猎人为求爵禄,为国王献金色狮皮。

榜题 6:尔时,使取猎狮,断其性命,持狮子皮,/□□山中,______/取其舍利,起塔供养。

图绘国王及众大臣跪拜舍利塔。画面表现的是国王得知狮皮来源后,处死猎人,并携狮皮至尸骨处火化,城外燃起一团熊熊大火,国王取舍利而起塔供养。

此图像与其他同类题材画面类似,无特别之处,表达的是知恩报恩,忍辱牺牲的主题思想。

三、《报恩经变》对"忠君报国"思想的强调

《报恩经》表达了三类报恩思想,分别是上报三宝恩,中报君亲恩,

下报众生恩。现存敦煌的《报恩经变》多表现出报君亲恩的思想，李永宁[1]、殷光明[2]、刘颖[3]、王中旭[4]等先生均对此作过研究。

从第 98 窟《报恩经变》各品图像呈现出的特殊现象，《报恩经·恶友品》图像在本窟中的重复出现，第 98 窟《报恩经变》蓝本选择的原因这三个方面来看，都旨在强调“忠君报国”的思想。

《孝养品》《恶友品》《论议品》都反映的是波罗奈国太子以孝君亲而报国的思想，而第 98 窟《报恩经变》中对这些画面的特殊处理，进一步强化了“忠君报国”这一思想。

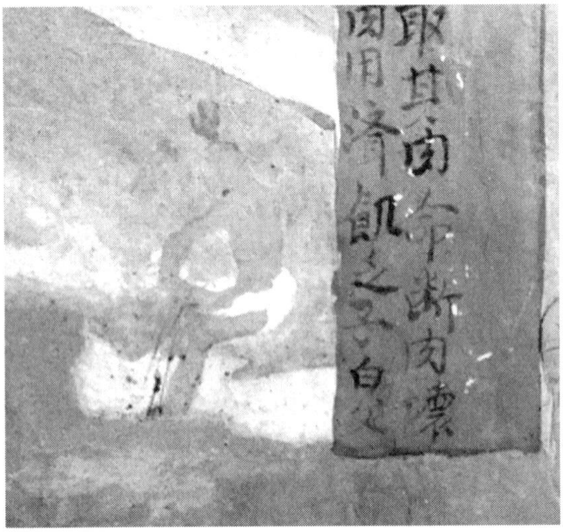

图 3-12　第 98 窟《报恩经·孝养品》之太子割肉图

《孝养品》在图像中首先对太子割肉奉亲的画面作了特别强调，该情节占总画面的五分之四，而将小王与夫人来到邻国、邻国国王及大臣于城门迎接、城内对话等情节置于画面边缘，并且省去题记，显然旨在弱化这部分内容而突出前者；其次是在太子割肉这一核心

①李永宁《报恩经和莫高窟壁画中的报恩经变相》，敦煌文物研究所《敦煌研究文集》，兰州：甘肃人民出版社，1982 年，第 212—216 页。

②殷光明《敦煌壁画艺术与疑伪经》，北京：民族出版社，2006 年。（详见第五章第三节。其按照时代梳理了莫高窟报恩变的演变，对各个时期报恩变的意义作了解读）

③刘颖《敦煌莫高窟吐蕃后期经变画研究》，中央美术学院博士学位论文，2010 年，第 97—107 页。

④王中旭《敦煌吐蕃时期阴嘉政窟〈报恩变〉研究》，《美术学研究》（第 1 辑），南京：东南大学出版社，2011 年，第 79—106 页。

图 3–13　莫高窟五代第 108 窟太子割肉图

画面中，表现出了其他同类题材所没有的特征：太子割肉时有血迹溅出（图 3–12），明显区别于以往仅做割肉状的画面。在比第 98 窟稍晚的第 108 窟（张都衙窟）中，太子割肉情节又有新发展：太子割过肉的腿上鲜血淋漓，惨不忍睹。（图 3–13）这一画面为同类题材石窟壁画中所仅有。其更加直观地表现出太子为了复国而乐于奉献、敢于牺牲的报国精神。最后是图像中增加了邻国国王遣使迎接太子，邻国国王及夫人、大臣出城迎接太子这两个经典中没有的画面。这是通过他国权贵行为，对太子以孝君亲而谋复国之精神的再次肯定和升华。

《恶友品》图像中对恶友太子画面作了省略，如善友见到恶友沉船、恶友持摩尼宝珠归国见国王、释放恶友出狱等情节，仅有榜题而无画面。画师以此弱化善友与恶友之间的冲突，而着力强调善友不畏艰难险阻，获取宝珠，为国家和人民排忧解难之爱国爱民、忠君报国的思想。另外，第 98 窟主室北壁西起第四、五、六屏屏风画，本该画《贤愚经·善事太子入海品》，却画了《报恩经·恶友品》。松本荣一先生将其称为《报恩经变》，而李永宁先生对此进行了反驳，认为是画工不熟悉经品内容而误画。[①]

①李永宁《报恩经和莫高窟中的报恩经变相》，敦煌文物研究所《敦煌研究文集》，兰州：甘肃人民出版社，1982 年，第 211 页。

其实,壁画绘制是有粉本参照的,像第 98 窟多达 42 屏的屏风画更少不了粉本依据,画工误画的可能性较小,我们认为是有意而为之。《报恩经·恶友品》图像的重复出现,寓意着窟主曹议金对"忠君报国"思想的反复强调。

《论议品》图像中表现出国王请诸相师为五百太子看相的画面,这是以往同类题材不曾表现的情节。第 98 窟以后的第 61 窟仅有看相题记而无画面。对这一画面的强调,可从经典中找到答案。卦相曰:

> 道德所归,国蒙其福。若在家者,四海颙颙,鬼神保之;若出家者,必断生死,超度欲流,越生死海,获得三明六通,具四道果。①

即国家因五百太子而蒙受福德,四海诸国皆仰慕。这是卦中前半部分对太子在家时,国家将获福德的预言。从图像中可明确看到太子着世俗装,此处更加强调出世的现实观念;而在晚唐第 138 窟(阴家窟)中,五百太子则是以僧人形象出现,这显然是对卦中后半部分出世时的预言。另外,经典还载:

> 时五百太子年渐长大。一一太子力敌一千,邻国反叛不宾属者,自往伐之;不起四兵,国土安隐;天神欢喜,风雨以时,人民丰壤炽盛。②

我们发现图中太子均为大人形象,依据经典,此画面还表示卦相的

①《大方便佛报恩经》卷三,《大正藏》第 3 册,第 139 页。
②《大方便佛报恩经》卷三,《大正藏》第 3 册,第 140 页。

应验，即国家因五百太子而获种种福德：太子报国、不起四兵、国泰民安、风调雨顺、五谷丰登。这与第98窟两篇祈愿文P.3262和P.3781中所表达的意愿是一致的："府僚大将，各尽节于辕门；亲从之官，务均平而奉主""四方通泰，使人早还，风雨顺时，五谷殷实""四方开泰，使人不阻于前程；南北休征，坦骑往来而无滞，蝗飞永散，万劫不起于边甿；水治洪津，竞唱南风之雅颂""河清海晏，千年无九横之殃；夏顺秋调，万载罢三灾之难"等。《报恩经·论议品》图像中对入世太子画面的强调，表现了太子忠君报国、祈愿国泰民安等思想，这也象征着窟主曹议金希望曹氏政权的文武大将能够忠君报国，同时祈愿国泰民安、风调雨顺。

第98窟《报恩经变》与相隔约半个世纪的晚唐第85窟(翟法荣窟)中的《报恩经变》非常相似，二者无论是在窟中所绘位置、画面结构，还是情节、榜题内容等，几乎如出一辙。笔者认为，第85窟《报恩经变》很可能是第98窟《报恩经变》图像绘制的蓝本。曹议金之所以选择以第85窟《报恩经变》为蓝本是有其原因的。第一，曹议金与翟氏家族关系非常密切，他与回鹘天公主所生第十四女嫁给了翟家，还让儿子曹元德、元忠迎娶翟氏之女。另外，曹议金长女在914—919年参与重修第85窟，此时第98窟也正在营建中。[①]第二，第85窟功德主翟法荣在张氏归义军时期升迁为都僧统，成为僧界领袖，这与归义军统治者对翟法荣的信任和提拔密切相关，翟法荣在自己的功德窟第85窟主室南壁东起第一的位置绘制《报恩经变》，当是对归义军统治者的感恩，并以此表明自己忠君报国的态度。这与曹议金希望"府僚大将，各尽节于辕门；亲从之官，务均平而奉主"的意愿非常契合；而第98窟大量僧官和幕僚画像的出现，即明显而又充分地表达了曹议金期望僧官、幕僚对自己忠心并拥护曹氏政权这一愿望。

---

①陈菊霞《敦煌翟氏研究》，兰州大学敦煌学研究所博士学位论文，2008年，第206页。

第98窟《报恩经变》置于主室南壁东起第一铺的方位,从其图像的特点、同类题材在窟中的反复出现、蓝本选择的特殊原因等来看,都反映出曹议金对“忠君报国”思想的强调,第一层意思是希望儿孙、幕僚和僧官能像经品中的主人公一样“忠君报国”,忠于和拥护曹氏政权;第二层意思是表达曹氏政权对中原王朝的忠贞,这从曹议金取消“金山国”国号而恢复归义军旧制,尊中原为正朔可证。

四、《报恩经·恶友品》图像绘制逻辑与中心画面

经典中《恶友品》是按文本的线性逻辑进行故事的讲述,而以图像的形式表现故事时,就打乱了文本的线性逻辑,这也就是敦煌壁画中大多数带有故事情节的画面,表面上看起来杂乱无章的原因。其实图像有其自身的绘制和观看逻辑。第98窟《恶友品》图像就有其自身的绘制和观看逻辑,即以国度区域和故事宗教含义来规划诸情节在画面中的位置。

画师以故事中波罗奈国、利师跋国和东海龙宫三个区域,将整个画面划分为倒“品”字型结构:画面底下中间是波罗奈国宫殿,右边是善友太子城外布施情节,左边是善友太子一行在城外与国王告别去往龙宫取宝等情节,这些情节都发生在波罗奈国。画面左上角是善友太子一行入海至龙宫取摩尼宝珠的各种情节。画面右上角是善友太子到利师跋国的各种情节。遵循图像中以国度区域形成的倒“品”字结构的绘制逻辑,观看和识读画面就会容易很多。

同时,整个画面还可以波罗奈国宫殿为中心分为左右两个区域,左边是善友太子等出城入海,至珍宝山、银山、金山,遇毒蛇、毒龙,历经诸多险恶至龙宫取宝的艰辛过程,因善友太子是佛陀的前生,所以左边区域可看作是善友太子修行的场面。右边是善友太子慈心布施和获得果报的情节,如于城外为大众布施一切衣食财宝,因其慈心福报受到牛王舔刺、牧牛人留承收留并赠琴,受守园监之邀防护果园鸟雀之患而得与利

师跋国公主结为夫妻、双目复明等。按经品内容的宗教含义对图像进行分区绘制的方法,成为此图像绘制的又一逻辑。

一幅图像是有其中心主旨画面的，一般被置于画面的中心位置,这样能够达到一目了然、点明主题的作用。这是文本所不具有的优势。《恶友品》图像中的波罗奈国宫殿就是整幅经品的中心画面,此宫殿位于图像中间偏下的位置。波罗奈国宫殿左半城内表现的是善友太子乐善好施,国王爱念有加;右半城内表现的是守护库藏的大臣报告国王,太子快要施空国库宝藏,劝国王三思。由此产生对立的矛盾。图像中将这一冲突画面置于同一宫殿内,使之成为画面的视觉焦点。为解决这一矛盾,才有善友太子入海至龙宫取宝等事情,故事的结尾是善友太子坐于宫殿城门之上,烧妙宝香,面朝摩尼宝珠祈愿,顿时降下一切衣食珍宝。有意思的是善友太子祈宝时所坐高楼,为波罗奈国右半城城门,与守护库藏的大臣劝阻国王的画面形成呼应。这样,故事中矛盾产生的画面和最终解决矛盾的画面,通过波罗奈国的标志性宫殿被整合在了一起,形成《恶友品》图像的中心主旨画面,点明的主题即为善友太子为了使波罗奈国民富国强,历经艰辛险恶入海至龙宫求得摩尼宝珠,使得贫苦大众和国家从此衣食无忧,财物丰裕。

以此类推，对于其他经品图像也可用这种绘制逻辑识别画面内容，找出中心主旨画面。此处不再展开。

第二节 《思益梵天问经变》

一、经典与图像

《思益梵天问经》属于大乘佛典,在敦煌中唐以后较为流行。该经译本有三,分别是竺法护于西晋太康七年(286)所译《持心梵天所问经》;鸠摩罗什于后秦弘始四年(402)所译《思益梵天所问经》;菩提流支于北魏神龟元年(518)所译《胜思惟梵天所问经》。[①]据王惠民先生统计,敦煌文书中现存鸠摩罗什所译《思益梵天问经》多达 80 余件,竺法护译本仅存两件,菩提流支译本尚未发现。[②]这表明在敦煌鸠摩罗什译本较为通行,相应经变也基本依据罗什本绘制。

《思益梵天问经》主要以问答的形式讲述“诸法平等、无有往来、无出生死、无入涅槃”等大乘空宗佛法。该经虽名《思益梵天问经》,但内容并非仅为思益梵天问法,还包括网明、文殊、舍利弗等众菩萨弟子的问答,

①[隋]费长房《历代三宝记》,《大正藏》第 49 册,第 62、77、85 页。

②王惠民《〈思益经〉及其在敦煌的流传》,《敦煌研究》1997 年第 1 期,第 33—34 页。

经中载：

> 此经名为“摄一切法”，亦名“庄严诸佛法”，又名“思益梵天所问”，又名“文殊师利论议”。①

可见该经名称不止一个，只是因其内容以思益梵天与佛问答为主而称之。

《思益梵天问经变》在敦煌石窟中现存15铺。其中莫高窟存12铺，即中唐2铺，分别在第44、158窟；晚唐3铺，分别在第85、141、156窟；五代5铺，分别在第61、98、100、108、146窟；宋2铺，分别在第55、454窟。榆林窟仅存3铺五代时期作品，分别在第20、34、38窟。②《思益梵天问经变》在构图上有三种形式，它们分别是：第一，以中央大型说法图及四周簇拥众菩萨、弟子等为主体，下方绘若干小型说法图为辅，这种构图形式较为流行；第二，以中央说法图为主体，两侧绘条幅画，如莫高窟宋代第55窟；第三，以中央说法图为主体，其下部绘以屏风画，如莫高窟第158窟。第98窟中的该经变沿袭第一种构图形式。

二、《思益梵天问经变》内容释读

第98窟《思益梵天问经变》（图3-14）绘于主室北壁东起第1铺。画面中央为主尊说法图，四周围以诸菩萨、天众、乐舞（图3-15）等；上部正中榜题书“思益□”，当是该铺经变画之名称《思益梵天问经变》，其左右两边各绘3铺赴会佛乘于云端，分别由一佛二菩萨组成，每铺均有榜题，由右至左第1、2、5铺分别书：“南无界□”“南无南方宝相佛”

①［后秦］鸠摩罗什译《思益梵天所问经》卷四，《大正藏》第15册，第62页。

②敦煌研究院《敦煌石窟内容总录》，北京：文物出版社，1996年，第294页。

图 3-14　第 98 窟《思益梵天问经变》

图 3-15　第 98 窟《思益梵天问经变》之乐舞线描图

"南无北方天□音佛",其余3铺榜题已漫涣。这些内容不见于《思益梵天问经》,由题记可知当是来赴会之方位佛。经变左右上角,即赴会佛两边,各有两组小型说法图,连同经变下部17组小型说法图,合为21组小型说法图,这些说法画面非常类似:一佛二菩萨前置供桌,一至三人合十跪拜,跪拜者或是菩萨,或是梵天,或是比丘,或是俗人,或混搭出现。经变下部的17组说法图,左右两边各分置8组,余下1组置于中间,每组之间由榜题和树木隔开,排列整齐有序。

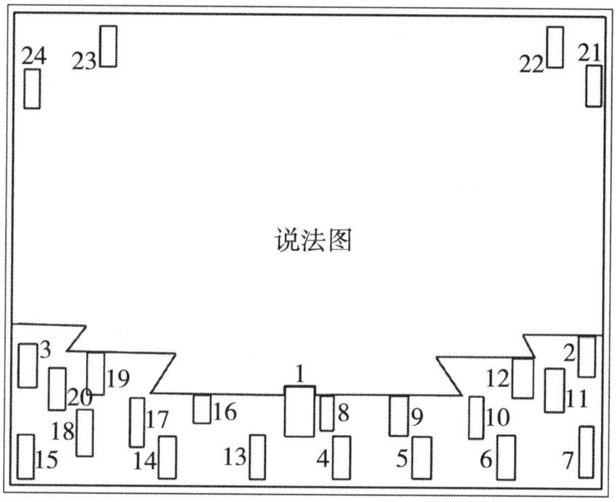

图3-16 第98窟《思益梵天问经变》榜题位置示意图

经变中央大型说法图下方(图3-16)正中存一方题记,两侧各一小佛陀乘云而至,该榜题较其他榜题稍大,即榜题1:"如是我闻:一□□▭/愿六万四千人俱。菩萨摩诃▭/□□□,得陀罗尼▭/元□□上,□能▭/法忍。"

属于《序品》,即经中载:

如是我闻:一时佛住王舍城迦兰陀竹林,与大比丘僧六万四千人俱。菩萨摩诃萨七万二千人,皆众所知识,得陀罗尼无碍辩才及诸三昧,于诸神通无所罣碍,善能晓了诸法实性,悉皆逮得无生法忍。①

①[后秦]鸠摩罗什译《思益梵天所问经》卷一,《大正藏》第15册,第33页。

中央大型说法图右下和左下绘两组画面，不同于上述21组小型说法图之场景，该两组画面皆为一菩萨携众人合十跪拜大型说法图中佛陀，右下众人中绘男子和比丘共11人，榜题2书“诸优婆夷等”；左下众人中绘妇女和比丘共11人，榜题3书“优婆塞、优婆夷众，来在会座”。属于《序品》。

21组小型说法图皆有榜题，现结合榜题和经典释读如下：

榜题4：思益梵天言：“佛说：‘汝于正问菩萨中/□□第一。’何为菩萨正问？”

属于《分别品》，即经载：

尔时网明菩萨问思益梵天言：“佛说：‘汝于正问菩萨中为最第一。’何谓菩萨所问为正问耶？”[①]

榜题5：▭

榜题6：思益梵天言：“何为一切法正，一切法邪？”

属于《分别品》，即经载：

网明言：“梵天！何谓一切法正，一切法邪？”[②]

榜题7：梵天言：“于诸□□法性，一切法名为正；□□▭”

属于《分别品》，即经载：

梵天言：“于诸法性无心故，一切法名为正；若于无心法中，

①[后秦]鸠摩罗什译《思益梵天所问经》卷一，《大正藏》第15册，第36页。

②[后秦]鸠摩罗什译《思益梵天所问经》卷一，《大正藏》第15册，第36页。

以心分别观者，一切法名为邪。”①

该组画面中说法佛前跪拜一菩萨，菩萨头顶环绕五坐佛，较为特殊，以此表现经典中的抽象义理。

榜题8：☐

榜题9：思益梵天言：“若菩萨以彼、我/问，名为邪问；分别法问，名为邪问。”

属于《分别品》，即经载：

梵天言：“网明！若菩萨以彼、我问，名为邪问；分别法问，名为邪问。”②

榜题10：梵王□：“诸□离□性、离欲际，是/□正性。”□□言：“少有能解正性。”

属于《分别品》，即经载：

梵天言：“诸法离自性、离欲际，是名正性。”网明言：“少有能解如是正性。”③

榜题11：诸比丘来在会座。

属于《序品》。

榜题12：网明言：“若有善男子、善女/人能将如是知诸正性。”

属于《分别品》，即经载：

---

①［后秦］鸠摩罗什译《思益梵天所问经》卷一，《大正藏》第15册，第36页。

②［后秦］鸠摩罗什译《思益梵天所问经》卷一，《大正藏》第15册，第36页。

③［后秦］鸠摩罗什译《思益梵天所问经》卷一，《大正藏》第15册，第36页。

网明！若有善男子、善女人能如是知诸法正性，若已知、若今知、若当知，是人无有法已得、无有法今得、无有法当得。①

榜题13:梵天！所言□□者但有言□，□/中取相分别生见，▭

属于《解诸法品》，即经载:

梵天！所言五阴但有言说，于中取相分别生见，而说是名世间苦。②

榜题14:佛告思益梵天:"如来出过/世间，亦说世间苦。"

属于《解诸法品》，即经载:

佛复告思益梵天:"如来出过世间，亦说世间苦、世间集、世间灭、世间灭道。"③

榜题15:梵天□□□:"□尊！随应供养?"/▭"不为世▭。"

属于《分别品》，即经载:

于是思益梵天白佛言:"世尊！谁应受供养?"

佛告梵天:"不为世法之所牵者。"④

榜题16:□时思益梵天□佛/言:"世尊！所□四圣/谛时。"

---

①[后秦]鸠摩罗什译《思益梵天所问经》卷一,《大正藏》第15册,第36页。

②[后秦]鸠摩罗什译《思益梵天所问经》卷一,《大正藏》第15册,第38页。

③[后秦]鸠摩罗什译《思益梵天所问经》卷一,《大正藏》第15册,第38页。

④[后秦]鸠摩罗什译《思益梵天所问经》卷一,《大正藏》第15册,第37页。

属于《解诸法品》，即经载：

尔时思益梵天白佛言："世尊！所说四圣谛，何等是真圣谛？"①

榜题 17：梵王言："无有待者，梵天！如来座道场。"
属于《解诸法品》，即经载：

梵天！如来坐道场时，惟得虚妄颠倒所起烦恼毕竟空性。②

榜题 18：尔时□□菩萨白佛言："世尊！若/有依法□见，则于其人，佛不出世时。"
属于《分别品》，即经载：

尔时网明菩萨白佛言："世尊！若有于法生见，则于其人，佛不出世。"③

榜题 19：梵天言："说五百比丘从座起者，/汝当为作方便。"
属于《分别品》，即经载：

网明谓梵天言："是五百比丘从坐起者，汝当为作方便，引导其心入此法门，令得信解离诸邪见！"④

---

①[后秦]鸠摩罗什译《思益梵天所问经》卷一，《大正藏》第 15 册，第 38 页。
②[后秦]鸠摩罗什译《思益梵天所问经》卷一，《大正藏》第 15 册，第 39 页。
③[后秦]鸠摩罗什译《思益梵天所问经》卷一，《大正藏》第 15 册，第 36 页。
④[后秦]鸠摩罗什译《思益梵天所问经》卷一，《大正藏》第 15 册，第 37 页。

榜题20：比丘、比丘尼众，来在会座。

属于《序品》。

榜题21：▭来□□去法、说未/来▭法，说世间、出世间法，/▭。

属于《解诸法品》，即经载：

> 佛言："梵天！如来说过去法、说未来现在法，说垢净法，说世间、出世间法，说有罪、无罪法，说有漏、无漏法，说有为、无为法，说我、人、众生、寿命法，说得证法，说生死、涅盘法。"①

榜题22：尔时梵天白佛言："世尊者！若如/来于法无所得者，有何利益说/'如来得菩提名为佛'？"佛言："梵天！/□□□云何？我所说法，若有为、□□□，是法为实？为/虚妄也？"

属于《解诸法品》，即经载：

> 尔时思益梵天白佛言："世尊！若如来于法无所得者，有何利益说'如来得菩提名为佛'？"
>
> 佛言："梵天！于汝意云何？我所说法，若有为、若无为，是法为实？为虚妄耶？"②

榜题23：▭

榜题24：梵天！如来依一切文字中汝如/是解脱能。所以者何？诸文字/性无合性无用，性钝故。

---

①[后秦]鸠摩罗什译《思益梵天所问经》卷一，《大正藏》第15册，第40页。

②[后秦]鸠摩罗什译《思益梵天所问经》卷一，《大正藏》第15册，第39页。

属于《解诸法品》，即经载：

梵天！如来于一切文字中示是解脱门。所以者何？诸文字无合无用，性钝故。[①]

三、《思益梵天问经变》图像特点

第一，第98窟《思益梵天问经变》所绘内容共有三品，分别是《序品》《分别品》和《解诸法品》，其中《序品》出现5个画面，《分别品》出现9个画面，《解诸法品》出现7个画面，余三个小型说法画面题记不存。它们在经变中的分布呈现出一定规律。经变中央大型说法图下部正中绘《序品》的内容，经变下部右边以《分别品》为主，左边及顶部两角落以《解诸法品》为主。

第二，21组小型说法图前问法对象并不与各自榜题中所述问法对象一致。如榜题2记述的是《序品》中“诸优婆夷等”，然而画面却绘成了多名男子和僧人；榜题11、榜题20记述的是《序品》中“诸比丘来在会座”和“比丘、比丘尼众来在会座”的内容，然而画面中均绘两身着世俗装的男子；榜题10记述的是《分别品》中思益梵天和网明菩萨问法的内容，然而画面绘一国王和一太子问法。类似的现象还有很多，这说明21组小型说法图在这里仅是象征性地表现经典中若干问答的内容，至于具体的问法对象是谁，图像表现较为笼统。

第三，在构图上，莫高窟《思益梵天问经变》多将20余组小型说法图绘于画面底部，然而第98窟经变，不仅在底部绘小型说法图，而且在顶部左右两角落各绘两组，使得顶部原本该绘的10铺赴会图被减为6铺。

①[后秦]鸠摩罗什译《思益梵天所问经》卷一，《大正藏》第15册，第41页。

第三节 《法华经变》

一、经典与图像

《妙法莲华经》(后简称《法华经》)属大乘佛教经典。现存汉译本有三:一是西晋竺法护、聂承远等合译《正法华经》;二是后秦鸠摩罗什所译《妙法莲华经》;三是隋阇那崛多、笈多据罗什本补译《添品妙法莲华经》。《法华经》现存译本首推鸠摩罗什本7卷28品。藏经洞所发现《法华经》写卷,鸠摩罗什本最多,达2600多件。敦煌壁画中所绘《法华经变》亦多据鸠摩罗什本。①

敦煌石窟中现存《法华经变》102铺。该经变始见于莫高窟隋代洞窟,如第419、420、303窟等,绘于窟顶人字坡或四坡,以横卷式构图表现,所绘品数仅为6品。初唐时期是该经变由横卷式朝着向心式构图过渡的阶段,并从绘于窟顶向四壁发展,典型代表有第331、335窟等。盛唐

①贺世哲《敦煌壁画中的法华经变》,敦煌研究院《敦煌研究文集·敦煌石窟经变篇》,兰州:甘肃人民出版社,2000年,第127—128页。

时期的《法华经变》主要是以灵鹫会为中心的向心式布局为主,并在原有基础上多出几品内容,如《药草喻品》《信解品》等,代表作品有莫高窟第74、23(法华窟)、103 窟等。中唐时期《法华经变》中又多出《常不轻菩萨品》《如来寿量品》《陀罗尼品》,代表作品如第 144、154、159 窟等。归义军时期的该经变现存 21 铺,因大窟的流行,经变面积也随之变大,经变内容亦更为丰富,增至 24 品(莫高窟第 85 窟),以及经变榜题也不断增多。第 98 窟《法华经变》就是该阶段的一个代表。笔者现对其内容和特点作如下解读。

二、《法华经变》内容释读

第 98 窟《法华经变》绘于主室南壁东起第 2 铺,画面和榜题大多清晰可见,其构图布局沿袭唐代以来的向心式图式,即经变中心大面积绘《序品》中的“灵鹫会”,其上绘《见宝塔品》中的“虚空会”,它们周围及两边绘与会众和《譬喻品》《观世音菩萨普门品》《化城喻品》等诸品。(图3-17)

经变中心绘释迦佛结跏趺坐于灵鹫山演说《法华经》,周围遍坐比丘、菩萨、天王等与会众聆听佛法。《序品》载:

> 佛住王舍城耆阇崛山中……尔时会中,比丘、比丘尼、优婆塞、优婆夷、天龙、夜叉……欢喜合掌,一心观佛。①

属于《序品》。

“灵鹫会”左右下角各绘一半身菩萨。左下角菩萨从山地踊出半身,其上方诸多菩萨乘云飘至空中,来至释迦、多宝佛前。榜题书:“普贤菩萨

①[后秦]鸠摩罗什译《妙法莲华经·序品》卷一,《大正藏》第 9 册,第 1—2 页。

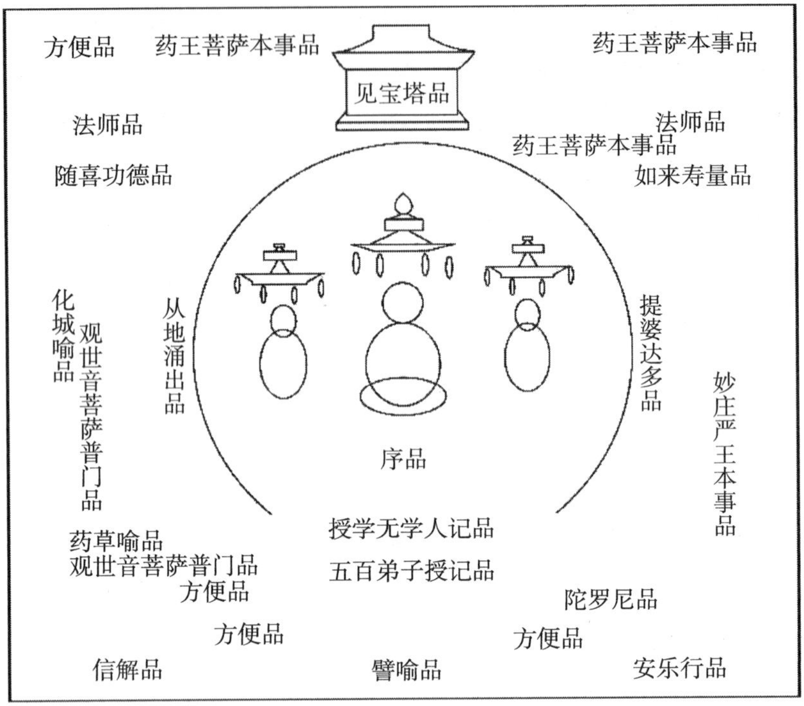

图 3-17　第 98 窟《法华经变》经品位置示意图

闻法花经礼二世尊”“富楼那□闻如来说法复宿世修行”“金刚藏菩萨□□/ 会座护持此□”“尔时，他土菩萨问多宝如来法 / 华姻缘”“耶输陀罗尼得记，自誓弘经，一心□□”“□□踊出菩萨□”“他方菩萨八万恒沙”。《从地涌出品》载：

> (世尊)告弥勒菩萨：我今于此大众，宣告汝等。阿逸多！是诸大菩萨摩诃萨，无量无数阿僧祇，从地踊出……我于是娑婆世界……教化示导是诸菩萨，调伏其心，令发道意。此诸菩萨，皆于是娑婆世界之下、此界虚空中住。①

①[后秦]鸠摩罗什译《妙法莲华经·从地涌出品》卷五，《大正藏》第 9 册，第 41 页。

该画面表现的是释迦佛告诉弥勒菩萨,自己曾于娑娑世界之下教化无数菩萨使其从地面踊出,升住虚空。不同于其他洞窟中从平地破土踊出,该画面是从山地踊出,这里的山正是释迦佛说法所在的灵鹫山,属于《从地涌出品》。

“灵鹫会”右下角菩萨从水中踊出半身,其旁一宫殿,上方有诸多菩萨乘云飘至空中,来至释迦、多宝佛前。榜题书:“常不轻菩萨于此会/ 中听佛说法”“宝手自在菩萨”“智积菩萨共文殊师利 / 论海中所化之事”。《提婆达多品》载:

> 尔时文殊师利……于大海娑竭罗龙宫自然踊出,住虚空中……智积菩萨问文殊师利:仁往龙宫,所化众生,其数几何?文殊师利……所言未竟,无数菩萨坐宝莲华,从海踊出,诣灵鹫山,住在虚空。此诸菩萨,皆是文殊师利之所化度……①

该画面表现的是文殊菩萨在大海龙宫说《法华经》,化度无数菩萨从海踊出,飘至虚空,礼拜释迦、多宝佛。半身菩萨旁的宫殿当是龙宫,但未画出为佛献宝珠之龙女。属于《提婆达多品》。

从地和海里踊出的众菩萨,由“灵鹫会”两旁飘至虚空,聚于会顶,礼拜释迦、多宝佛,连接了“灵鹫会”上部的“虚空会”。

大殿之中释迦、多宝二佛并坐,二佛中间供桌下榜题书:“尔时,释迦如来以(与)多宝如 / 来分座,说《法华经》时。”右边佛榜题书:“多宝如来说法华。”二佛左右两旁诸比丘、菩萨、天王、优婆夷等乘云簇拥礼拜,从榜题“又波阇提婆得记,自梦 / 弘经受持称诵时”“时文殊师利菩萨”“普贤菩萨问《法华经》何得成佛”“是时普贤菩萨”“毗沙门天王护诸经”“优

①[后秦]鸠摩罗什译《妙法莲华经·提婆达多品》卷四,《大正藏》第 9 册,第 35 页。

婆夷等五千人”可见,礼拜者有比丘波阇提婆、乘狮文殊和乘象普贤菩萨、毗沙门天王、优婆夷等。最上部左右两边各绘 3 身佛,当是释迦分身十方诸佛,不同于以往同类题材的 10 身佛或更多。这些画面表现的是“虚空会”,属于《见宝塔品》。

中心画面“灵鹫会”供桌左右各绘三组人物,每组 3~4 人不等,均有榜题。从左至右,第一组绘 3 身着俗装妇人合十跪拜,榜题书:“优婆塞、优婆夷五千 / 人等,闻佛说一乘法。”然该图中不见男性优婆塞;第二组所绘 3 人同第一组,榜题书:“八千学无学,誓于 / 自土,弘演《法华经》。”第三组绘 3 身僧人合十跪拜,榜题书:“尔时,学无学二千人,/ 其意柔软,寂灭清净。”第四组绘 4 名男子合十跪拜,榜题书:“尔时,大梵天王,于此会 / 下,听《法华经》时。”第五组绘 4 名男子合十跪拜,榜题书:“尔时,帝释天王,世尊 / 说法,听《法华经》。”第六组绘 3 名男子,头戴展角幞头,身穿圆领大袍,双手合十跪拜,榜题书:“尔时,会中四千人等,世 / 尊说法,恭敬供养。”《授学无学人记品》载:“学、无学声闻弟子二千人,皆从座起,偏袒右肩,到于佛前,一心合掌,瞻仰世尊。”①画面属于《授学无学人记品》。

“灵鹫会”供桌下方,出现四组僧人,每组 3~5 人不等,双手合十站立礼佛。从左至右,第一组榜题书:“此二千人,佛为授记,当得 / 作佛,一心观佛。”第二组榜题书:“增上慢人,四众比丘尼,闻 / 佛说法,心不生疑。”第三组榜题书:“如今释迦等,有异以是比丘 / 当说妙法华。”第四组榜题书:“得大世菩萨弘经。”第二组榜题下另书一榜题:“五百罗汉,誓于自土,/ 发誓弘经。”该榜题位于四组画面中间偏下,是这四组画面的总榜题。《五百弟子授记品》载:

> 尔时五百阿罗汉于佛前得受记已,欢喜踊跃,即从座起,到

①[后秦]鸠摩罗什译《妙法莲华经·授学无学人记品》卷四,《大正藏》第 9 册,第 29 页。

于佛前，头面礼足。[①]

以上四组内容表现的是众比丘、比丘尼修行至罗汉果位后，佛为他们授记。属于《五百弟子授记品》。

《五百弟子授记品》下方绘一宅院，屋顶及院内大火燃烧，红发饿鬼乘野兽乱窜，院落中心屋内绘三孩童，中间一孩童手持海螺坐于榻上，其左边一孩童挥袖舞蹈，右边孩童弹奏琵琶。宅院外绘三驾车，可辨认出是牛车、鹿车及羊车。《譬喻品》载：

> 长者见是大火从四面起……而诸子等，于火宅内乐着嬉戏，不觉不知、不惊不怖，火来逼身，苦痛切己，心不厌患，无求出意。……父先所许玩好之具，羊车、鹿车、牛车，愿时赐与。[②]

这些画面表现的是"火宅喻"和"三车喻"，属于《譬喻品》。(图 3-18)

《譬喻品》左边绘一院落，由建筑隔为四部分空间，右上角绘一长者坐于榻上，诸仆跪拜侍奉；右下角绘两男子，其中一人正在扫地，其后为一茅草房；左下角绘三匹马，当是马厩；左上角绘长者与国王、大臣等对话。《信解品》载：

图 3-18　第 98 窟《法华经·譬喻品》之"火宅喻"和"三车喻"图像

①[后秦]鸠摩罗什译《妙法莲华经·五百弟子授记品》卷四，《大正藏》第 9 册，第 29 页。

②[后秦]鸠摩罗什译《妙法莲华经·譬喻品》卷二，《大正藏》第 9 册，第 12 页。

> 尔时穷子佣赁展(辗)转遇到父舍,住立门侧。遥见其父、踞师(狮)子床,宝机承足,诸婆罗门、刹利、居士皆恭敬围绕,以真珠璎珞,价直(值)千万,庄严其身;吏民、僮仆,手执白拂,侍立左右。……尔时穷子先取其价,寻与除粪。其父见子……粪土尘坌,污秽不净。……尘土坌身,右手执持除粪之器。……此实我子,我实其父。今我所有一切财物,皆是子有,先所出内,是子所知。[①]

这些画面表现的是长者雇佣穷子清扫马厩,于国王、大臣前宣布该穷子是自己的儿子,并将财产留给穷子。这是“穷子喻”的内容,属于《信解品》。(图 3–19)

在《信解品》与《譬喻品》之三车中间有一条榜题:“尔时,长者语穷子

图 3–19　第 98 窟《法华经·信解品》之“穷子喻”图像

①[后秦]鸠摩罗什译《妙法莲华经·信解品》卷二,《大正藏》第 9 册,第 17 页。

言：‘羊/车、鹿车、牛车，今在门外，汝/等出来，皆当以汝。’”由榜题可知，《信解品》与《譬喻品》共用了位于它们之间的“三车喻”画面，将该两品糅合在了一起。

“三车喻”上方绘一小型说法图，佛两旁跪拜诸多比丘。榜题书：“憍陈如等五百声闻，记闻如/来法彼汝说后悟欢喜。”表现的是释迦佛悟道成佛后为憍陈如等弟子讲法。《方便品》载：“以方便力故，为五比丘说，是名转法轮。”①属于《方便品》。

《信解品》上方绘两组画面。右边绘佛涅槃，身后十大弟子痛哭。榜题书：“妙音菩萨于佛灭后，持《法华/经》满六十六劫。”《法华经》里讲到释迦佛寿命无限，这里对《大般涅槃经》中佛涅槃内容的借用，仅是巧妙灵活地诱导众生悟道成佛的方便手段，属于《方便品》。左边绘一农夫正驱使两头牛在田间耕作，榜题书“一六□所三草□药”；耕地左上绘云一朵，云中一雷神正在击打10面环绕其周围大鼓（图3-20），这与莫高窟第249窟窟顶西坡上的雷神画面类似。云下两农夫正举手奔向面前的房屋。榜题书：“云雷故（鼓）掣电，降雹注大雨。”《观世音菩萨普门品》载：“云雷鼓掣电，降雹澍大雨，念彼观音力，应时得消散。”②以上两个画面是将《药草喻品》和《观世音菩萨普门品》的内容糅合在了一起。同莫高窟第23窟北壁中同类题材相比，第98窟中描绘的并非“雨中耕作”的画面，而是强调暴雨来临，农夫匆忙奔跑回家的场面，云端的雷神更是强化了暴雨来临的紧张气氛。这是不同于其他洞窟的表现。

《药草喻品》和《观世音菩萨普门品》上方绘行人背负物品，或骑，或赶着毛驴，行走在山川河流之间，还有人行走在山腰栈道之上。榜题书：“或在须弥峰，唯人□□坠。”“假使兴害意，推落/大火坑，念彼观音力。”

---

①［后秦］鸠摩罗什译《妙法莲华经·方便品》卷一，《大正藏》第9册，第10页。

②［后秦］鸠摩罗什译《妙法莲华经·观世音菩萨普门品》卷七，《大正藏》第9册，第57页。

图 3-20 第 98 窟《法华经·观世音菩萨普门品》中雷神图像

《观世音菩萨普门品》中载:

> 或在须弥峰,为人所推堕,念彼观音力,如日虚空住。……假使兴害意,推落大火坑,念彼观音力,火坑变成池。[①]

这些画面上方绘一城池,城外毛驴和行人躺在地上休息,毛驴及行人前面一人手指城池;城内一屋里八人坐于桌前,榜题书:"诸人既入城,心生大欢喜,/皆生隐相生。"上述整个画面表现的是导师带领众人历经险恶的崇山峻岭,化城寻宝的故事。然而在表现人们历经艰难画面的一些榜题中,出现《观世音菩萨普门品》中观音救七难的内容。可见,该画面仍是将《化城喻品》与《观世音菩萨普门品》糅合在一起表现。

①[后秦]鸠摩罗什译《妙法莲华经·观世音菩萨普门品》卷七,《大正藏》第 9 册,第 57 页。

《化城喻品》和《观世音菩萨普门品》上方绘两位僧人坐于高座之上，做交谈状，其下绘四组善男善女辗转听经。榜题书："接引众生，又见比丘讲说经。"属于《随喜功德品》。该画面同莫高窟中唐第159窟。

《随喜功德品》上方绘三组小型说法图，众人闻经。每组榜题分别书："曾上慢人谤《法华经》""经前人不信□□□菩萨说 / 法华""十劫坐道场大通智胜佛"。这是《法华经》中《法师品》的内容，即：

> 药王！若有恶人，以不善心，于一劫中现于佛前，常毁骂佛，其罪尚轻；若人以一恶言，毁呰在家、出家读诵法华经者，其罪甚重。……若声闻人闻是经，惊疑、怖畏，当知是为增上慢者。①

该内容在莫高窟中唐第159窟表现为一对男女诵读手中所持经书，其前两男子因毁骂《法华经》而项戴木制枷锁。

《法师品》左上绘一塔，塔两侧二比丘持莲供养，塔下二男子头戴敷头，身穿宽袍大袖，跪拜佛塔。榜题书："童子聚沙为佛塔。"图中不见童子聚沙的画面，仅见信众拜塔画面。莫高窟盛唐第23窟北壁所绘同类题材中，既出现众人拜塔，又出现童子聚沙成堆的画面。在第98窟中，从题记可看出是将两个画面糅合在了一起。另外，莫高窟盛唐第103窟有同类题材，众人所拜之塔中分别绘佛陀和七卷经书，而第98窟塔中无物。上述画面属于《方便品》。

《法师品》右上绘佛陀结跏趺坐于莲台之上，其两侧各现二身穿铠甲之武士乘云而至，举手指佛。榜题书："□□□云雷音宿王佛。"经中载：

> 宿王华！汝若见有受持是经者……作是念言：此人不久必

①［后秦］鸠摩罗什译《妙法莲华经·法师品》卷四，《大正藏》第9册，第30—31页。

> 当取草坐于道场,破诸魔军……①

画面表现的是《药王菩萨本事品》中“降伏魔军”的内容。同类题材还出现于莫高窟五代第61窟中。

经变底部中间《譬喻品》之“火宅喻”右边,绘有一队人马,成横四竖三排列,四蹄腾空的马匹奋力向前奔跑,马上的战士们身穿铠甲,佩带宝剑和盾牌,其中五人手执旗帜,两人回身拉弓射箭,正与其后的敌军厮杀。征战场面的右上方,五位士兵手握利剑正押送俘虏进城,后面紧随骑着战马的多名将士。城中国王与众臣子围绕一长桌,桌上似有物品,现已无法识别,正对国王的五位臣子躬身且双手合十,似表达感谢。《安乐行品》载:

> 文殊师利!譬如强力转轮圣王,欲以威势降伏诸国,而诸小王不顺其命,时转轮王起种种兵而往讨罚(伐)。王见兵众战有功者,即大欢喜,随功赏赐……唯髻中明珠,不以与之。……如转轮王,见诸兵众有大功者,心甚欢喜,以此难信之珠,久在髻中不妄与人,而今与之。②

这些画面表现的是转轮圣王大军降伏诸小国而论功行赏的故事。第98窟图像中表现出了两军激战、押送俘虏、论功行赏等场面。该内容以转轮圣王将发髻中的宝珠仅赏赐给立有大功劳者,比喻《法华经》之珍贵犹如宝珠,唯有弘扬护持该经有大功劳者,方可为其宣讲此经。上述内容为“髻珠喻”,属于《安乐行品》。(图3-21)

《安乐行品》左上方绘一城,城内有四女一男。榜题书:“药王菩萨闻

---

①[后秦]鸠摩罗什译《妙法莲华经·药王菩萨本事品》卷六,《大正藏》第9册,第54页。

②[后秦]鸠摩罗什译《妙法莲华经·安乐行品》卷五,《大正藏》第9册,第38—39页。

图3-21 第98窟《法华经·安乐行品》之“髻珠喻”图像

持经人，说咒拥护。”“勇施菩萨□说神□,□/经者妙音菩萨来释迦□/被问起品。”经中载:“尔时,药王菩萨白佛言:世尊!我今当与说法者陀罗尼咒,以守护之……尔时,勇施菩萨白佛言:世尊!我亦为拥护读诵受持法华经者,说陀罗尼。”①属于《陀罗尼品》。

《安乐行品》右上方绘一城,城内国王夫妇抬头望向城上空立于云上二比丘;城外国王夫妇及群臣乘马越过崇山峻岭,来至佛前。榜题分别书:“天帝释等往世尊所,□/转法轮时故。”“天帝释等往尊世所,请/转法轮时。”“尔时,诸梵王请佛转法/轮,我即自思惟,若佛讲一乘。”《妙庄严王本事品》载:

> 汝父信受外道，深着婆罗门法……于是二子念其父故,踊在虚空,高七多罗树,现种种神变——于虚空中行住坐卧;身上出水、身下出火,身下出水、身上出火……时父见子神力如是,

①[后秦]鸠摩罗什译《妙法莲华经·陀罗尼品》卷七,《大正藏》第9册,第58页。

心大欢喜，得未曾有，合掌向子言：汝等，师为是谁，谁之弟子？二子白言：大王！彼云雷音宿王华智佛……父语子言：我今亦欲见汝等师，可共俱往。……二子如是以方便力善化其父，令心信解，好乐佛法。于是妙庄严王与群臣眷属俱，净德夫人与后宫婇女眷属俱，其王二子与四万二千人俱，一时共诣佛所。①

画面表现的是妙庄严王二子皈依佛门，以种种神变如飞至虚空、身上出火、身下出水等，化度信奉婆罗门教的父王，最终携家眷、群臣至云雷音宿王华智佛处，闻《法华经》。属于《妙庄严王本事品》。

《妙庄严王本事品》上方绘一宅院，院内坐一长者，旁立二孩童。榜题书："如良药多应与子及百数，亦有事缘。"该画面右边绘一房屋，屋内侧卧一男子，其旁坐两男子。榜题书："父来归家，拜跪问讯，/求索治病。"《如来寿量品》中载：

譬如良医……其人多诸子息——若十、二十乃至百数，以有事缘，远至余国。诸子于后，饮他毒药……是时其父还来归家，诸子……拜跪问讯……愿见救疗，更赐寿命。父……依诸经方，求好药草……其诸子中不失心者……即便服之，病尽除愈。余失心者……求索治病，然与其药而不肯服。……我今当设方便，令服此药。……复至他国，遣使还告：汝父已死。是时诸子闻父背丧……心遂醒悟……即取服之，毒病皆愈。其父闻子悉已得差，寻便来归，咸使见之。②

---

①[后秦]鸠摩罗什译《妙法莲华经·妙庄严王本事品》卷七，《大正藏》第9册，第59—60页。
②[后秦]鸠摩罗什译《妙法莲华经·如来寿量品》卷五，《大正藏》第9册，第43页。

可知，左边画面表现的是良医在院落中救助误服毒药的两儿子；右边画面表现的是良医为使不愿意吃药的儿子病愈，设方便法门而假装死亡。两组画面中间绘一长者和四孩童，当是良医得知儿子病愈归家团聚。

该两组画面右上方另绘一城，城外一男子骑马正欲进城。榜题书："此化城喻小乘涅槃。"《如来寿量品》中载："……亦复现言当入涅盘(槃)，又以种种方便说微妙法……"[①]表现的是良医"复至他国"，欲假装死亡前的画面。

上述画面表现的是"良医喻"，比喻释迦佛寿量无限，以说法、涅槃等方便法门普渡众生。属于《如来寿量品》。

《如来寿量品》左上方绘一僧坐于高座之上，其前一男子焚身。榜题书："药王菩萨与诸居士/说法化火焚身时。"《药王菩萨本事品》中载："……以神通力愿而自然身，光明遍照八十亿恒河沙世界。……其身火燃千二百岁，过是已后，其身乃尽。"[②]属于《药王菩萨本事品》。同类题材出现于莫高窟五代第61窟。

《药王菩萨本事品》上方绘一佛说法，两侧各立二比丘，佛前立三男子。榜题书："□不信。"男子下方绘一宅院四周起火，墙体色泽灰暗，院外左边一红发饿鬼，旁边卧一黄牛；院外下方还绘两骆驼。榜题书："此二人疑法华慢谤法花，及持者/随阿毗地狱从地狱出，伏受驼驴等身时。"《法师品》中载："若人以一恶言，毁呰在家、出家读诵法华经者，其罪甚重。"[③]这里仅提到毁谤经者"其罪甚重"，具体是何种恶报未作说明，而在第98窟壁画中却以地狱(起火宅院)、饿鬼、畜牲(牛和骆驼)直观地表现了出来。莫高窟第159窟是以项戴枷锁的两男子来表现。经中载：

①[后秦]鸠摩罗什译《妙法莲华经·如来寿量品》卷五，《大正藏》第9册，第42页。

②[后秦]鸠摩罗什译《妙法莲华经·药王菩萨本事品》卷六，《大正藏》第9册，第53页。

③[后秦]鸠摩罗什译《妙法莲华经·法师品》卷四，《大正藏》第9册，第30—31页。

“……常处地狱,即地狱难也,在余恶道驼驴猪狗,即畜生难兼饿鬼难……亦可将难处罪人兼之也,谤经之者流转八难。”[1]表明这是以“八难”中的内容表现毁谤《法华经》者。上述画面属《法师品》。

《法师品》上方绘一山立于水中,山腰左边绘日右边绘月。榜题书:“须弥山□。”这是以须弥山、日、月的地位,象征《法华经》在诸经中的重要地位,属于《药王菩萨本事品》。不同于莫高窟第159窟,第98窟中该画面不见须弥山顶日月净明德国佛说法图和山下水中手举日月的阿修罗。

三、《法华经变》图像特点

第一,所表现经品内容和榜题不断增多。第98窟《法华经变》共表现19品,分别是《序品》《方便品》《提婆达多品》《从地涌出品》《见宝塔品》《授学无学人记品》《五百弟子授记品》《譬喻品》《信解品》《药草喻品》《观世音菩萨普门品》《化城喻品》《随喜功德品》《法师品》《药王菩萨本事品》《安乐行品》《陀罗尼品》《妙庄严王本事品》《如来寿量品》。其中《方便品》《观世音菩萨普门品》《法师品》《药王菩萨本事品》出现2~3次不等,但这些经品中的画面内容都不重复表现。正因内容的不断丰富,一些内容仅靠画面很难辨识,因此相应榜题也不断增多。这与归义军之前该经变品数和榜题相对较少的特点截然相反。

第二,出现诸品间部分情节共用的现象。如将“三车喻”绘于《信解品》与《譬喻品》之间。“三车喻”本属《譬喻品》之内容,然《信解品》与“三车喻”之间题写:“尔时,长者语穷子言:‘羊/车、鹿车、牛车,今在门外,汝/等出来,皆当以汝。’”这在《信解品》经典中是没有的情节。该榜题反映出《信解品》借用了《譬喻品》中“三车喻”的画面。由于该两品存在共同

①[宋]守伦注《法华经科注》,《大正藏》第30册,第713页。

的佛教意涵,即佛陀普渡诸子乘坐象征大乘的牛车脱离人间苦海,故将“三车喻”安排在两品之间。再如《观世音菩萨普门品》与《药草喻品》《化城喻品》间部分情节的互用。《药草喻品》中农夫因下雨回家,画面榜题却书《观世音菩萨普门品》中的内容:“云雷故(鼓)掣电,降雹注大雨。”《化城喻品》中寻宝众人在崇山峻岭之中遇艰难险阻,与《观世音菩萨普门品》中所讲,凡遇灾难,只要念观音名号,便来解救的内容甚为契合,由是《化城喻品》的画面榜题出现了“或在须弥峰,唯人□□坠”“假使兴害意,推落 / 大火坑,念彼观音力”这样的内容。经品之间部分情节的共用现象,并非画师和书写手疏忽所致,而是法华信仰不断流行以及人们对于该经典理解的不断深入所致,品与品之间具有相同意涵的内容被画师在壁画表现中融合在了一起。另外,《法师品》中出现的地狱、饿鬼、畜牲等画面,这是借用其他经典中“八难”的内容,是对《法华经》及其经变认识的进一步深化。

第三,第 98 窟《见宝塔品》中二佛并坐之七宝塔被绘为木构殿堂建筑。在莫高窟以往洞窟中,该品中七宝塔被绘成塔状,且装饰华丽。《法华经》将七宝塔描述为:“尔时佛前有七宝塔……种种宝物而庄校之。……无数幢幡以为严饰,垂宝璎珞宝铃万亿而悬其上。……其诸幡盖,以金、银、琉璃等七宝合成,高至四天王宫。”[①]而第 98 窟中却将七宝塔绘成了大殿,这与经典中所述形象不符。这是佛教不断中国化的表征之一。

①[后秦]鸠摩罗什译《妙法莲华经·见宝塔品》卷四,《大正藏》第 9 册,第 32 页。

第四节 《华严经变》

一、经典与图像

《大方广佛华严经》又作《华严经》,是华严宗的根本经典。现存译本有三,分别是:佛驮跋陀罗于东晋末、刘宋初年(418—421)所译《大方广佛华严经》六十卷,又称“六十华严”;实叉难陀于武周圣历二年(699)所译《大方广佛华严经》八十卷,又称“八十华严”;般若于唐贞元十二年(796)所译《大方广佛华严经入不思议解脱境界普贤行愿品》四十卷,又称“四十华严”。《华严经》不仅广受大乘诸宗派尊崇,如禅宗、般若、法华、净土等,还受到社会上层的推崇,如武则天曾敕译八十华严,并为八十华严本御制序文。敦煌藏经洞中遗存大量华严类经典文书,据统计约有300余件,其中“八十华严”有149件[①],可见实叉难陀译本在敦煌之流行。敦煌石窟中现存《华严经变》29铺,应是据实叉难陀译本“八十华严”

---

①李海峰《敦煌遗书中的早期〈华严经〉及其相关文献》,《中国文化研究》2008年第3期,第99页。

所绘。其中盛唐1铺、中唐5铺、晚唐9铺、五代8铺、宋代6铺。从中可见在敦煌晚唐五代时期该经变最为盛行。

二、《华严经变》内容释读与图像特点

第98窟《华严经变》位于主室北壁东起第2铺，主要以七处九会及莲华藏世界海组成，即经变上方七处九会以9铺说法图组成，分为三层，每层3铺，排列有序；九会下方正中绘莲花藏世界海。

七处九会说法图每铺皆绘一佛结跏趺坐于莲花台之上，右手作说法印，两侧各一大菩萨携众小菩萨双手合十坐于云端；佛与大菩萨皆有华盖，华盖两侧绘绿色菩提树，树叶中心绘有莲花；每铺说法图绘于宫殿前，殿堂左右各一小佛陀乘云而下，前来赴会听法；每铺说法图前设有供桌，上有香器等，桌前绘一榜题。最上层和最下层榜题可见，可识别出第五、六、七会和第三、一、九会（见示意图3-22），中间一层3铺榜题漫漶，无法识别。现将可识别者录文如下：

第五会兜率天宫一切妙宝所庄严殿。

第五会佛在兜/率天王宫一时/宝藏严殿□□/□□十万亿□□/□他光明普照/十方法界虚空/界一切世界十/方各有万佛□/微尘菩萨普/智光三昧

第六会他化自在天王宫。

第六会□□□/在天王宫宝□/宝藏殿以不可/□菩萨摩诃萨/俱金刚菩/萨▭/菩萨大惠光明/三昧说华严经/十方佛□□尘世/界佛□时

图 3-23　第 98 窟《华严经·华藏世界品》之莲花藏世界海图像

莲花藏世界海两侧各绘 3 组小型说法图，其中 5 组莲台之上所居均为菩萨，下跪拜 2~4 身菩萨问法；剩余 1 组说法者为佛陀形象，前跪拜菩萨 4 身。这 6 组画面中 5 个榜题可见，现由左至右依次录文如下：

1. 普贤菩萨问贤首/菩萨十信行时
2. 文殊师利菩萨问贤/首菩萨十德行时
3. □
4. 觉首菩萨问菩萨□十信行
5. 金刚藏□□问贤首/菩萨十德行时
6. 无尽意菩萨问虚空藏菩/萨问十信行时

可见，这 6 组画面皆为菩萨间的问答，其中第 5 个榜题所述内容是金刚藏菩萨和贤首菩萨的对话，然该画面说法者则被绘成了佛陀的形象。

敦煌莫高窟现存《华严经变》中的七处九会的构图形式基本以上中下三层九宫格的布局排列(盛唐第 44 窟除外)。虽然构图较为一致,但 9 铺说法图的位置关系却时常变化,唯一不变的是九会中位于莲花藏世界海正上方的第一会。其余八会似无规律。潘亮文先生认为其原因是时人对《华严经》不甚了解所致。[①]海住先生亦认为敦煌《华严经变》之结构，除第一会所绘内容位置基本固定外,其余八会内容所绘位置似不固定。[②]其实，在莫高窟多数窟中，第三会和第四会的位置亦较为固定，如第 231、156、12、196、61、71、76 等窟中第三会皆位于中层中间位置,其中第 231、61、71、76 窟中第四会皆位于上层中间位置。而第 98 窟中第三会却位于第一会之左边,第六会置于通常绘第四会的位置。

---

①潘亮文《敦煌石窟华严美术的再思考》,敦煌研究院《2014 年敦煌石窟研究国际学术研讨会论文集》(上),2014 年,第 122—134 页。

②[韩]海住《莫高窟华严经变相的考察》,敦煌研究院《2000 年敦煌国际学术讨论会文集》,兰州:甘肃民族出版社,2003 年,第 133—135 页。

小 结

第 98 窟主室南北两壁经变画,是整个洞窟壁画中面积最大的,也是窟中的主要内容之一。它们不但绘制精良,保存完整,而且每铺经变画中的大多数榜题题记犹存,这对揭开这些经变画中的细部情节有很大帮助。另一方面,随着时间的流逝,部分题记墨色不断变浅,字迹逐渐模糊,难以识读。如果对这些经变画中的题记仍不作及时抄录,将来也许会留下无法弥补的遗憾。因此,笔者在实地对这些经变进行了榜题抄录和示意图绘制。

本章首先梳理了《报恩经变》《思益梵天问经变》《法华经变》及《华严经变》的经典来源和图像源流,然后对每铺经变中的榜题进行录文和句读,进而结合相应佛教典籍,详细释读了经变画中的每个细部情景。在此基础上,通过与其他洞窟同类题材的比较研究,笔者分析和总结出第 98 窟南北壁东端 4 铺经变的特点。如南壁东起第 1 铺《报恩经变》中《孝养品》《恶友品》《论议品》《亲近品》图像所表现出的特点是对君亲恩的强调,反映出"忠君报国"的思想,这很可能与曹氏归义军初期政权不稳定的现状有关。其他几铺经变也各有其特点。如《法华经变》中出现诸品间部分情节共用的现象,《信解品》与《譬喻品》共用“三车喻”的内容,《化城喻品》与《观世音菩萨普门品》互为表现等。《思益梵天问经变》在构图上显得较为特殊,不但在经变底部绘以多组小型说法图,还在顶部左右两角落各绘两组。明确经变画在第98窟中所表现出的特点,可为下一步的深入研究奠定基础。

第四章

梵音净土:主室南北壁经变图像研究(下)

第一节　《阿弥陀经变》

一、经典与图像

《佛说阿弥陀经》是西方净土经典之一,该经典与《佛说无量寿经》《佛说观无量寿经》《无量寿经论》被称为“三经一论”。《般舟三昧经》是最早宣传阿弥陀信仰的经文,该经由东汉支谶所译,而《后出阿弥陀佛偈》是专门论及阿弥陀信仰的最早经文。东汉后,与阿弥陀经相关的译本不断增多,最具影响力的即为上述“三经一论”。

《阿弥陀经》现存两个译本:后秦鸠摩罗什译《佛说阿弥陀经》和唐玄奘译《称赞净土佛摄受经》。现通行鸠摩罗什译本。此经短小精悍,论述了西方极乐世界的庄严,并向信众讲述了往生极乐世界的一部分行法。其中关于“七日念佛,一心不乱,临终往生”等内容,是全经的核心,具有简单易行的特点。

敦煌石窟《阿弥陀经变》多依鸠摩罗什本绘制。莫高窟现存《阿弥陀经变》73 铺,其中隋 1 铺、初唐 14 铺、盛唐 6 铺、中唐 7 铺、晚唐 12 铺、五代 9 铺、宋 4 铺、西夏 20 铺;榆林窟存 14 铺,其中五代宋各 6 铺、西夏

2铺；东千佛洞存西夏时期1铺；西千佛洞存晚唐时期1铺。[①]

二、《阿弥陀经变》内容释读与图像特点

第98窟《阿弥陀经变》位于主室南壁东起第3铺。该经变以阿弥陀佛说法场景为中心，主尊佛结跏趺坐于莲花台上，左右有观音、势至及闻法众围绕。其前中间两身舞伎翩翩起舞（图4-1），其中之一反弹琵琶，两侧乐伎分列演奏各种乐器；乐舞前方又现一组乐舞，中间1身舞伎翩翩起舞，其旁乐伎演奏乐器。两组乐舞场面极显西方净土庄严世界的“极乐”氛围。乐舞左右两旁各一佛，侧身结跏趺坐于莲台之上，周身围坐众闻法。说法佛、众听闻及乐队皆位于亭台楼阁水榭之上，七宝池中朵朵莲花点缀其间，化生童子、鸳鸯等在池中嬉戏。

图4-1 第98窟主室南壁《阿弥陀经变》乐舞图

①敦煌研究院《敦煌石窟内容总录》，北京：文物出版社，1996年，第286—287页。

“虚空庄严”和“建筑庄严”位于经变最上层。“虚空庄严”中现佛 6 身由下部楼阁中乘坐祥云升至虚空，当是“六方护念”。六佛之间穿插着系有飘带的各种乐器飘飞于空中，其中有笛子、箫、拍板、琵琶等，代表“不鼓自鸣”之天乐。六佛与天乐下方绘有华丽的“七重楼阁”，宏伟而庄严，是为净土世界中的“建筑庄严”。

第 98 窟《阿弥陀经变》中央佛说法前方平台出现两组乐舞场面，这有别于其他洞窟同类题材中仅表现一组的情况，成为该经变的一个特点。这是对西方净土世界中“极乐”场景的着重刻画。敦煌遗书中保存有大量关于西方净土类的抄经，从题记中可看到人们发愿往生西方净土的愿望。壁画中对乐舞的强调，反映出人们对美好西方净土世界的向往。

第二节 《药师经变》

一、经典与图像

现存《药师经》译本有四,分别是东晋时期帛尸梨蜜多罗译本《佛说灌顶拔除过罪生死得度经》(12卷),隋代达摩笈多译本《佛说药师如来本愿经》(1卷),唐代玄奘译本《药师琉璃光如来本愿功德经》(1卷),唐代义净译本《药师琉璃光七佛本愿功德经》(2卷)。其中玄奘译本最为通行。

《历代名画记》中载:"香炉两头净土变、药师变。陈逊画。"[①]这是文献中较早记载《药师经变》的绘制(洛阳昭成寺)。龙门石窟四小洞存有初唐时期的药师造像及其造像记。现存于敦煌遗书中的药师经典达295部[②]。敦煌石窟中的《药师经变》达128铺,其中莫高窟占112铺,计隋代存4铺、初唐存1铺、盛唐存2铺、中唐存23铺、晚唐存32铺、五代存32铺、

---

①[唐]张彦远《历代名画记》卷三,北京:人民美术出版社,1963年,第70页。

②李玉珉《敦煌药师经变研究》,《故宫文物月刊》1990年第3期,第1页。

宋代存 8 铺、西夏存 10 铺;榆林窟占 13 铺,计晚唐存 1 铺、五代存 11 铺、西夏存 1 铺;东千佛洞存 1 铺西夏时期作品;西千佛洞存 1 铺中唐时期作品;五个庙石窟存 1 铺西夏时期作品。药师经典与经变图像的大规模出现,有力地印证了该信仰在敦煌的盛行。

在构图形式上,敦煌的《药师经变》有如下几种:隋代首先出现横卷式,结构简约,一般绘于窟顶人字坡,多以一佛二菩萨及前置灯轮和十二神将为主,特别是莫高窟隋代第 417 窟,还绘有八大菩萨。八大菩萨的内容仅见于帛尸梨蜜多罗所译《佛说灌顶拔除过罪生死得度经》,①说明隋代《药师经变》主要依据此经所绘。②唐代以来,药师图像以大型经变的形式出现,犹如西方净土变。存于初唐第 220 窟北壁的《药师经变》不但场面宏大,且表现尤为特殊:画面中以 7 身站立药师同为主尊,间以胁侍

图 4-2　莫高窟初唐第 220 窟北壁《药师经变》

①[东晋]帛尸梨蜜多罗《佛说灌顶拔除过罪生死得度经》,《大正藏》,第 21 册,第 533 页。
②罗华庆《敦煌壁画中的〈东方药师净土变〉》,《敦煌研究》1989 年第 2 期,第 6 页。

菩萨,十二神将及灯轮和乐舞等,据宁强先生研究,这表现了“延命治病供养仪式(Healing Ritual)”①(图4–2)。盛唐时出现在大型说法图主体两侧以立轴样式表现“十二大愿”与“九横死”内容的现象,如第148窟。至中唐以后的《药师经变》主要依玄奘本所绘制,“十二大愿”与“九横死”的内容以屏风画的形式出现在说法图下部。随后,以大型说法图为主兼两侧立轴式或下部屏风式的画面构图交替出现。

二、《药师经变》内容释读与图像特点

第98窟《药师经变》位于主室北壁东起第3铺。画面中心绘大型主尊说法图,间绘宫殿、亭台、水榭、池水等内容,表现的是药师琉璃净土世界(图4–3)。经变最上层表现的是“虚空庄严”,仅见两身赴会佛乘于云端;画面中央绘结跏趺坐的药师佛,其左右为日光与月光二胁侍菩萨,四周绕以闻法菩萨众;主尊前方平台上绘两身舞伎起舞,其中一身做反弹琵琶状,舞伎两侧平台绘伴奏乐队;最下方中间平台绘十二神将,分为左右两组,每组各六,两组神将中间绘一榜题书:“□药师瑠(琉)璃经变。”伯希和最早录为“东方十二上愿药师琉璃经变”②。十二神将两边平台各绘一说法图;平台下方绿水池中莲花朵朵,表现净土世界。

第98窟《药师经变》的特别之处在于:第一,十二神将着装并非通常所绘穿盔甲之武士装扮,而被绘成菩萨装扮,如项戴璎珞,身披巾帛等,且相貌均为蓄有长髯之男性;第二,图像中也不见《药师经变》标志性的“七层灯轮”和“五色续命神幡”;第三,图像最上仅出现两组乘于云端佛及胁侍菩萨,并未出现十方赴会诸佛,亦不见不鼓自鸣之乐器。

---

①Ning Qiang, *Art, Religion, and Politics in Medieval China: the Dunhuang cave of the Zhai Family*, University of Hawai'i Press, 2004, p.20.

②[法]伯希和著,耿昇、唐健宾译《伯希和敦煌石窟笔记》,兰州:甘肃人民出版社,1993年,第148页。

图 4-3　第 98 窟主室北壁《药师经变》

第三节　《弥勒经变》

一、经典与图像

起源于印度的弥勒信仰，后经西域传至中原。在中国，与之相关的大部分经典于 3—5 世纪被译出。弥勒在经典中主要以三种角色出现：婆罗门子、菩萨及未来佛。但在中国，其身份仅见后两者，分别代表着弥勒上生与下生信仰。现存相关译本基本可分为“弥勒上生经”与“弥勒下生经”两大类，主要有竺法护所译《弥勒下生经》，沮渠京声所译《观弥勒菩萨上生兜率天经》，鸠摩罗什所译《弥勒下生成佛经》与《弥勒成佛经》，义净所译《弥勒下生成佛经》与《佛说弥勒来时经》，统称“弥勒六部经”。因此，与该信仰相关的图像即《弥勒经变》也就出现了《弥勒上生经变》或《弥勒下生经变》，或将两者合为一铺的情况。

早期的相关造像多为弥勒菩萨在兜率天宫说法的内容。[①]如克孜尔第 17、38、92、173 窟以及库木吐拉第 14、43、46 窟等，都存有 4—5 世纪

---

①王静芬《弥勒信仰与敦煌〈弥勒变〉的起源》，《敦煌研究》1988 年第 2 期，第 40 页。

的弥勒菩萨天宫说法图，并且通常绘制在石窟主室入口上方位置。[①]在北魏时期的莫高窟、云冈石窟以及龙门石窟中，大量出现交脚弥勒菩萨造像，仍表现的是弥勒菩萨在兜率天的说法情景。反映出早期弥勒造像是以上生经为主要题材进行表现的特征。《弥勒经变》在画史中的记载最早见于隋代，如《贞观公私画史》中载“弥勒变相图一卷”[②]；《历代名画记》中隋代董伯仁条载“周明帝畋游图、杂画台合样、弥勒变”[③]。

敦煌莫高窟弥勒造像在北凉石窟中就已出现，而《弥勒经变》在隋代洞窟中开始绘制，唐代最盛，终于西夏。敦煌莫高窟共存《弥勒经变》94铺，其中隋代存有 5 铺、唐代存有 65 铺、五代宋各存有 12 铺；榆林窟共存 4 铺，其中唐五代各存有 2 铺；五个庙石窟存有西夏时期 2 铺作品。[④]该经变在各个时代所绘有所变化，隋代时期主要表现弥勒上生经的内容，弥勒菩萨于兜率天宫中说法，左右为胁侍及天王等，构图较为简易。此时期该经变多绘于窟顶人字坡。至初唐时期，弥勒上生与下生经变合为一铺，将在兜率天宫说法的交脚弥勒菩萨绘于经变上部；倚坐弥勒说法场景及周围听法众绘于经变中部；乐舞、水榭、莲花、宝池、剃度图等内容绘于经变下部。盛唐时期，则非常侧重于表现弥勒下生经的内容，除去画面中心大面积所表现的弥勒三会，还在画面两侧及下部出现“送老入墓”“一种七收”“树上生衣”“女五百岁出嫁”“七宝”“婆罗门拆幢” 等内容。中唐时期的《弥勒经变》与盛唐时期基本相同，但却在画面形式上表现出多样性，有单幅式、屏风式以及窟顶四坡式等。晚唐以后的作品在画面形式与内容上变化很小，基本承袭了前代经变传统。

---

①季羡林《弥勒信仰在新疆的传布》，《文史哲》2001 年第 1 期，第 8—9 页。

②《影印文渊阁四库全书》第 812 册子部 118 艺术类，台北：商务印书馆，第 812 页。

③［唐］张彦远《历代名画记》卷八，北京：人民美术出版社，1963 年，第 100 页。

④敦煌研究院《敦煌石窟内容总录》，北京：文物出版社，1996 年，第 291—292 页。

二、《弥勒经变》内容释读

第98窟《弥勒经变》位于主室南壁东起第四铺，右侧部分画面脱落。其构图布局沿袭唐代以来上生与下生经变合为一铺的图式，即经变上部绘弥勒菩萨于兜率天宫说法，下部绘弥勒三会等内容。具体内容如下：

弥勒上生经变。该画面位于经变最上层，图绘并排而置三院落，中间院落面积大于左右两边。三院落地面皆以点状表现琉璃地，且有宫殿。中间院落正中交脚弥勒说法，该处即为弥勒菩萨兜率天宫。两侧小院双重宫殿，象征四十九重之微妙宝宫，即：

> 化为四十九重微妙宝宫。①

该部分表现较为简洁，象征性地表现了弥勒上生变。

弥勒三会。该部分位于画面中心偏下，所占面积最大，构成画面的主体部分。弥勒居中倚坐，两侧大妙相与法华林二大胁侍菩萨，以及诸菩萨、护法等围绕四周，表示初会说法。经载："尔时弥勒佛于华林园……初会说法。"②初会右下角和左下角分别绘二会和三会，弥勒皆双腿下垂侧身而坐，两边众菩萨、天龙八部等侍立。

由弥勒三会围成的中下部区域由上至下依次绘剃度、众人闻法出家、婆罗门拆幢情景。

剃度。该画面绘于初会下方，左右各一组，左侧三面围合的围栏内绘有多个官员合十站立，等待剃度，最前方一僧正为一人剃头，旁立一僧手捧盘状物协助高僧剃度；右侧画面亦为剃度场面，剃度对象均为女性。两

---

①[北凉]沮渠京声译《观弥勒菩萨上生兜率天经》，《大正藏》第14册，第419页。

②[后秦]鸠摩罗什译《佛说弥勒下生成佛经》，《大正藏》第14册，第424页。

组画面表现的是蠰佉王、大臣、王宝女、婇女等剃度出家之情节。经载：

> 时蠰佉王，亦共八万四千大臣，恭敬围绕，出家学道……蠰佉王宝女……亦与八万四千婇女，俱共出家。①

众人闻法出家。绘于弥勒二、三会前面，左侧三面围合的围栏之内绘多个官员双手合十站立，他们是蠰佉王、太子及大臣等。榜题书："广度诸声闻，九十 / 二亿人，令心善调伏。"经载："第三会说法，广度诸声闻；九十二亿人，令心善调伏。"②表明该部分内容属于弥勒所说法会前的诸声闻，该场法会为弥勒第三次说法。由此可推测画面右侧为弥勒第二次说法。法会前围栏内诸妇女双手合十，表示蠰佉王诸女眷闻法情景。榜题书："彼轮王饷佉，□□/ 浃法已；罄舍诸珠宝，其心□□□。"经载："彼轮王饷佉，闻深妙法已；罄舍诸珍宝，祈心慕出家。"③画面中所绘为妇女，该处榜题却题写为饷佉王闻法慕出家，似有误。

婆罗门拆幢。绘于整铺经变底部中央位置，七重宝幢正被诸多婆罗门拆毁，宝幢之上有婆罗门正在拆卸，幢下众婆罗门或在接应，或在装袋，或背负离去。（图 4–4）经载：

> 时彼饷佉王，建立七宝幢……宝幢造成已……其时诸梵志……毁坼须臾顷。④

宝幢左边榜题已无法识别，很可能题写上述相关内容；宝幢右边榜

①［后秦］鸠摩罗什译《佛说弥勒下生成佛经》，《大正藏》第 14 册，第 424 页。
②［唐］义净译《佛说弥勒下生成佛经》，《大正藏》第 14 册，第 426 页。
③［唐］义净译《佛说弥勒下生成佛经》，《大正藏》第 14 册，第 426 页。
④［唐］义净译《佛说弥勒下生成佛经》，《大正藏》第 14 册，第 426—427 页。

图 4-4 第 98 窟主室南壁《弥勒经变》之婆罗门拆幢

题书“弥勒经变”。

一种七收。位于上生经变与下生经变相接处之左侧，图绘一农夫正驱赶一黄牛耕地，其右上方一人似在扬场。该画面表现较为简单，不同于莫高窟同类题材中还出现播种、收割等场景，如第 12、61 窟等。义净译本中载：“自然出香稻，美味皆充足。”[①]说明粮食是自然生成，未提到耕种之事，竺法护译本亦同。然鸠摩罗什译本载：“一种七获，用功甚少，所获甚多。”[②]上述画面更加符合鸠摩罗什译本的内容。

三、《弥勒经变》图像特点

第一，在构图形式上，经变仍沿袭了唐代以来上生经变与下生经变

①[唐]义净译《佛说弥勒下生成佛经》，《大正藏》第 14 册，第 426 页。

②[后秦]鸠摩罗什译《佛说弥勒下生成佛经》，《大正藏》第 14 册，第 423 页。

合二为一的画面布局。莫高窟早期弥勒图像非常强调弥勒上生的内容，自从唐代开始，弥勒下生的内容不断成为整铺画面的主体，第98窟《弥勒经变》约四分之三的画面表现的是弥勒三会等内容，只有画面最上不到四分之一的部分用来表现弥勒上生的内容，并且刻画较为简单，明显具有减弱对弥勒上生表现的倾向。

第二，在表现内容上，第98窟《弥勒经变》着重表现弥勒三次说法会和广度蠰佉王、大臣、王宝女、婇女等诸声闻剃度出家的内容。它们位于经变的视觉中心位置，成为主体内容。同样是表现弥勒下生中的内容，第98窟并不见“树上生衣”“送老入墓”“女五百岁出嫁”等生活化的内容。唯一所现生活化场景是“一种七收”，但置于画面较偏的位置，且表现非常简略。第98窟《弥勒经变》着重表现弥勒三会，即通过三次说法会对王、大臣、太子、女眷等“令心善调伏”[①]，这或与曹氏初建成的政权不太稳固，希望众人能够齐心合力的心愿有关。

第三，在经典选择上，从第98窟《弥勒经变》中仅存的几条榜题可看出，即弥勒二会和三会前的闻法众之榜题皆出自唐代义净所译《佛说弥勒下生成佛经》；由“一种七收”的画面内容可推测所依经本很可能是鸠摩罗什所译《佛说弥勒下生成佛经》。加之经变中弥勒上生内容所依沮渠京声《观弥勒上生兜率天宫》，可知第98窟该经变至少依据上述三部经典绘制。

①［唐］义净译《佛说弥勒下生成佛经》，《大正藏》第14册，第426页。

第四节 《天请问经变》

一、经典与图像

《天请问经》是由唐代玄奘法师于贞观二十二年所译，该经内容简短,不足600字,讲述了在室罗筏国誓多林给孤独园,神于某日深夜时分来至佛所,顶礼佛足,提出九个问题,佛一一作答。该经主要强调了持戒忍辱、乐善好施、少欲知足等内容。

《天请问经》在敦煌遗书中存有20余件;①《天请问经疏》存有3件，均为僧人文轨撰写,它们分别是P.2135、北6662以及北新316。李际宁先生又对文轨所撰《天请问经疏》进行了整理,最终成为定本。②这些经典的出现,使得敦煌《天请问经变》的绘制成为可能。

《天请问经变》在敦煌石窟中共存38铺,其中莫高窟存33铺,计盛

①王惠民《关于〈天请问经〉和天请问经变的几个问题》,《敦煌研究》1994年第4期,第174页。

②李际宁整理本《天请问经疏》,方广錩主编《藏外佛教文献》第1辑,北京:宗教文化出版社,1986年,第64页。

唐1铺、中唐10铺、晚唐9铺、五代8铺、宋代5铺;榆林窟存5铺,均为五代时期作品。[①]可见该经变在莫高窟唐、五代时最盛。《天请问经变》在敦煌石窟中出现了三种形式:第一种是在经变中央绘大型说法场景,将诸多小型说法场景安置于经变上下部;第二种是在主体说法场景下面安置多个屏风画;第三种是主体说法场景位于中间,其左右两边安置条幅绘以小型说法图。[②]第98窟该经变延续第一种构图形式。

二、《天请问经变》内容释读

第98窟《天请问经变》位于主室北壁东起第4铺。整铺经变由上中下三部分构成,最上层为天宫,一横长方形城墙内楼阁矗立,地面由点状图案表现琉璃地,众天人活动于其间;城外下边绘有朵朵祥云,托起天宫;城外左右两边各散布五座小型宫殿,皆矗立于云端。这些祥云、琉璃地等衬托出佛国清净、美妙的殊胜情景。经变中央为主尊说法场面,佛陀结跏趺坐于须弥宝座上,手持说法印,周边由弟子、菩萨等围绕。经变下方左右各绘有一组中型说法图,两相对称。该两组说法图之间绘四组礼拜图和五组小型说法图,八条榜题中可辨识出三条。(图4–5)

中央说法图下部正中榜题左右两边各绘一组人物,即四组礼拜图中之两组,每组三人合十跪拜,榜题惜已漫漶,然同时代第100窟中同类题材同一位置该榜题清晰可见:

天请问经变。/如是我闻:一时薄伽梵□室罗筏国,住/□□林孤独园。时有一天,颜容殊妙,□/于夜分,来诣佛所,顶礼佛足,却住一/面。是天威光,甚大□□,周遍照耀/誓多园林。

①敦煌研究院《敦煌石窟内容总录》,北京:文物出版社,1996年,第281—282页。

②李刈《敦煌壁画中的〈天请问经变相〉》,《敦煌研究》1991年第1期,第2—4页。

/尔时彼天以妙伽他而请问曰□

该内容表现的是《天请问经》的缘起及第一次问答。该处正方形榜题框比其他长条形榜题框大很多，一般情况下，莫高窟经变画中央说法图下部较大的榜题框内题写有经旨和说法缘起。第 98 窟该处榜题不但位于中央说法图正中下部，而且呈正方形，明显大于其他七条长条形榜题框。因此，第 98 窟中榜题 1 的内容很可能与第 100 窟类似。

四组礼拜图中的另外两组分置于经变下方左右两组中型说法图前面，以一天神二眷属的组合双手合十跪拜于各自说法图前，两条榜题（榜题 2、3）内容已不存，当表现的是九次问答中的两次。

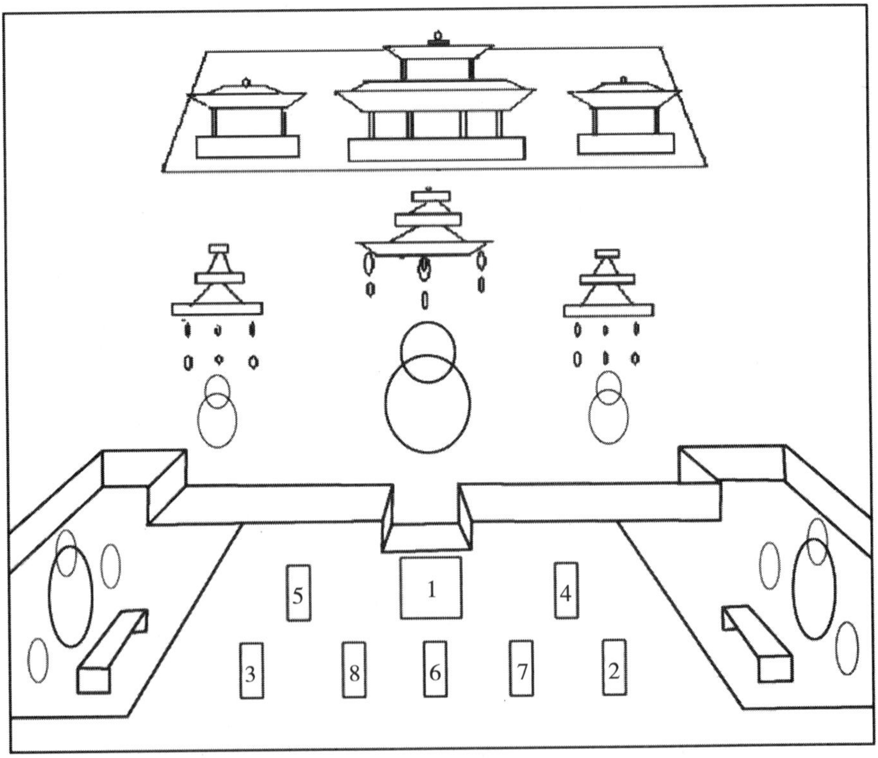

图 4–5　第 98 窟主室北壁《天请问经变》示意图

五组小型说法图位于中央大型说法图下部之榜题 1 旁两组礼拜图的两边和下方。这些小型说法图均绘一佛二菩萨,其前跪拜一天神二眷属。五条榜题中榜题 4、5、6 可辨,榜题 7、8 内容已不存。

榜题 4:世尊告曰:“少欲最安乐,知足大富贵,/持戒恒端严,破戒常丑陋。”天复请曰:/“我今犹有疑,佛应为断除。今世往后世,谁极自欺诳?”

该内容表现的是经典中的第四答和第九问。即经载:

> 天复请曰:“谁为最安乐?谁为大富贵?谁为恒端严?谁为常丑陋?”
>
> 世尊告曰:“少欲最安乐,知足大富贵,持戒恒端严,破戒常丑陋。”
>
> ……
>
> 天复请曰:“我今犹有疑,请佛为除断。今世往后世,谁极自欺诳?”
>
> 世尊告曰:“若多有珍财,而不能修福,今世往后世,彼极自欺诳。”①

榜题 5:天复覆世间,世间谁所得?谁令舍亲爱?/谁覆障生天?谁非火所烧?风亦不能碎,/谁非火(经文水)所烂?能持谁世间?

该内容表现的是第七问和第八问。即经载:

> 天复请曰:“谁能覆世间?世间谁所魅?谁令舍亲友?谁复障生天?”

①[唐]玄奘译《天请问经》,《大正藏》第 15 册,第 124—125 页。

世尊告曰:“无智覆世间,世间痴所魅,悭贪舍亲友,染着障生天。”

天复请曰:“何物火不烧,风亦不能碎,非水所能烂,能浮持世间?谁能与王贼,勇猛相抗敌,不为人非人,之所来侵夺?”

世尊告曰:“福非火所烧,风亦不能碎,福非水所烂,能浮持世间。福能与王贼,勇猛相抗敌,不为人非人,之所来侵夺。”①

榜题6:世尊告曰:“福非火所烧,水亦不能碎,/□非□□□,能浮□世间?”天复请曰:“谁为善眷/属?谁为恶心怨?云何极重苦?云何第一乐?”

该内容表现的是第八答和第五问。即经载:

天复请曰:“何物火不烧,风亦不能碎,非水所能烂,能浮持世间?谁能与王贼,勇猛相抗敌,不为人非人,之所来侵夺?”

世尊告曰:“福非火所烧,风亦不能碎,福非水所烂,能浮持世间。福能与王贼,勇猛相抗敌,不为人非人,之所来侵夺。”

天复请曰:“谁为善眷属?谁为恶心怨?云何极重苦?云何第一乐?”

世尊告曰:“福为善眷属,罪为恶心怨,地狱极重苦,无生第一乐。”②

---

①[唐]玄奘译《天请问经》,《大正藏》第15册,第124—125页。

②[唐]玄奘译《天请问经》,《大正藏》第15册,第124—125页。

三、《天请问经变》图像特点

第一，第 98 窟《天请问经变》主体画面由中央大型说法图下两组礼拜场景和经变下方左右两铺中型说法图及五组小型说法图合为九次问答。虽然图像符合经典中天神九次问法的场景，然题记所述有所出入，出现有问无答或有答无问或答非所问的情况。如榜题 4 中的第四答和第九问等；还出现跨组问答的情况，如榜题 5 中第八问与榜题 6 中第八答。这是同类题材中很少见到的现象。

第二，第 98 窟《天请问经变》中不见天宫两边乘云而降与乘云而返的天神，亦不见中央说法场景前的乐舞场面，表现较为简洁。莫高窟一些洞窟比较重视对这些画面的表现，如莫高窟第 12、100 窟等，均有这些画面，特别是第 12 窟为了强调天宫乘云往返的天神画面，还存有榜题框。这些内容在经典中并未叙述，是可有可无的画面。

第三，第 98 窟《天请问经变》中央大型说法会背景为青山绿水，表明天神与佛陀的九次问答是在宫殿之外，经中载："一时薄伽梵在室罗筏国，住誓多林给孤独园。"[①]可见，这与经典所述相符，也是其他洞窟中同类题材的表现方式，或受到释迦佛住于灵鹫山说法场面的影响。第 98 窟大型说法图和两组小型说法图还位于水榭亭台之上，其下宝池中朵朵莲花点缀其间。这显然是受到净土变图像的影响。

---

①[唐]玄奘译《天请问经》，《大正藏》第 15 册，第 124 页。

小　结

本章主要针对第98窟南北两壁《阿弥陀经变》《药师经变》《弥勒经变》及《天请问经变》四铺经变,结合笔者实地对这些经变所进行的榜题抄录和示意图绘制,首先梳理了该四铺经变的经典来源和图像源流,然后对每铺经变中的榜题录文定句读,进而结合与榜题所对应的经文,详细释读了经变画中的每个细部情景。接着通过与其他洞窟同类题材的比较研究,分析和总结出了第98窟南北壁该四铺经变的特点。例如《阿弥陀经变》中央佛说法前方平台出现两组乐舞场面,有别于其他洞窟同类题材中仅表现一组的情况;《药师经变》中将十二神将绘成着菩萨装、蓄须男子,而有别于通常穿盔甲作武士装扮的神将;《弥勒经变》在经典的选择上显示出多样性,从该经变仅存的几条榜题可看出,图像绘制的主要依据有义净所译《佛说弥勒下生成佛经》,鸠摩罗什所译《佛说弥勒下生成佛经》,以及沮渠京声《观弥勒上生兜率天宫》等;由《天请问经变》诸多题记可知,天神与佛的九次问答出现有问无答、有答无问、答非所问的情况,还出现跨组问答的情况,这是同类题材中很少见到的现象。

第五章

政治理想：主室东西壁经变图像及其象征性

第98窟主室东壁和西壁分别绘《维摩诘经变》和《劳度叉斗圣变》，它们不但在构图形式上均呈现出左右对坐式的一致性，而且还在政治象征性上表现出一致性。在这一章里，我们将结合曹氏初期政权所面临的两个严峻问题，即曹议金如何取得政权的正统性，以及又将怎样巩固内忧外患的政权，进而讨论他在石窟营建中所采取的措施，即除了在政治上采取尊中原为正朔的主张，以及为幕僚加官进爵、与周边民族和亲等，还通过宗教艺术进一步传达了这些信息。解决曹氏政权面临的这两个重要问题，是曹议金乃至其儿孙后代们不断为之奋斗的政治目标。曹议金功德窟第98窟中大量绘制的供养人画像，就是这些信息的最直接反映。如果说这些画像中的二百多名幕僚传达出曹议金拉拢人心的用意，那么集中出现在门上方《维摩诘经变》中的《方便品》(维摩诘饶益众生)画面，则显示出曹议金通过维摩诘之教化对幕僚们的说教;《劳度叉斗圣变》中舍利弗降伏外道的压倒性力量，则象征着曹议金对政权内外人心的慑服。从拉拢到说教，再到慑服，可谓恩威并重，亦可见曹议金为巩固政权的良苦用心。除了甬道北壁所绘张氏节度使画像，《维摩诘经变》和《劳度叉斗圣变》中代表正义和正统的阵营，也象征着政权的正统性，它们共同为宣扬曹氏政权的正统性起到了积极的作用。

第一节 《维摩诘经变》

一、经典与图像

《维摩诘经》是早期的大乘佛教经典之一。据经录载,汉译有 7 个版本,分别是:1.后汉严佛调所译《古维摩诘经》2 卷(已佚);2.吴支谦所译《佛说维摩诘经》2 卷(存);3.西晋竺法护所译《维摩诘所说法门经》1 卷(已佚);4.西晋竺叔兰所译《毗摩罗诘经》3 卷(今佚);5.东晋祇多蜜所译《维摩诘经》4 卷(已佚);6.后秦鸠摩罗什所译《维摩诘所说经》3 卷(存);7.唐玄奘所译《说无垢称经》6 卷(存)。现存 3 个译本中以罗什本最为流行。据贺世哲研究,敦煌遗书中约 600 多件与《维摩诘经》相关的写本,多以罗什译本为主,敦煌壁画里的《维摩诘经变》,也是依据罗什译本而绘制的。①

唐代张彦远在《历代名画记》中记载了东晋画家顾恺之于建康瓦棺寺里画维摩诘像一躯,并引《京师寺记》曰:“兴宁(363—365)中,瓦棺寺

①贺世哲《敦煌莫高窟壁画中的〈维摩诘经变〉》,《敦煌研究》1982 年第 2 期,第 62 页。

初置……遂闭户往来一月余日，所画维摩诘一躯。”[①]由“一躯”可知顾恺之所绘并非整铺《维摩诘经变》图像。《历代名画记》还载，南朝袁倩始画“维摩诘变一卷”[②]，当是文献所载最早的《维摩诘经变》。然而，这些画卷现均已不存。

现存最早的《维摩诘经变》在连云港孔望山，时间被定为东汉末年，[③]学界存疑。而现存最早有纪年与榜题的《维摩诘经变》绘于炳灵寺 169 窟。该窟存西秦建弘元年(420)的建窟题记。窟中 10 号壁画，中间为一佛，题记为“释迦牟尼佛”，佛右侧立一菩萨，两手残，题记为“维摩诘”；佛左侧图像已剥落，很可能是文殊菩萨。这当是目前发现最早有明确纪年和题记的《维摩诘经变》。北朝时期《维摩诘经变》非常兴盛，仅洛阳龙门石窟就达 129 铺之多[④]，麦积山石窟、云冈石窟等都绘有该经变，唐代四川资中北岩石、天宫寺、夹江千佛崖等石窟也雕、塑有该经变。[⑤]

据《敦煌石窟内容总录》统计，敦煌石窟现存《维摩诘经变》72 铺，其中莫高窟存 67 铺(隋至宋代)；榆林窟存 2 铺，分别是五代和西夏时期作品；肃北五个庙石窟仅存西夏时期的 1 铺作品。在北朝时期的敦煌，《维摩诘经变》并不多见，据 Judy Chungwa Ho 和宁强先生研究，莫高窟西魏第 249 窟窟顶西坡南北两角殿堂中的两人物图像，即为莫高窟最早的

---

①[唐]张彦远《历代名画记》，北京：人民美术出版社，1963 年，第 113—114 页。

②俞剑华注释《历代名画记》卷六，上海：上海人民美术出版社，1964 年，第 134 页。

③刘洪石《秦岭东来第一佛》，《新观察》1981 年第 11 期，第 35—36 页。

④张乃翥《龙门石窟维摩诘变造像及其意义》，《中原文物》1982 年第 3 期，第 40 页。

⑤胡文和《四川道教、佛教石窟艺术》，成都：四川人民出版社，1994 年，第 267—273 页。

《维摩诘经变》。[①]贺世哲先生和萧玉真对此存疑。[②]

学界对敦煌莫高窟《维摩诘经变》研究较多。早期研究多以日本学者为主,如松本荣一《敦煌画の研究》[③]、藤枝晃《维摩变の一场面——变相と变文との关系》[④]及《维摩变の系谱》[⑤]。他们多针对经变与经典间的关系进行讨论。随后国内诸多学者对该课题作了极大的推进,金维诺先生就第 61 窟《维摩诘经变》的画面内容依据榜题作了具体释读。[⑥]贺世哲先生对该窟经变进行了榜题抄录、绘制了各品图像示意图,并对一些细节图像的内涵作了分析。[⑦]邹清泉先生在此基础上对每处榜题的经典来源作了考察。[⑧]沙武田先生认为 S.P.76 画稿是第 98 窟《维摩诘经变》的底稿,[⑨]等等。这些成果为我们研究第 98 窟《维摩诘经变》奠定了厚实的基础。

二、《维摩诘经变》内容释读与图像特点

本窟《维摩诘经变》位于主室东壁,题记均已不存,其构图形式沿袭

---

①Judy Chungwa Ho:*Tunghuang Cave 249*:*Arepresentation of the vimalakirtinirdesa*,PH.D.diss,Yale University,1985; 宁强《上士登仙图与维摩诘经变——莫高窟第 249 窟窟顶壁画再探》,《敦煌研究》1990 年第 1 期,第 36—43、123—124 页。

②贺世哲《敦煌莫高窟壁画中的〈维摩诘经变〉》,《敦煌研究》1982 年第 2 期,第 65 页;萧玉真《中国维摩诘造像的起源与开展——以隋唐敦煌维摩变壁画为研究重心》,台南艺术学院硕士论文,1999 年。

③[日]松本荣一《敦煌画の研究》,东方文化学院东京研究所刊,京都:法藏馆,1937 年。

④[日]藤枝晃《維摩变の一场面——变相と变文との関係》,《佛教艺术》第 34 号,1958 年,第 87—94 页。

⑤[日]藤枝晃《維摩变の系譜》,《東方学報》(京都)第 36 册,1964 年,第 287—303 页。

⑥金维诺《敦煌晚期的维摩变》,《文物》1959 年第 4 期,第 54—60 页。

⑦贺世哲《敦煌莫高窟壁画中的〈维摩诘经变〉》,《敦煌研究》1982 年第 2 期,第 62—87 页。

⑧邹清泉《维摩诘变相研究》,中央美术学院博士学位论文,2009 年。

⑨沙武田《S.P.76〈维摩诘经变稿〉试析——敦煌壁画底稿研究之四》,《敦煌研究》2000 年第 4 期,第 15—18 页。

以往图式，即窟门北侧主要是“维摩诘示疾”，南侧是“文殊问疾”，上部是佛国世界等，最大的不同是在门上集中绘了《方便品》。下面对画面进行详细解读。

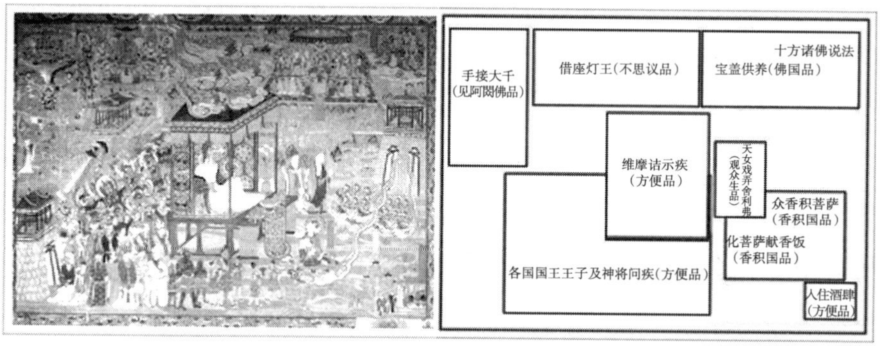

图 5–1 第 98 窟主室东壁门北侧《维摩诘经变》图像及示意图

窟门北侧（图 5–1）：主要绘维摩诘坐于方丈室内，头戴白色纶巾，身披鹤氅裘，右手挥麈尾，左手向前伸出，正与前来问疾的文殊等对话。这是《方便品》中“维摩诘示疾”的场面。维摩诘左前方绘天女和舍利弗，天女左手持羽扇，右手持花，正在戏弄旁边的舍利弗。此画面出自《观众生品》。维摩诘前方绘化菩萨捧钵献香饭，其后众香积菩萨跟随化菩萨来到说法会听法。此画面出自《香积佛品》。维摩诘下方和后方绘各国国王、王子、大臣及神将前来问疾，是《方便品》中的内容。维摩诘右下角绘一酒馆，维摩诘与六男子坐于室内，有的正举起酒杯喝酒，有的正聊天，维摩诘和旁边两男子正望向酒馆外，酒馆外前面一男子手捧酒食前来，后面一男子手舞足蹈。此画面表现的是《方便品》中维摩诘“入诸酒肆，能立其志”①的情景。

维摩诘上部有三个画面，从左到右，第一个画面绘维摩诘“手接大千”的情景，出自《见阿閦佛品》。图中维摩诘右手持麈尾，左手上举，从掌

①[后秦]鸠摩罗什译《维摩诘所说经·方便品》，《大正藏》第 14 册，第 539 页。

上化现出一朵祥云。云里绘八臂阿修罗立于大海之中,水不过膝,头绘圆光;最上两手托物,其中左手托日,日中绘三足乌,右手托月,月中绘桂树;最下面右手持一锥形法器,其余手不持物。阿修罗头顶须弥山,山腰缠绕两身龙女,山上绘宝殿,殿中坐一佛二菩萨及诸神将。画面右边绘“三道宝阶”,沟通天地,宝阶上三世俗装男子正往上攀爬,一天神双手合十立于宝阶口,正准备迎接从毗耶离城来到妙喜世界的人们,即“阎浮提人,亦登其阶,上升忉利,见彼诸天”。①

“手接大千”表现的是释迦告诉舍利弗,维摩诘原本是无动如来治下妙喜国的菩萨。此国是一“极乐世界”,听法众人渴望见到妙喜佛国世界,维摩诘即用神力,举左手“断取妙喜世界,置于此土”,方便众人观之。

《长阿含经》卷二十载阿修罗住在“须弥山北大海水底”②,《见阿閦佛品》中载“大海泉源,须弥诸山”③,阿修罗由是被画师刻画在了壁画中。此形象最早出现在莫高窟西魏第249窟窟顶西坡,随后就被借用到了隋代第262窟《维摩诘经变》中,并处于文殊和维摩的中间位置,以着重强调此形象。至唐代,随着《维摩诘经变》画面的不断丰富,含阿修罗在内的“手接大千”图也不断丰富。如初唐第332窟“手接大千”相比稍早的第220窟,在须弥山腰添加了两条缠绕着的龙。再到晚唐时期,如第9窟,须弥山腰缠绕之龙变为人首龙身,阿修罗也由以往的双臂变为六臂,除上面两手持日月,中间两手持矩与墨斗,下面两手握金刚杵与法轮,最为重要的是增加了“三道宝阶”的内容,使得图像已基本趋同于经文所述内容。此后,同类题材变化不大,基本沿用第9窟图像样式,如五代第98窟“手接大千”图,画面与第9窟非常相像,仅将阿修罗增加至八臂。可见,图像的发展演变是不断丰富与成熟的,这与所依经文有

---

①[后秦]鸠摩罗什译《维摩诘所说经·见阿閦佛品》卷下,《大正藏》第14册,第555页。

②[后秦]佛陀耶舍共竺佛念译《长阿含经》卷二十,《大正藏》第1册,第129页。

③[后秦]鸠摩罗什译《维摩诘所说经·见阿閦佛品》卷下,《大正藏》第14册,第555页。

密切关联。

《见阿閦佛品》中维摩诘心念:“铁围山川溪谷江河,大海泉源,须弥诸山,及日月星宿、天龙鬼神梵天等宫……以其右手断取妙喜世界,置于此土。”①反映的是妙喜世界的内容,这与《佛国品》宝盖中所化现大千世界如出一辙:“又此三千大千世界诸须弥山……铁围山、大铁围山,大海江河、川流泉源,及日月星辰、天宫、龙宫、诸尊神宫,悉现于宝盖中。”②两品图像中都出现须弥山、大海江河、日月星辰、诸神天宫,而阿修罗的形象并未出现在《佛国品》中。阿修罗形象在敦煌石窟中皆出现在《见阿閦佛品》“手接大千”图中是否拥有其他含义,值得思考。

维摩诘上部第二个画面是《不思议品》中的“借座灯王”。图绘一佛二弟子、二菩萨、二天王及二供养菩萨,即表示须弥相世界,其佛号须弥灯王。五个狮子座从该国右边化现而出,飘落至维摩诘方室之上。该画面表示的是维摩诘为舍利弗及听法众,以神通力从须弥灯王佛处借来三万二千狮子座。此图像沿用以往同类题材样式,无太大变化。

维摩诘上部第三个画面是《佛国品》。图绘释迦牟尼为众天人说法场景,下部左右各绘四长者一一持宝盖,表示毗耶离城宝积与五百长者之子俱持宝盖供养佛陀,佛顶绘一巨型宝盖,盖中绘三座须弥山立于大海之中,山旁有日月,山间有树木,树下有两个着世俗装扮的妇女双手合十做供养状。该画面表现的是释迦牟尼将诸宝盖合为一盖,此宝盖可覆三千大千世界,并现大千世界诸相,如须弥山、大海江河、日月星辰、诸尊神宫等。该图中不见“诸尊神宫”,而莫高窟中唐第159窟中出现宫殿的画面,并且同样出现1身女性供养人,这是经典中没有的内容,或以此表示三千大千世界中的人间阎浮提世界。经中还载:“又十方诸佛,诸佛说法,

①[后秦]鸠摩罗什译《维摩诘所说经·见阿閦佛品》卷下,《大正藏》第14册,第555页。
②[后秦]鸠摩罗什译《维摩诘所说经·佛国品》卷上,《大正藏》第14册,第537页。

亦现于宝盖中。”[①]此画面并不见于宝盖之中,但是在整个画面右边彩云之上化现 1 铺说法图,主尊佛侧身朝向“宝盖供养”画面,即表现的是十方诸佛说法的场景。由于说法场景画面过大,宝盖中无法容纳,故画于旁边。“宝盖供养”图中这些丰富的细节内容,在中唐以前是没有的,直到中唐如第 159 窟中方趋于成熟, 并在以后如五代第 98 窟中得以继承和发展,在原来图式的基础上增加了十方诸佛说法场面。

另外,第 98 窟中《佛国品》所绘位置发生很大变化。以往《佛国品》多绘于主室东壁门顶部位置,或维摩文殊对坐中间上部位置,尤其在五代、宋时期,门上部空间十有八九都是《佛国品》,基本成为《佛国品》的专属位置。这应当与《佛国品》在《维摩诘经》中所具的提纲挈领的作用是分不开的。然而,在第 98 窟中,本该绘于门上正中位置的《佛国品》,却被置于偏侧,同“手接大千”“借座灯王”共同置于“维摩诘示疾”画面上方,不但失去中心位置,而且画面显得小了很多。而门上空间被《方便品》中诸多“饶益众生”的画面所替代。其中原因见后文详论。

窟门南侧(图 5-2):画面主要绘文殊师利在众菩萨、天王及大弟子的簇拥下,来到毗耶离城向维摩诘问疾,出自《文殊师利问疾品》。文殊菩

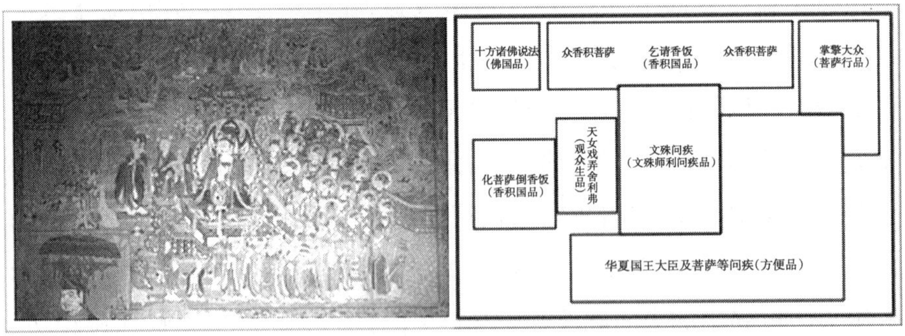

图 5-2 第 98 窟主室东壁门南侧《维摩诘经变》图像及示意图

①[后秦]鸠摩罗什译《维摩诘所说经·佛国品》,《大正藏》第 14 册,第 537 页。

萨头戴冠,身着天衣璎珞,双手合十,坐于方几莲花之上,其右前方为天女戏弄舍利弗,正前方为化菩萨倒香饭,下方为华夏帝王及群臣问疾图。

“文殊问疾”上部有三个画面,第一个画面绘 1 铺化现于云上的小型说法图,与窟门北侧维摩诘上部第三个画面类似,或仍为《佛国品》宝盖中化现的十方诸佛说法图。

第二个画面占有很大面积,位于文殊菩萨正上方,是维摩诘化作菩萨至香积佛国乞请香饭的情景,出自《香积国品》。图绘 1 铺说法图,中间香积佛依坐并上举右手作说法印,左右各簇拥着 4 身听法菩萨和 5 身神将,前方一菩萨跪拜香积佛,当是请香饭的化菩萨。说法图左右各绘乘坐云端的诸多菩萨,正飘向下方,当是跟随化菩萨一同去往毗耶离城听法的九百万香积菩萨,他们同文殊和维摩诘前方虚空云端的香积菩萨连为一体。此《香积国品》很特别,在香积佛说法会前方左边还绘有五长者执宝盖供养,明显是将《佛国品》中的五百长者子持宝盖供养的画面挪用了过来。右边立三人双手合十,第 1 身头戴白色纶巾,身披鹤裘,是维摩诘的形象;第 2 身与左边持宝盖的长者着装相同,当为长者宝积;第 3 身为一僧人。这些内容是《香积佛品》中所没有的内容,画师或借用其他内容对香积佛世界进行了丰富。

第三个画面是《菩萨行品》中维摩诘“掌擎大众”的情景。图中维摩诘左手持麈尾,右手上举,从掌上化现出一朵祥云,云里绘 1 铺“微型维摩诘经变”。据经文,释迦牟尼说法时现瑞应,佛告诉阿难:“是维摩诘、文殊师利,与诸大众恭敬围绕,发意欲来,故先为此瑞应。”随后,“维摩诘即以神力,持诸大众并狮子座,置于右掌,往诣佛所。到已著地,稽首佛足,右绕七匝,一心合掌,在一面立”。①经中“诸大众并狮子座”其实就是指维摩诘与文殊辩法现场,于是敦煌画师通过丰富的想象力,将“掌擎大众”

---

①[后秦]鸠摩罗什译《维摩诘所说经·菩萨行品》卷下,《大正藏》第 14 册,第 553 页。

的情景以“微型维摩诘经变”表现出来，形成了大型《维摩诘经变》中套微型《维摩诘经变》的画面，这无疑是敦煌画师的创举。而《维摩诘经变》中最具有时代特色的地方即为画面最下方的华夏国王与各国王子问疾图，随着朝代更迭，最容易发挥和改变的就是这部分画面。比如在吐蕃时期对吐蕃赞普画像的强调就是一个典型案例。在五代第 98 窟该画面中，维摩诘居右，其下有一男子，着装与本窟甬道供养人画像类似，对面文殊下方有一着汉服戴冠男子，该两身男子的身份判别将在后文论述。

三、《维摩诘经变》新特征与曹议金政治愿景

第 98 窟主室东壁门上绘《维摩诘经变》中的《方便品》，这是目前在莫高窟仅见的将《方便品》绘于门上的案例。此《方便品》由七组画面组成，学界仅关注到其中三组。为此，文章将对这七组图像作进一步释读。笔者发现，该图像表现出一些在其他洞窟中不见的特征：不但集中绘制在《佛国品》经常出现的东壁门上位置，而且在对维摩诘劝化对象的选择上多表现为权贵阶层。结合经典和历史背景，我们认为该现象的出现，反映了在内忧外患的曹氏政权初期，曹议金使用宗教力量维护政权稳定的意图。

（一）《维摩诘经·方便品》图像的内容与特征

第 98 窟主室东壁门上由七组画面组成（图 5–3），对应榜题均已漫漶。《敦煌石窟内容总录》记为《方便品》，[①]贺世哲先生识别了其中一个画面，[②]卢少姗也初步识别了其中两个画面，[③]剩余四个画面尚未被识别。

①敦煌研究院《敦煌石窟内容总录》，北京：文物出版社，1996 年，第 33 页。

②贺世哲《敦煌壁画中的维摩诘经变》，敦煌研究院《敦煌研究文集·敦煌石窟经变篇》，兰州：甘肃人民出版社，2000 年，第 43 页。

③卢少珊《河西地区唐宋时期维摩诘经变细部图像再认识》，《敦煌学辑刊》2015 年第 3 期，第 131—132 页。

笔者将通过实地考察记录和先贤研究成果，对这些画面作进一步释读，尤其是同时代第61窟《维摩诘经变》中的《方便品》,相关画面和榜题清晰可见,可为第98窟图像的识别提供参照。

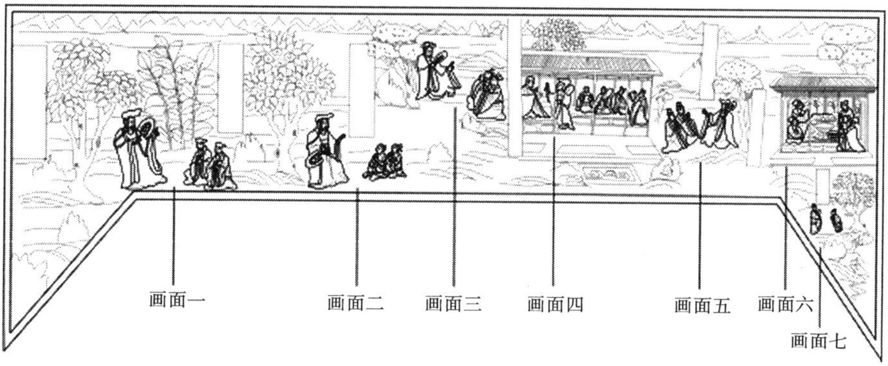

图5-3　第98窟东壁门上《维摩诘经·方便品》线描图(作者绘)

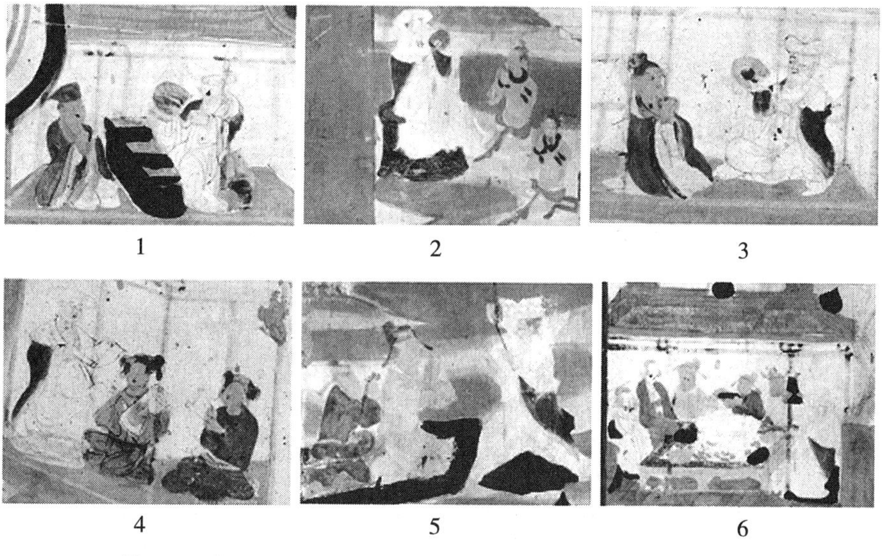

图5-4　莫高窟五代第61窟东壁门北侧《维摩诘经·方便品》诸图像

画面一:维摩诘坐于树下,头戴纶巾,长髯,身披鹤氅裘,右手执麈尾,左手上举,食指伸出;其前跪两男子,身着汉服,头戴冠,蓄须,双手合十。卢少珊将图中跪者的身份表述为“王公贵族”[①]，而莫高窟第 61 窟《维摩诘经变》中（图 5–4–1）一男子所着服饰与第 98 窟该图像相同，亦双手合十，面向维摩诘，题记为：“若在长者，长者中尊，为说胜法，令心惠施，坚求大道。”[②]由此，可进一步确定第 98 窟画面一中男子的身份为长者，表现的是维摩诘为长者说法的情景，即经中：“若在长者，长者中尊，为说胜法。”[③]

画面二：维摩诘前绘两身着帔帛、胡跪状、双手合十的男子。第 61 窟《维摩诘经变》（图 5–4–2）中有两身着帔帛，双手合十胡跪于维摩诘前的男子，题记为：“若在婆罗门，婆罗门中尊，以广说□，度诸……”[④]另外，P.3998 中有众多线描人物，其外形特征与画面二中的造型类似，题记为：“三万二千婆罗门。”[⑤]由此可知，第 98 窟画面二中男子的身份为婆罗门，表现的是维摩诘教化婆罗门的情景，即经中：“若在婆罗门，婆罗门中尊，除其我慢。”[⑥]

画面三：维摩诘左手指向跪在其前的两身男子，两男子身着宽袍大袖，未蓄须，相貌年轻，双手合十，抬头注视维摩诘。第 61 窟亦有服饰、相貌及姿态相同的人物，只不过跪状人物表现为一身（图 5–4–3），题记为：“若在王子，王子中尊，示其忠孝▭”[⑦]，可知画面三中的男子身份为

①卢少珊《河西地区唐宋时期维摩诘经变细部图像再认识》，《敦煌学辑刊》2015 年第 3 期，第 131 页。

②贺世哲《敦煌壁画中的维摩诘经变》，敦煌研究院《敦煌研究文集·敦煌石窟经变篇》，兰州：甘肃人民出版社，2000 年，第 55 页。

③[后秦]鸠摩罗什译《维摩诘所说经·方便品》，《大正藏》第 14 册，第 539 页。

④贺世哲《敦煌壁画中的维摩诘经变》，敦煌研究院《敦煌研究文集·敦煌石窟经变篇》，兰州：甘肃人民出版社，2000 年，第 57 页。

⑤《敦煌艺术 200 幅壁画和彩塑》，台北：里仁书局，1981 年，图版 28。

⑥[后秦]鸠摩罗什译《维摩诘所说经·方便品》，《大正藏》第 14 册，第 539 页。

⑦贺世哲《敦煌壁画中的维摩诘经变》，敦煌研究院《敦煌研究文集·敦煌石窟经变篇》，兰州：甘肃人民出版社，2000 年，第 55 页。

王子，表现的是维摩诘示以王子忠孝的情景，即经中："若在王子，王子中尊，示以忠孝。"[①]

画面四：图绘一屋内端坐一僧，僧侧榻上坐四人。维摩诘左手执麈尾，右手上举，与僧人做交谈状。旁侧四男子相貌年轻，身着宽袍大袖，手持书卷，神态各异。左起第1身男子端坐，双手执书卷于面前，目视书卷；第2身男子收起书卷，左手抱于胸前，右手扶于腿上，目视僧人和维摩诘；第3身男子身体和头部微倾，双手所执书卷置于榻上；第4身男子亦双手执书卷于面前，却目视僧人和维摩诘。此四人不戴冠，第4身头上依稀可见双髻，贺世哲先生认为这4身男子是僧人的学徒，整个画面表现的是维摩诘至学堂启蒙学童的情景，[②]即经中"入诸学堂，诱开童蒙"。[③]类似的画面亦出现在第61窟中（图5-4-4），图绘维摩诘双手持书卷，正为面前手捧书卷的学童讲授，这里将僧人直接换成了维摩诘，学童变为两身。因榜题漫漶，从画面内容推测仍是维摩诘至学堂为学童讲法的情景。

画面五：图绘两男子跪于维摩诘前，身着宽袍大袖，头戴黑色硬裹方顶幞头，短须，相貌显老，双手合十，目视维摩诘。该两男子冠饰与本窟《维摩诘经变》文殊菩萨下方"中原帝王、群臣问疾图"中所绘大臣一致；另外，第61窟中（图5-4-5）有两跪于维摩诘前的男子，衣着特征等与第98窟该画面相同，题记为："若在大臣，大臣大尊，维摩诘以正法教，理诸人民，无有差□。"[④]由此可知画面五中男子的身份为大臣，表现的是维摩

①[后秦]鸠摩罗什译《维摩诘所说经·方便品》，《大正藏》第14册，第539页。

②贺世哲《敦煌壁画中的维摩诘经变》，敦煌研究院《敦煌研究文集·敦煌石窟经变篇》，兰州：甘肃人民出版社，2000年，第55页。

③[后秦]鸠摩罗什译《维摩诘所说经·方便品》，《大正藏》第14册，第539页。

④贺世哲《敦煌壁画中的维摩诘经变》，敦煌研究院《敦煌研究文集·敦煌石窟经变篇》，兰州：甘肃人民出版社，2000年，第57页。

诘为大臣教以正法的情景,即经中:“若在大臣,大臣中尊,教以正法。”[①]

画面六:图绘一屋舍,内有一床榻,榻上纵向置一长桌,上有食物,桌右边坐维摩诘和一男子,左边坐两妇人,身着华丽服装,发髻繁复,正在聆听对面维摩诘的教导。第61窟中(图5-4-6)亦有类似画面,一屋内桌前坐于维摩诘对面的两妇人着装发髻同第98窟,题记为:“若在内官,内官中尊,示以正法,化诸宫女,尽得果□。”[②]由此可知该两身妇人的身份是宫女,画面表现的当是维摩诘至宫中教导宫女,即经中:“若在内官,内官中尊,化政宫女。”[③]

画面七:该画面中不见维摩诘,仅见两男子于树下相向而立,均身着宽袍大袖,头戴黑色硬裹方顶幞头,左边一人双手合十,右边一人身体显小并向前躬腰,似表现两位有臣属关系的官员。此图像在《方便品》中未找到相关依据。

以上我们对图像进行了释读,可明确前六个画面是《方便品》中维摩诘“游诸四衢”,以无量方便“饶益众生”的内容,即维摩诘为不同人说教的场景,说教对象分别是长者、婆罗门、王子、大臣、学童、宫女。虽第七个画面在经典中无明确对应内容,但从他们的着装特征可辨其为官员。综上可见,这些图像中,维摩诘所教化对象以权贵阶层为主。

该《方便品》的画面布局和内容选择均呈现出特殊之处,现结合相关材料进一步对该图像的特征作一阐释:

第一,在画面布局上,第98窟《维摩诘经变》是目前在莫高窟所发现唯一一例将《方便品》中维摩诘“饶益众生”的画面集中绘于主室东壁门上的案例。据《敦煌石窟内容总录》中所收《维摩诘经变》,莫高窟主室整

---

①[后秦]鸠摩罗什译《维摩诘所说经·方便品》,《大正藏》第14册,第539页。

②贺世哲《敦煌壁画中的维摩诘经变》,敦煌研究院《敦煌研究文集·敦煌石窟经变篇》,兰州:甘肃人民出版社,2000年,第57页。

③[后秦]鸠摩罗什译《维摩诘所说经·方便品》,《大正藏》第14册,第539页。

个东壁独绘《维摩诘经变》的洞窟共有 13 个，分别是初唐第 220 窟，盛唐第 103 窟，中唐第 159、360、237 窟，晚唐第 369 窟，五代第 6、61、108、121、146、98 窟，宋代第 454 窟。除初唐第 220 窟主室东壁门上绘《法供养品》，以及五代第 98 窟绘《方便品》，其余 11 铺皆绘《佛国品》。贺世哲先生曾指出："此窟（第 98 窟）的构图布局也有点特别。多数窟内窟门上部画《佛国品》……而此窟则画《方便品》。"[①]另外，《方便品》中维摩诘"饶益众生"的内容，在莫高窟其他洞窟中，或置于经变的最下方，以屏风画的形式出现，如中唐第 159、360 窟等，或零散地穿插在整铺经变中，如五代第 61 窟等。因此，第 98 窟中该品在整铺经变中的布局显得尤为特殊。

第二，《维摩诘经变》中的《方便品》图像所绘内容主要有三：其一是维摩诘现身有疾，国王大臣等前往探病；其二是维摩诘至不同场所施教，包括学堂、酒肆、讲论处、博弈处等地，以及度化居士、长者、大臣、王子、婆罗门、刹帝利、帝释天等不同阶层人物；其三是维摩诘所讲抽象义理的形象化表现，常将身体作种种譬喻，即身如瓦砾、如水、如镜中像、如毒蛇等。第一部分是《维摩诘经变》必不可少需表现的内容，而后两部分则可有选择性地进行表现。第 98 窟《维摩诘经变》在表现内容上，除表现必不可少的第一部分，还选取了后两部分内容中的前者，即维摩诘在不同场所施教度人，而不见表现抽象义理的譬喻题材，同时还对维摩诘在不同场所施教度人的内容进一步选择，仅见长者、婆罗门、王子、大臣、学童、宫女这些现实社会中的形象，并且他们多为权贵阶层（不见梵天、帝释、刹帝利等天众形象）。而在其他洞窟中维摩诘施教度人的内容和表现抽象义理的譬喻题材被参杂在一起表现，最典型的代表是第 61 窟。因此，第 98 窟《维摩诘经变》在《方便品》内容的选择上显得很独特，选择了《方

①贺世哲《敦煌壁画中的维摩诘经变》，敦煌研究院《敦煌研究文集·敦煌石窟经变篇》，兰州：甘肃人民出版社，2000 年，第 43 页。

便品》中具有现实意义的说教题材,而不见维摩诘教化的诸天众形象和表现抽象义理的譬喻题材。

(二)《维摩诘经·方便品》图像与曹氏政权

第98窟《维摩诘经变》中《方便品》图像表现出的独特性,我们认为或与窟主曹氏归义军首任节度使曹议金的执政背景有关。

914年,曹议金取代西汉敦煌国,重新恢复了归义军藩镇建制,并奉中原王朝为正朔,从此进入曹氏归义军时代。然而,曹氏政权初期面临着诸多困难和挑战。第一,周边少数民族对曹氏政权的威胁。如曹议金仍履行着在张承奉时代与东面甘州回鹘签订的"父子之约"①;据P.2970可知,曹议金在东征甘州回鹘的战役中,北面达怛曾助回鹘反扑归义军②;位居沙州之南的南山部族也对曹氏政权产生一定的威胁,P.3835V和S.2578揭示出南山人对曹氏人畜和使节的掠夺③。第二,第98窟建窟发愿文P.3781中反映出曹氏归义军初期政权的不稳定性④。由于曹氏归义军政权初期的现状很不乐观,维护和巩固政权稳定性的意愿显得非常迫切。

该意愿在第98窟壁画中被表现了出来。如曹议金将多达二百余名幕僚的供养人像绘制在了自己的功德窟中,这是以往莫高窟不曾出现的情况,其明显具有拉拢人心、凝聚政权力量的特殊意义。郑雨、荣新江先生认为这是曹议金的良苦用心,是用来巩固曹氏政权的一项重要措施。⑤该窟主室南壁西段最下面还画有36身僧官均为法律,而法律则是负责

---

①孙修身《试论瓜沙曹氏与甘州回鹘之关系》,段文杰等《1990年敦煌学国际研讨会文集》,沈阳:辽宁美术出版社,1995年,第100页。

②冯培红《敦煌的归义军时代》,兰州:甘肃教育出版社,2013年,第388页。

③冯培红《敦煌的归义军时代》,兰州:甘肃教育出版社,2013年,第367页。

④马德《曹氏三大窟营建的社会背景》,《敦煌研究》1991年第1期,第21页。

⑤郑雨《莫高窟第九十八窟的历史背景与时代精神》,《九州学刊》第4卷第4期,1992年,第35—43页;荣新江《关于曹氏归义军首任节度使的几个问题》,《敦煌研究》1993年第2期,第49—52页。

具体事务的中层执行僧官，一般驻于诸寺，直接监管各个寺院的事务，掌握着僧界的实际权力。[①]这是曹议金拉拢宗教力量以巩固政权的举措。另外，甬道北壁所绘张氏归义军时期的多位节度使画像，由现存题记可知，西起第1身和第3身分别是已故归义军节度使张议潮和索勋的画像。据贺世哲先生研究，"索勋是张议潮的女婿，曹议金是索勋的女婿，曹议金随夫人索氏称张议潮为'外王父'"。[②]曹议金把与自己有姻亲关系的张、索诸任已故节度使绘于自己的功德窟，用以彰显他是张氏归义军的合法继承人，曹氏归义军是张氏政权的延续。因此，在第98窟中，通过视觉图像表现曹氏政权初期的现状，用以维护和巩固政权稳定性的意愿是存在的。

第98窟《维摩诘经变》中《方便品》图像的独特性，也同样体现出类似的意愿。经中载："方便品下九品如大臣行事。"[③]意思是《方便品》中的诸多内容"如大臣行事"，这是用现实宫廷世界中的政治事务来比喻《维摩诘经》中的宗教内容，反映出政治与宗教之间的密切关系。无独有偶，唐太宗就曾敕令玄奘"脱须菩提之染服，挂维摩诘之素衣""致之左右，共谋朝政"，[④]进一步说明维摩诘与朝政之间的关系。另外，维摩诘所戴白纶巾上有一条"天河带"，而该"天河带"本是皇帝的装束之一，[⑤]却用在了维摩诘的首服上，可见维摩诘与皇室贵族间的关联。表明无论是该经典还是图像，其本身都与政权存在一定联系，可成为揭开第98窟《维摩诘经变》中《方便品》独特性的入口。

上文已提到，P.3781是第98窟窟顶发愿文，文载："府僚大将，各尽

①[日]竺沙雅章《增訂版中國佛教社會史研究》后编《敦煌佛教教團の研究》第一章《敦煌の僧官制度》，京都：朋友书店，2002年，第378—389页。

②贺世哲《从供养人题记看莫高窟部分洞窟的营建年代》，敦煌研究院《敦煌莫高窟供养人题记》，北京：文物出版社，1986年，第217页。

③[唐]道液撰《净名经关中释抄》卷上，《大正藏》第85册，第516页。

④[唐]慧立、彦悰笺《大唐大慈恩寺三藏法师传》卷六，《大正藏》第50册，第255页。

⑤周锡保《中国古代服饰史》，北京：中国戏剧出版社，1984年，第34页。

节于辕门；亲从之官，务均平而奉主。”反映出曹议金对幕僚官员等人的说教与期望。而第98窟《维摩诘经变》中《方便品》表现的是维摩诘为众人说教的画面，说教对象只有长者、婆罗门、王子、大臣、学童、宫女这些现实社会中的人物，即说以长者和婆罗门胜法，教以太子忠孝、大臣正法、学童开悟、宫女化政，而不见维摩诘教化的诸天众形象和表现抽象义理的譬喻题材。我们发现这些说教对象的身份多数是权贵阶层，这与发愿文P.3781中被曹议金说教的“府僚大将”“亲从之官”，以及第98窟因政权稳定建设而绘两百多身幕僚等画像身份有重合之处。在曹氏政权初期面临内忧外患的形势下，第98窟《方便品》绘于《维摩诘经变》中较为重要的位置，集中且仅表现维摩诘为权贵阶层说教的多个画面，结合经典和图像本身与政治间的关联，我们会发现第98窟《方便品》这一特殊图像的绘制，表现出曹氏政权初期曹议金希望各级文武大将、亲从之官以及贵族阶层团结一致，恪守职责，共同维护政权稳定的意愿。

综上所述，第98窟《维摩诘经变》中《方便品》图像表现出的特征，与曹氏归义军初期政权的现状密切相关。《方便品》不但集中绘置在以往《佛国品》所专属的重要位置，而且在维摩诘“饶益众生”的对象选择上很有特点。维摩诘说教的对象多为当时现实社会中的权贵人物，如王子、大臣、宫女、僧官等，这与曹氏政权中的政要人物相呼应。结合曹氏政权初期内忧外患的政治环境，及曹议金功德窟第98窟发愿文P.3781中所表达出的政治愿景：“府僚大将，各尽节于辕门；亲从之官，务均平而奉主。”这是窟主借用宗教的力量，通过《方便品》图像中维摩诘对特定人物的说教内容，表达出曹议金希望幕僚等权贵阶层能够齐心协力，共同振兴归义军政权的意愿。

四、《维摩诘经·菩萨行品》图像中的政治因素

在第98窟东壁《维摩诘经变》中，《菩萨行品》位于右上角，其是用微

型化的《维摩诘经变》来表现“掌擎大众”。“掌擎大众”图像在敦煌《维摩诘经变》中共有 18 铺（表 5–1），时间跨度较长，从初唐开始一直延续至宋代。其中有 17 铺以“微型维摩诘经变”的图像样式来表现，唯盛唐第 103 窟以七佛的形式进行表现。可见，敦煌画师对“掌擎大众”的理解和表现出现差异。显然“微型维摩诘经变”更能直观地表现出“掌擎大众”的内容，故历史选择了前者而舍弃了后者。该《菩萨行品》中变化最大的部分是文殊维摩下部的华夏帝王与各国王子问疾图，具有很强的时代特色。如中唐吐蕃时期着重强化吐蕃赞普画像，将其置于各国王子的最前面；晚唐时期在大型的维摩诘经变中将吐蕃赞普置于各国王子中间，不再刻意强调，但却在“微型维摩诘经变”中刻意强调，并将其置于中心位置（如晚唐第 9 窟，见图 5–5）。据魏健鹏研究，认为很可能是遗留在张氏归义军时期的吐蕃赞普的旧部刻意所为，表达了对吐蕃时代的怀念。[①]如此，便隐藏了一种私密的政治情结。第 98 窟微型维摩诘经变中的这一部分，同样做出相应处理，其中所隐藏的秘密，是否与曹氏归义军政权有关？现通过对画面中一些人物身份的细致判别进行讨论。

表 5–1　敦煌莫高窟《维摩诘经·菩萨行品》图像统计

<table>
<tr><th></th><th>绘《菩萨行品》“掌擎大众”洞窟</th><th>主要特点</th><th>合计</th></tr>
<tr><td>隋</td><td>——</td><td>——</td><td rowspan="7">18</td></tr>
<tr><td>初唐</td><td>332、335</td><td>无释迦牟尼佛</td></tr>
<tr><td>盛唐</td><td>103</td><td>用七佛表现画面</td></tr>
<tr><td>中唐</td><td>159、359、360、237、240、231</td><td>强调吐蕃赞普像</td></tr>
<tr><td>晚唐</td><td>85、138、9</td><td>强调吐蕃赞普像</td></tr>
<tr><td>五代</td><td>98、6、61、146</td><td rowspan="2">绘汉人装官僚</td></tr>
<tr><td>宋</td><td>454、25</td></tr>
</table>

①魏健鹏《生天与净土：莫高窟第 9 窟研究》，兰州大学硕士学位论文，2012 年，第 44—47 页。

图 5-5　莫高窟晚唐第 9 窟《维摩诘经·菩萨行品》之“掌擎大众”图像

前文已论,第 98 窟《菩萨行品》中维摩诘“掌擎大众”的情景,是用一铺“微型维摩诘经变”表现的。图中(图 5-6)释迦牟尼坐于画面中上方,其下左右两边分别是“文殊问疾”和“维摩诘示疾”,各自前上方绘有“天女戏弄舍利弗”画面,维摩诘方室上方还绘有两个狮子座。这些内容与大型《维摩诘经变》中的画面基本相同。而变化最大的地方是维摩诘和文殊下部的图像,没有了华夏帝王和各国王子问疾的画面。文殊后下方立五位僧人,正下方又绘四人,前两身男子着装与大型《维摩诘经变》中华夏帝王旁边的大臣一致,当为大臣,双手合十,正朝向佛陀礼拜;后面两身一男一女,男前女后,男子头戴硬裹方顶平脚幞头,身穿红褐色圆领宽袍大袖服饰,脸型显方,这些特征与本窟甬道南壁西起第一身曹议金的画像极其相似,加之其身后立一服饰、发髻华丽的贵妇,在曹议金功德窟中,最有可能出现的也只能是曹议金夫妇。他们双手合十,视线流向对面维摩诘下方同样装束的一身男子。

维摩诘下方该身男子同样双手合十,眼神与对面曹议金夫妇形成交流。从装束来看与对面曹议金相同,该男子地位与曹议金不分上下,他们又处于同一水平线上并相对而立，这与本窟甬道南北壁西起第一身曹议金像和张议潮像相对而立如出一辙，故该身男子很可能就是张议潮，而曹议金身后的夫人当是张议潮的外孙女、索勋的女儿，即曹议金的索氏夫人。另外，维摩诘下方同样绘两身大臣立于张议潮前上方，双手合十，朝向佛陀礼拜，维摩诘后下方还绘两身僧人。

该“微型维摩诘变”最下方三个人物的最大特点是相对而立于同一水平线上并互相注视着对方，他们之间形成一种无形的互动与交流。而

图 5-6　第 98 窟东壁门南侧上方《维摩诘经·菩萨行品》之“掌擎大众”及细部图像

他们周边各自的大臣、僧人等,又与中间上方的释迦牟尼佛形成互动。如此,画面下方的这三个人物便显得格外出众。

我们知道,一般在"文殊菩萨问疾"的下方绘华夏帝王及大臣,代表着中原正统。此处将曹议金夫妇、大臣和僧人置于该位置,表达了曹议金尊中原为正朔的政治主张;选择宋氏夫人在身边,以体现其与对面张议潮之间的姻亲关系,通过这层关系,表达出曹氏政权的合法继承性。这或许便是格外突出原因之所在。

图像中间上方的释迦牟尼佛代表的是《佛国品》"如王宣正令"的角色,此处或象征着中原后梁帝王,形象地反映出曹议金尊中原为正朔,并极力希望中原帝王能够尽快授予其归义军节度使旌节的政治宏愿。

曹议金自 914 年上任至 924 年这十年间,在敦煌莫高窟营建了自己的功德窟第 98 窟。这十年间,曹议金曾多次朝贡中原,但 P.4638V 和 P.2945 两件文书表明,曹议金未能被正式册封为节度使,也就是说曹氏政权的合法性仍未得到官方承认。为解决这一问题,曹议金在甬道南北壁绘制张氏和曹氏供养人画像,以证明曹氏政权的合法性。同样这种政治愿望又在《维摩诘经·菩萨行品》中被表达了出来。可见曹议金对初期归义军政权的建设相当重视,在功德窟壁画中进行了反复表达和强调。

综上所述,第 98 窟《维摩诘经变》中《方便品》和《菩萨行品》图像新特征的出现,与曹氏归义军初期政权的现状密切相关。关于《方便品》,如前所述,曹议金是在借助宗教的力量,通过《方便品》图像中维摩诘对特定人物的说教内容,表达出曹氏希望幕僚能够齐心协力,助其振兴归义军政权的志向。而《菩萨行品》则是一幅"微型维摩诘经变"。通过对莫高窟同类题材的梳理,我们发现其中蕴含着具有时代特征的政治信息。特别是第 98 窟中该品图像最下方三位人物形象,通过与本窟甬道供养人形象比对,他们的冠式、服饰及脸型非常相似,很可能是曹议金夫妇和张议潮,他们相对而立并形成视线的互动与交流。立于曹议金身后的夫人着汉装，很可能是张议潮的外孙女、索勋的女儿，即曹议金的索氏夫人。曹议金正是以这种复杂的姻亲关系作为纽带，表达出曹氏归义军对张氏政权的合法继承性。

第二节 《劳度叉斗圣变》

一、经典与图像

对于出自敦煌藏经洞的《降魔变文》,周绍良[1]、王重民[2]、潘重规[3]、黄征[4]、项楚[5]等先生先后进行了整理、校录及汇辑。李永宁和蔡伟堂二位先生研究认为,讲唱文学《降魔变文》是据《贤愚经·须达起精舍缘品》演变而成,敦煌壁画中晚唐之后的《劳度叉斗圣变》是依《降魔变文》而绘制。[6]该观点得到学界普遍认同。

《劳度叉斗圣变》又称《祇园记图》,这是由于学界对变相所关注的侧重点不同而名称有异。敦煌石窟中现存《劳度叉斗圣变》共19铺。该变相

①周绍良《敦煌变文汇录》,上海:上海出版公司,1954年。

②王重民等《敦煌变文集》,北京:人民文学出版社,1957年。

③潘重规《敦煌变文集新书》,台北:中国文化大学中文研究所,1984年。

④黄征、张涌泉《敦煌变文校注》,北京:中华书局,1997年。

⑤项楚《敦煌变文选注》(增订本),北京:中华书局,2006年。

⑥李永宁、蔡伟堂《〈降魔变文〉与敦煌壁画中的"劳度叉斗圣变"》,敦煌研究院《敦煌研究文集·敦煌石窟经变篇》,兰州:甘肃人民出版社,2000年,第340页。

在敦煌最早出现于西千佛洞北周时期第 12 窟，随后绘于莫高窟初唐第 335 窟,盛唐、中唐时期不再出现,直到晚唐时期重新开始流行,延续到西夏时期。其中晚唐占 4 铺(莫高窟第 85、94、196、9 窟);五代、宋、曹氏归义军时期所占比例最大,达 12 铺(莫高窟第 53、72、98、108、146、342、25、55、454 窟,榆林窟第 16、19、32 窟);肃北五个庙石窟仅占 1 铺,即西夏时期第 3 窟。

该图像最早在公元前 2 世纪的印度就已出现在巴尔胡特塔的栏楯上面,以面积较小的圆形构图,仅表现出须达以黄金从太子祇陀处购园建精舍的内容(图 5-7)。与之相比,中国的《劳度叉斗圣变》有如下三个明显特征:第一,敦煌西千佛洞北周第 12 窟(图 5-8)中的这一变相,作为中国境内所发现的最早一铺,由其图像中首次增加“斗法”情节并占到总面积的一半可知,斗法情节已与“购园”情节受到同等重视。其在该图像发展演变史上具有承上启下的过渡作用。第二, 从莫高窟初唐第 335 窟开始,该变相侧重于对“斗法”情节的表现,“斗法”成为中心画面。第三,该图像性质改变。印度巴尔胡特及中国早期该图像是依据《贤愚经·须达起精舍缘品》而绘制,倾向于故事画类别。而敦煌晚唐以后的作品是依据《降魔变文》绘制,反映出中国晚期佛教美术作品创作的新现象,同时,其绘制面积和地位等同于经变画,独立性更强。第四,在敦煌石窟中该变相在盛唐、中唐时期出现断层,但在五代宋时期大规模流行。

图 5-7 公元前 2 世纪印度巴尔胡特栏楯浮雕《祇园记图》

图 5-8 敦煌西千佛洞北周第 12 窟《劳度叉斗圣变》线描图

对于《劳度叉斗圣变》图像的研究,成果颇多,其中最重要的有松本荣一《敦煌地区流行的劳度叉斗圣变相》①,秋山光和《敦煌本降魔变〈劳度叉斗圣变〉绘画考》《敦煌变文与绘画——再以劳度叉斗圣变为中心》《劳度叉斗圣变黑白描粉本与敦煌壁画》三文②,金维诺《敦煌壁画祇园记图考》和《祇园记图与变文》二文③,李永宁、蔡伟堂《〈降魔变文〉与敦煌壁画中的“劳度叉斗圣变”》④,殷光明《从“祇园精舍图”到“劳度叉斗圣变”的主题转变与佛道之争》⑤,巫鸿《何为变相?——兼论敦煌艺术与

①[日]松本荣一《敦煌地区流行的劳度叉斗圣变相》,《佛教美术》第 19 号,1933 年 10 月。

②[日]秋山光和《敦煌本降魔变〈劳度叉斗圣变〉绘画考》,《美术研究》第 187 号,1956 年 7 月;《敦煌变文与绘画——再以劳度叉斗圣变为中心》,《美术研究》第 211 号,1960 年 7 月;《劳度叉斗圣变黑白描粉本与敦煌壁画》,《东京大学文学部文化交流研究设施研究纪要》第 2 卷 3 号,1979 年 3 月。

③金维诺《敦煌壁画祇园记图考》,《文物参考资料》1958 年第 10 期;《祇园记图与变文》,《文物参考资料》1958 年第 11 期。

④李永宁、蔡伟堂《〈降魔变文〉与敦煌壁画中的“劳度叉斗圣变”》,敦煌研究院《敦煌研究文集·敦煌石窟经变篇》,兰州:甘肃人民出版社,2000 年,第 329—396 页。

⑤殷光明《从“祇园精舍图”到“劳度叉斗圣变”的主题转变与佛道之争》,《敦煌研究》2001 年第 2 期,第 4—13 页。

敦煌文学的关系》[1],李晓青和沙武田《劳度叉斗圣变未出现于敦煌吐蕃时期洞窟原因试析》[2],以及顾淑彦《敦煌石窟中劳度叉斗圣变消失与再现原因再探》[3]。

这些成果的主要贡献表现在如下三个方面:第一,对敦煌地区的《劳度叉斗圣变》及相关资料进行了较为翔实地整理和披露;第二,对敦煌地区《劳度叉斗圣变》的发展演变过程作了梳理;第三,对变相与变文之间的关系作了非常深入的探讨;第四,对该经变图像在不同历史背景下出现的原因作了分析。这些丰硕的研究成果为我们继续探讨第 98 窟《劳度叉斗圣变》的特点及出现的原因奠定了坚实的基础。曹氏归义军时期,大量出现该经变的原因还有进一步探讨的空间,笔者认为其原因与曹氏第一窟第 98 窟密切关联。

二、《劳度叉斗圣变》内容释读与图像特点

《劳度叉斗圣变》最主要的内容包括两部分。第一部分是须达以黄金购园建精舍:舍卫国有一大臣须达去王舍城为子求妻,遇释迦后皈依并请佛至舍卫国说法,佛便让大弟子舍利弗与须达同去舍卫国选地建精舍。他们至舍卫国选中了太子祇陀之园,须达愿以黄金布地买下太子祇园,太子为其诚心所动,愿赠祇园之树与须达共建精舍。第二部分是劳度叉与舍利弗斗法:六师外道闻讯后启奏国王要与沙门斗法,沙门若胜方可建精舍。国王便设法场允许沙门的代表舍利弗和六师外道的代表劳度

①[美]巫鸿著,郑岩等译《何为变相? ——兼论敦煌艺术与敦煌文学的关系》,载《礼仪中的美术——巫鸿中国古代美术史文编》(下卷),北京:三联书店,2005 年,第 346—404 页。

②李晓青、沙武田《劳度叉斗圣变未出现于敦煌吐蕃时期洞窟原因试析》,《西藏研究》2010 年第 2 期,第 73—82 页。

③顾淑彦《敦煌石窟中劳度叉斗圣变消失与再现原因再探》,《敦煌研究》2016 年第 3 期,第 52—58 页。

叉斗法。通过多次神变斗法,最终以沙门代表舍利弗大获全胜,以六师外道皈依佛门而告终。

第98窟除了以上两部分常规内容,还增加了许多新的内容。这些内容有的是从原有内容的基础上发展而来,有的是以全新的面貌呈现在画面中。这是《降魔变文》中所没有的,很明显是敦煌艺术家们创造出来的内容。多数《劳度叉斗圣变》图像的绘制所据来源是变文而非佛典,这在敦煌艺术中就很具有特殊性,再加之图像中新增了许多变文中也不存在的内容,就显得更为特殊。研究《劳度叉斗圣变》图像艺术创造的来龙去脉,可让我们能够充分认识该变相在佛教美术史上所拥有的独特价值。

我们将做如下工作:第一,鉴于《劳度叉斗圣变》榜题对敦煌艺术和俗文学的研究有着非常重要的价值,笔者特对第98窟该变相榜题进行了实地勘查和重新抄录,并结合李永宁、蔡伟堂、巫鸿等先生的成果[①],以及参照项楚先生的《敦煌变文选注》[②],将误录、漏录、残缺的榜题尽可能地还原并定句读。第二,结合榜题对壁画内容作了详细的图像学描述,并与同类洞窟壁画进行比对分析,点明了第98窟该变相的一些特点;同时,通过同类壁画推测出第98窟该变相左上角和右上角现已脱落部分

①李永宁和蔡伟堂二先生于20世纪80年代,对敦煌莫高窟第9、85、196、98等窟的《劳度叉斗圣变》榜题进行了抄录,保留了如今已在壁画榜题中看不到的内容;巫鸿先生专门对敦煌晚期的降魔图像题记进行了研究,其中涉及第98窟该变相题记,记录了李永宁和蔡伟堂二先生未抄录的榜题。分别见李永宁、蔡伟堂《〈降魔变文〉与敦煌壁画中的“劳度叉斗圣变”》,《1983年全国敦煌学术讨论会文集·石窟·艺术编》,兰州:甘肃人民出版社,1985年,第165—234页;另见敦煌研究院《敦煌研究文集·敦煌石窟经变篇》,兰州:甘肃人民出版社,2000年,第329—396页;[美]巫鸿著,郑岩等译《何为变相?——兼论敦煌艺术与敦煌文学的关系》附录《敦煌晚期“降魔”壁画题记的研究》,载《礼仪中的美术——巫鸿中国古代美术史文编》(下卷),北京:三联书店,2005年,第390—404页。

②项楚《敦煌变文选注》(增订本),北京:中华书局,2006年。

的画面。第三，依据图像的视觉叙事逻辑[①]将画面划分为上下左右及中间五个部分（图 5-9）进行阐释。第四，对变相中新增画面在没有文本可依的情况下，探讨敦煌艺术家们创作灵感的来源问题。

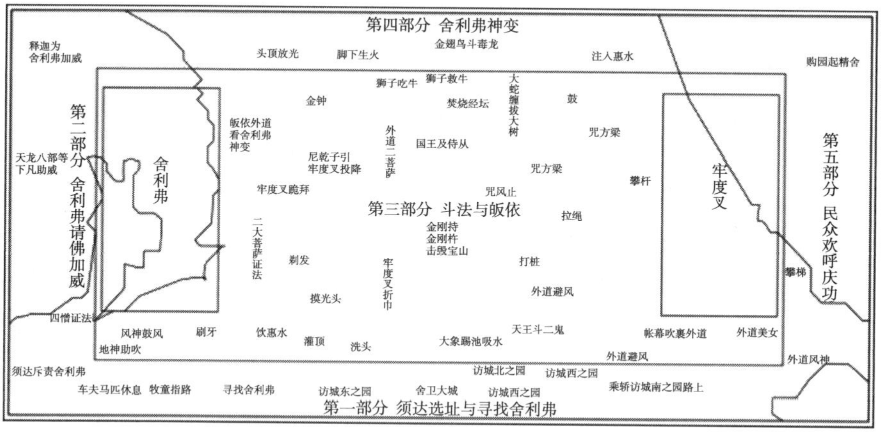

图 5-9　第 98 窟主室西壁《劳度叉斗圣变》情节示意图（作者绘）

第一部分：须达选址购园起精舍与寻找舍利弗

该部分位于画面最下方表示地的空间位置，主要绘须达选址和寻找舍利弗的场景。具体内容如下（注：榜题中“/”表示壁画中换行；框中字是结合《敦煌变文选注》或同类题材洞窟榜题补录；转录李永宁或巫鸿所录，会在录文后面括号标注，也表示该部分榜题在壁画中现已漫漶或脱落；与第 98 窟该变相具有相同榜题的洞窟，在录文括号后进行了标注；“□”和“　　　”表示确实无法还原的内容）：

（A）选址购园起精舍

（1）舍利弗丞教勅（敕），选二壮象，上安 / 楼阁，不经数日，至舍卫大

---

①观者如何观看敦煌壁画？巫鸿先生以第 196 窟《劳度叉斗圣变》为例作了精辟的论述，认为图像的观看有其自身的视觉观看逻辑，而非文学上时间性的认读逻辑。见[美]巫鸿著，郑岩等译《何为变相？——兼论敦煌艺术与敦煌文学的关系》，《礼仪中的美术——巫鸿中国古代美术史文编》（下卷），北京：三联书店，2005 年，第 381—389 页。

城，遂 / 与圣者相随，按行伽蓝之地。/ 先出城东，遥见一园，花菓(果)极多，/ 池庭甚好。须达揹鞭向前，/ 启言和尚：“此园堪任已不？”

注：变文将“揹”写作“挹”。

舍卫城绘于第一部分中间的位置，城左边绘舍利弗和须达共乘一大象来至一六角形果园前。正如题记中所描述，大象上安置一楼阁，他们坐在其中。从位于舍卫城右边画面的题记“却至城西，举目忽见一园”可推测，位于城左边的六角形果园为东园。舍利弗对此果园并不满意。于是穿城而过，继续向前寻找园址。

(2)须达回象，却至城西，举目忽见一园，花菓(果)陪 / 胜前者。须达敛容叉手，启言和尚：“前者既言 / 不堪，此园堪任已不？”

注：变文将“陪”写作“倍”。

图像绘于舍卫城右边(图 5-10)。图中绘一长方形果园，园中花果繁盛。舍利弗和须达立于园前交谈，其后是随从、大象及乘马随从。由榜题

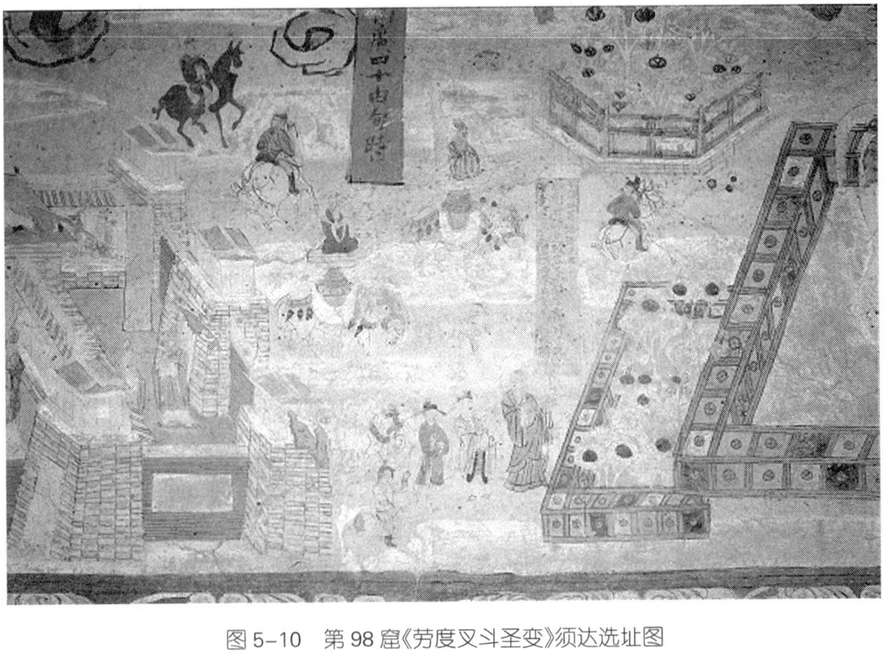

图 5-10　第 98 窟《劳度叉斗圣变》须达选址图

可知，该园为城西之园。城西园上方又画一六边形果园，同样花果繁盛。舍利弗和须达乘象向该园走去，舍利弗所乘之象由一象奴牵引。他们后面有骑马的随从跟随，前面有一侍从乘马领路。画面不见榜题，由画面位置可推测当是城北之园。然而，舍利弗对这两个果园仍不满意，为选到合适的园址，他们继续向前。于是在画面右边出现两架六角攒尖顶楼阁状轿子，分别由四人抬着，后面跟随侍从（图 5-11）。显然舍利弗和须达去南园的交通工具由大象换成了两架楼阁状豪华轿子。这是变文中没有描述的内容，当是敦煌艺术家为避免画面的单一而做出的改变。不知为何，我们在最下面第一部分画面中并不见南园。南园是舍利弗和须达所选定起精舍之园，参照同类题材，该情节一般表现在画面右上角，如第 85、9、196、146 等窟。遗憾的是第 98 窟右上角现已脱落，我们推测该情节亦绘于此。之所以将选购南园并起精舍的画面绘于上部，这是为了突出该园的神圣地位，而画面上部空间正是表现天或净土的位置[①]。

（B）寻找舍利弗

（1）须达行至家中，看／舍利弗不得，须达／抚掌惊嗟，唱言："祸事"。

图 5-11　第 98 窟《劳度叉斗圣变》须达和舍利弗去往南园选址

①［美］巫鸿著，郑岩等译《何为变相？——兼论敦煌艺术与敦煌文学的关系》，《礼仪中的美术——巫鸿中国古代美术史文编》（下卷），北京：三联书店，2005 年，第 384 页。

(2)圣今日取脚私逃。假令计料不襟,不合/相报。弟子违法,甘分丧躯;曰太子之身,何/幸寿戮!苍忙寻逐,不知所去之踪;遍问街/衢,莫委游行之处。

注:变文将“取”写作“使”,将“违”写作“为”,将“寿”写作“受”;李氏将“处”误录作“外”。

在舍卫城东之园左边绘须达坐着马车,车夫正策马扬鞭向左前行。这是须达与外道及国王商定斗法后回到舍卫国,不见舍利弗踪迹,随后四处寻找的画面。画面题记不存,但与之相关的题记却写在了后面的情节中,显然书写者混淆了画面内容。

(3)小儿曲躬,启言阿翁,昨日躯牛逐/草,偶至间七里边,见一秃头小儿,/身披赤色之衣,树下端然坐睡。(李氏录)

注:变文将“间七里”写作“七里涧”,将“儿”写作“子”。

图绘须达坐在马上,侍从牵着马,遇到一男子及三头牛。画面表示的是须达四处寻找舍利弗,偶遇牧童问舍利弗下落,以及牧童指路的场面。题记中省略了前一部分内容。

(4)须达奔车骤驾,即至七里涧边。直至驹律陁树下,/见舍利弗谘稽时。

注:变文将“须达”写作“长者”,将“驹律陁”写作“尼拘”。

图绘须达一行来到七里涧,马和车夫正在休息,须达前去问舍利弗。

(5)须达亲闻圣旨,约束切严;和尚自促时光,许期明日/斗圣。岂容不知缓急,来至此间,不识闲忙,走向此间坐睡?分毫疏失,两人性命不全。/纵然弟子当辜,和尚岂安忍见!(李氏录)

注:变文将“须达”写作“弟子”。

图绘须达来到正坐于树下禅定的舍利弗面,对舍利弗进行了训斥。

第一部分的画面有如下特点:第一,须达和舍利弗选园以及须达寻找舍利弗的情景表现非常丰富,比较忠实地还原了变文中所描写的内容。第二,对建造精舍所在之地的要求非常高,无论是变文还是壁画中都反复地强调这一选址内容。环境优美、树木繁茂不是最重要的条件,而更加看重此地此前所发生之事。这似受到中国传统建筑营建中风水学的影响。第三,画面中出现的楼阁象骑、楼阁状轿子及马车,反映出当时较为豪华的出行工具,这对于中国古代交通工具史的研究具有重要价值。

第二部分:斗法前舍利弗请佛加威

该内容位于画面左边,现已脱落。参照同类题材洞窟,如莫高窟第85、9、196、146等窟,该部分表现的是舍利弗在斗法之前,至释迦牟尼处请佛祖加威,佛派龙天八部、四大天王、阿修罗等与须达和舍利弗同至法场为他们助威。

第三部分:舍利弗与劳度叉斗法并降伏皈依佛门

(A)舍利弗与劳度叉斗法

1.六次斗法场面

(1)其山金□高广四十由旬时。

(2)舍利弗化身作金刚杵,山碎如/微尘时。

(3)山既碎坏,外道惶怖藏隐时。(李氏录)

这是斗法的第一个场面:金刚击毁宝山。图绘劳度叉化作一座高四十由旬的宝山,舍利弗化作一高大威武的金刚力士,右手持金刚杵上举,正在击毁宝山,宝山瞬间崩裂,山间乘云而出外道仙人。劳度叉隐藏在宝山下蜷成一团,显得非常惊恐。最后这一情节是变文中没有的,是画家有意创造出来的。以此衬托出舍利弗的威力,增加了画面的趣味性。

(4)舍利弗化作狮子,食噉(啖)大牛。

这是斗法的第二个场面:狮子吞噬大牛。图中白色狮子正张口咬住大牛身子。

(5)劳度叉变身作莲花时,/舍利弗变为大象踏池坏时。

这是斗法的第三个场面:六牙象王踏池吸水。图绘一只大象踏于宝池中，象鼻正在吸干池中水，象鼻周围已经露出点状宝池金沙地，即变文中“(宝池)金沙布地”。两个象牙生出两枝莲花，莲花上各坐四身天女，天女身着世俗贵妇装，有的在拍打着夹板，有的正吹奏着竽，其余已辨认不清。这与变文中描述的象王六牙各生七莲，每莲各坐七天女有出入。榜题也与变文有出入。榜题中劳度叉化身莲花，而变文中化身水池；榜题中大象将池踏坏，而变文中不但有踏池坏，还有吸干水。

(6)劳度叉变为龙□舍利弗时。

(7)舍利弗化作金翅吃龙时。(李氏和巫氏均未录)

这是斗法的第四个场面：金翅鸟啄食毒龙。劳度叉化为一条龙，舍利弗化为一只大鸟，大鸟正抓于毒龙身上啄食。

(8)外道火神持火烧舍利弗。

注：李氏将“持”录作“得”。

这是斗法的第五个场面：毗沙门天王火烧二恶鬼。图中由劳度叉化现出能喷火且满身是火的二鬼，前面一身正跪地向由舍利弗化现出的毗沙门天王求饶，后面一身拔腿欲逃。该画面在敦煌艺术家的笔下做出了改动。变文中二鬼见毗沙门天王即刻认输，而壁画中增加了斗法的戏剧性，二鬼喷火欲烧天王，却被天王施法反被烧。根据画面的内容，榜题也做出了相应的改变。

(9)风神瞋怒放风吹劳度叉时。

这是斗法的第六个场面：大风吹拔大树。图绘舍利弗变为风神，身穿铠甲、头生火焰光圈，正怀抱风袋坐地用力鼓风，吹得位于劳度叉前上方的大树偏向一侧。其实这一情节从晚唐以后就在艺术家笔下做出了极大的发挥。详见下文新增斗法场面。

2. 新增斗法场面

(1)□□劳度叉作大树，问我舍利弗/______其根深浅时。(李氏录)

(2)舍利弗答叶数讫，化□大蛇抚树时。(55窟，146窟)

图绘一大蛇张口缠绕于大树干上。莫高窟第454窟中榜题描写得更为清楚："外道中里化出一树，蓊郁婆娑；舍利弗化出一蛇，缠树拔出，兼使风吹枝叶天谴时。"这显然是在大风吹拔大树的基础上增加了大蛇缠拔大树。

（3）地神踊出助吹外道时。

该画面绘于舍利弗所化风神后面。地神从地面踊出，赤裸着上身，肌肉凸出，双手亦持风袋助风神放风。变文中在毗沙门天王斗二鬼这一情节中记载："地神捧（天王）足，宝剑腰悬。"他的出现是协助天王斗二鬼。然而敦煌艺术家们对这一斗法情节并不太感兴趣，他们将地神移植到了大风吹的情节中，以助风神放风。在地神还未出现的初唐第335窟，虽然我们也能看到大风吹袭了外道，但是风力非常有限，并未出现宝帐倾危，以及外道攀梯、拉绳、打桩，抢修劳度叉宝帐的画面（图5-12）。直到晚唐第85窟开始，伴随着地神在该窟的首次出现，这些戏剧性的画面都出现了。敦煌艺术家们显然通过对起到关键作用的地神的移植，使大风吹袭外道的画面从此变得更为常见也更为丰富。

图5-12　莫高窟初唐第335窟西壁龛内《劳度叉斗圣变》线描图

(4)□将梯凝时。(李氏录)

据第9窟榜题“风吹幄帐杆折,外道/欲凝敕时”可知,该内容描绘的当是大风吹断劳度叉宝帐帐杆,外道极力抢修。画面中一外道正攀爬帐杆。

(5)外道得急,以梯扶宝帐时。(巫氏录)

(6)风吹劳度叉帐,外道挽急绳断被接时。

(7)风吹幄帐绳断,外道却欲击索时。(巫氏录)

画面中一外道用力拉绳,另一外道正举锤打桩。

(8)□被风吹,用急惟愣□(李氏录)

(9)外道风吹,眼碜愁忧时。

(10)外道风吹,急诵咒止风时。

画面中3身外道紧紧靠在一起,举手避风,中间1身背风而坐,均面露愁色,急念咒风却不止。

(11)外道被风吹,急遮面愁坐时。

画面中6身外道席地而坐,被大风吹至的帷帐覆于身上,瞬间陷入混乱之中,他们仅露出头部,面露愁色。

(12)外道美女数十人拟惑,舍利弗遥知,令诸美女被风吹急,羞耻遮面却回时。(巫氏录)(146窟)

(13)外道诸女,严丽庄饰,拟典惑舍利弗时。(李氏录)

画面中两位身穿美丽印花衣服的外道美女,正双手上举拂袖遮面。该画面当受到释迦牟尼降魔成道壁画中魔王之女以美色诱惑释迦之情节的影响。

(14)外道女欲生幻惑舍□

(15)利弗遥知心时。

这两条题记及画面并不位于劳度叉右下方,而出现在整铺变相的中间偏上的位置,具体绘在尼乾子引劳度叉投降这一情景的后面。画面绘两身菩萨,其中一身手持长柄香炉。该画面表现的当是两位外道美女菩萨在欲随劳度叉投降之际,为了不让舍利弗识破她们的心思而迷惑舍利弗。但她们并未像其他魔女一样被大风吹,这或许是因为她们来到了舍利弗阵营一方,因而画面中未表现出来。

以上这些画面就是对地神协助风神共同放出大风后,舍利弗以压倒性的优势使得六师外道陷入极大的混乱之中,胜负望眼可判的表现。这些画面是敦煌艺术家们创造出来的,多数没有现成的文本可依,故榜题题记简洁明了(包括下文题记)。

(16)舍利弗与巾付劳度叉,外道拗巾。(454 窟,85窟)

(17)外道尽力拗不屈时。

图绘舍利弗给劳度叉一头巾,劳度叉双手执巾折拗。这里表现的是双方智慧的较量。

(18)外道仙人咒此方梁,或上或下;舍 / 利弗止此方梁,令遣空不动时。

图像已残缺,无法看到方梁。

(19)外道□ ＿＿＿＿

图绘一外道背身抬头看天,右手上指。此外道所指即为已看不到的方梁,这在晚唐第 196 窟可清楚地看到。

(20)外道典籍,置于坛场,以使功严;舍利弗忽现猛炎焚烧,无有遗余。

该榜题题记已无法识别。据画面中绘一团大火正烧毁经坛,及火焰中还存有诸多卷轴经书可知,是舍利弗烧毁外道经坛的斗法场面。该榜题据第 454 窟补录。

(21)二外道救火漂落于海时。

(22)外道力尽之困睡状时。

大火焚烧的经坛旁绘五身外道。离火最近的两身正拿着水瓢从海中舀水救火；另有两身外道因救火而落于海中，只见头部，一身举手呼救，一身奄奄一息；第五身外道因救火疲劳而斜躺在地上。第55窟题记中对此描述得更加明了：“外道尽力救经不得，乏困时。”

(B)外道皈依佛门

(1)舍利共外道问圣得胜击钟□方。

整个画面中间偏上的位置，绘国王及侍从，其左右两边分别是舍利弗和外道，当是问国王输赢的场面。另外国王左上角残存比丘击金钟的画面。

(2)劳度叉悟道归降舍利弗时。李氏将“悟”误写作“德”。

(3)外道尼乾子引劳度叉[降舍利弗]时。(55窟，85窟)

图绘尼乾子伸出双手在前引导，劳度叉跟随在后。

(4)劳度叉初归降[　　]

图绘劳度叉在尼乾子的引领下胡跪于舍利佛前。

(5)二大菩萨看舍利弗伏外道。

该图绘于诸外道皈依剃度场面的上方。二大菩萨身材高大，均低头注视着下方的外道剃度场景，其中一身手持香炉。即表现的是二菩萨来此见证舍利弗降伏外道皈依佛门的情节。

(6)外道降伏洗发出家时。(李氏录)(55窟)

图绘一撅起屁股正用盆洗头的外道。

(7)外道出家□□齿漱口时/[　　]。(454窟)

图绘一蹲地外道，左手拿瓶，右手一指正置于口中揩齿。

(8)[外道出]家剃发思惟。(72窟)

图绘一和尚正为一外道剃发，思维之状刻画不太明显。榆林窟五代第16窟中被剃度外道坐在凳子上，左手托着下巴，头和身子侧向一方，显得若有所思，将思维之状表现得非常形象。

(9)外道初出家法水灌顶时。

图绘一外道蹲地，正拿一净瓶从头浇灌。

（10）外道悟法饮慧水时。

图绘一外道背身蹲地，左手持瓶上举，仰头喝水。

（11）外道初出家，不解／礼拜，诸外道大笑时。（李氏录）（9窟，85窟，25窟，55窟）

图绘二外道相对而立，其中一外道右手摸头，左手遮面，另一外道伸手指着对方光头大笑。这一画面在壁画中有三种表现，或以手遮面，或照镜，或错误礼拜。该画面题记描述的是因外道错误礼拜而被其他外道嘲笑，但画面中却是因剃度成光头而被同伴嘲笑。第454窟题记中就写道："羞惭徒伴，与手遮面时。"晚唐第196窟就有照镜子的外道。

第三部分位于整个画面的中心位置，也是画面要表现的核心内容。其特点如下：第一，内容极其丰富。主要由三部分组成，分别是六次常规斗法、新增斗法及外道皈依佛门。第二，六次斗法始终是变相最核心的部分。除了风吹大树，其他五场斗法始终被绘于画面中心轴线的视觉中心位置。第三，新增斗法场面成为晚唐、五代、宋时期该变相的重要内容，为变相注入了新的活力。这是敦煌艺术家们丰富创造力的一次集中体现。对这一部分的研究，特别是研究艺术家如何在原有作品的基础上创造新内容，在绘画史上有着极其重要的意义。第四，斗智场面的出现。常规斗法中大都是一方降服一方的斗勇场面，比如杵碎山、鸟啄龙、狮吃牛、天王捉恶鬼等。而新增斗法场景中出现了外道劳度叉折头巾的内容，这与前面斗勇的内容截然不同，明显是不同宗教间的智慧较量。第五，外道皈依场面不但增加了画面的戏剧性，而且还是现实中人们皈依佛门时，所经历流程的真实写照（即洗漱—剃度—灌注惠水—学习礼拜等），同时也是人们在初入佛门后，心理产生不适的反映。

第四部分：舍利弗神变

（1）舍□相光明辉三十三天。

图绘舍利弗乘于云端,双手合十,头顶放出四条光带。这与第454窟题记中描述的更为接近:“已身放五色光。”

(2)舍利弗惑于水上足履火时。

图绘舍利弗双手合十,立于一团火上。

(3)外道仙人看舍利弗焚火上至天时。(146窟)

图绘舍利弗前已皈依佛门的六外道中的一身,抬头指天,看画面上部舍利弗履火神变。

(4)舍利弗履水高于顶四十由旬时。

图绘舍利弗双手合十而立,点状水从脚底漫延到头部。

(5)舍利弗神力令小上至炎摩天时。(李氏录)

(6)舍利弗□

图绘舍利弗在空中乘云飞翔。

以上这一部分绘于整铺变相的最上面,表现的是舍利弗大获全胜后,为外道展示自己的各种神变。因画面右边残缺,我们无法看到舍利弗为劳度叉从头顶注入惠水的画面。当然这一部分中也绘入了其他三个场景:最中间绘金翅鸟啄食毒龙,最左边和最右边通过参照同类题材,一般绘释迦佛为舍利弗说法加威和释迦佛要去说法的舍卫国太子园(即须达购园起精舍的画面)。变相最上方这一区域表示天堂或净土,敦煌艺术家们把这些神类龙鸟和圣迹表现在这一部分最恰当不过了。

第五部分:民众欢呼庆功

经过以上多次斗法,舍利弗终于大获全胜,六师外道皈依佛门。舍卫国的民众得知这一喜讯,便纷纷来到现场欢呼庆功。该画面是莫高窟五代石窟艺术中所出现的新现象,目前仅见于五代第146窟,将其表现在整铺画面的右边。遗憾的是在第98窟中该部分内容现已脱落,我们无法得知具体内容,但从其与第146窟的时代、形制以及壁画内容的相似性推断,第98窟很可能也绘有该内容,即第五部分内容。鉴于该画面作为敦煌石窟艺术创作中所出现的新现象，又产生于曹氏时期的佛教艺术中，我们很有必要借助第146窟窥其全貌(图5–13)。图中上到老人，下到婴儿，以及动物都到场围观。如有一老者坐在椅子上，还有两男子骑着牛，其中一男子怀中抱着婴儿，另一男子后面坐着一小孩。他们下方一老黄牛扭头舔着小牛犊，而小牛正在吃奶。当然，这样的场面少不了僧人，图中坐于椅中长者前一和尚双手持长柄香炉做供养状。如果说这些人们是来围观凑热闹，那么，接下来的一组画面将欢呼庆功的场面表现得再清楚不过了。沿着外道扶梯的一旁，出现一股七彩瑞云，云上或坐或立八身着世俗装的男子，他们有的在挥袖起舞，有的在拍打着夹板，有的在弹奏着琵琶，还有的在吹奏乐器。在敦煌壁画中，一般多出现女子乐舞场面，而在这一部分却难能可贵地展现了男子乐舞场面，显得非常珍贵！

图5–13 莫高窟五代第146窟《劳度叉斗圣变》民众欢呼庆功图

以上这五部分内容，组成了敦煌《劳度叉斗圣变》图像晚期的画面结构。它们各归其位，拥有一定的图像空间逻辑规律。正如巫鸿先生所言，这一规律正是依据当时流行的宇宙空间观念而形成的。[①]变相上部空间表示天或净土,绘舍利弗在天空神变、释迦佛说法等内容;下部空间表示地面,绘人间舍卫国、乡野牧童放牛、众多交通工具等内容;左边和右边空间表示人间和天上沟通的通道。左边绘舍利弗到七里涧禅定而神至释迦牟尼圣地灵鹫山,并为其加威,而后舍利弗和须达同天王神将又下至人间斗法现场。右边支撑劳度叉宝帐的梯子象征着沟通天地的阶梯,这同《维摩诘经·见阿閦佛品》图像中的维摩诘手接大千画面里,所绘天地间人神往来的"三道宝阶"如出一辙。通过此阶梯便将绘于画面最下方右侧须达、舍利弗乘轿欲选南园的内容与画面上方最右侧的太子园相连接。这上下左右四部分空间便框定出变相所占面积最大,也是最为重要的斗法和皈依场面。如此便将看似毫无规律的画面由时间性的文本认读逻辑转变为空间性的视觉识读逻辑。

最后,鉴于该变相新增内容在美术创作史上有着极其重要的价值,我们很有必要对这部分内容的创作来源作一讨论,对脱离了文本束缚而创作出的这部分新内容,我们认为其创作依据和灵感与现实环境和生活密切相关。

在六次常规斗法中,我们发现除了风与树这一组斗法,其他五组斗法角色都具有神圣的宗教属性,如大象与宝池、金刚杵与宝山、金翅鸟与毒龙、天王与恶鬼、狮子与牛(牛除外)。或许是这些具有神圣宗教属性的角色使得敦煌艺术家们敬而远之,不敢轻易进行改变和发挥创造,在一定程度上限制了他们的想象力,于是他们便选择了既没有宗教色彩,又与现实生活关联度较高的风与树。这样经过艺术家的发挥便有了大风吹袭外道和大蛇缠拔大树两个画面。其中又以对风的发挥创造为重点。

---

①[美]巫鸿著,郑岩等译《何为变相?——兼论敦煌艺术与敦煌文学的关系》,《礼仪中的美术——巫鸿中国古代美术史文编》(下卷),北京:三联书店,2005年,第384页。

敦煌地处西北塞外,对塞外风光的描写要属唐代诗人最为出色。从他们的诗中可以看出,西北大风乃塞外风光中的一大特色。如杨炯《从军行》中有“风多杂鼓声”句,可见大风之多;岑参在《白雪歌送武判官归京》和《走马川行奉送封大夫出师西征》两首诗中分别有“北风卷地白草折”“轮台(今新疆)九月风夜吼,一川碎石大如斗,随风满地石乱走”句,可见风的威力之大。李白在《关山月》中写道:“长风几万里,吹度玉门关。”由前一句可见风吹范围之广。高适在《塞上听吹笛》中写道:“风吹一夜满关山”。由“风吹一夜”可见风吹时间之长。由此,我们便知敦煌一带风多且大,影响范围广,持续时间长。

原来敦煌艺术家们对风的热衷源于对当地现实环境和生活的体验。如此在《劳度叉斗圣变》图像中对风便有了非常突出的反映。如风沙袭来,人们多会以袖遮面,或背风而立;沙粒吹进眼睛里,使得睁不开眼时作愁眉状;大风沙吹使房屋或帐篷摇摇欲坠时,人们采取加固举措等。这些在现实生活中频频出现的真实情景被艺术家们反映在了敦煌壁画中。

舍利弗烧毁外道经坛的画面其实是依据历史上佛道之争的史实而创作。《汉法本内传》载,在汉明帝的主持下,佛教高僧竺法兰和道士费叔才于白马寺斗法,道士在坛上置道教典籍和黄老等书,言:“臣等敢置经坛上以火取验,欲使开示蒙心得辨真伪。”于是纵火焚经,瞬间化为灰烬,道士费叔才自憾而亡。变相中增加的救火画面是对经坛大火蔓延,人们拿着水瓢当作消防工具,从河边取水救火这一古代火灾消防现场的真实再现。

三、第98窟绘制《劳度叉斗圣变》之因及其象征性

敦煌石窟中《劳度叉斗圣变》图像出现、消失以及再现的原因,一直以来备受学术界的关注。如殷光明先生认为西千佛洞北周第12窟和莫高窟初唐第335窟中该变相的出现,是佛道之争的结果。施萍婷、段文

杰、史苇湘、殷光明、赵声良等先生认为,该变相在归义军时期再次出现的原因是对敦煌人民赶走吐蕃而收复故地的喜悦心情的反映。值得注意的是,殷光明和段文杰二先生还敏锐地发现了其他可能的原因,即“也与唐武宗灭佛的影响不无关系”和“为了慑服各民族,巩固政权”。①近年来,又有学者提出不同的观点,李晓青和沙武田先生认为,该变相在敦煌出现的原因并不是佛道之争和推翻吐蕃统治的结果,而是与阐释主尊造像性格和洞窟形制的大小变化有关。②顾淑彦也认为其原因与佛道之争和推翻吐蕃统治无关,而与晚唐、五代、宋时期俗文学的流行有关,并认为该变相在盛唐和中唐消失的原因与大乘佛教的流行有关。③

与印度巴尔胡特塔栏楯上的作品相比,中国《劳度叉斗圣变》图像的一个最为显著的特征是对斗法故事的强调。从莫高窟初唐第 335 窟开始,斗法故事便成为该变相最核心的画面,即在该变相中,对于“斗争性”的表现成为中国佛教美术发展史上的一大特色。那么在中国是什么原因促使斗争性成为变相中的显著特点呢? 由于宗教与政治、社会结构等密不可分的关系,前贤们普遍以宗教斗争和政治斗争等观点解释变相出现及变相对斗争性特别强调的历史原因。而对于上述观点持反对意见的学者,从不同的分析视角说明变相出现原因的复杂性,至于他们提出的观点能否构成变相出现的决定性原因,从该变相在中国对斗争性特点的强

①这些研究成果分别见殷光明《从“祇园精舍图”到“劳度叉斗圣变”的主题转变与佛道之争》,《敦煌研究》2001 年第 2 期,第 4—13 页;施萍婷《敦煌与莫高窟》,《敦煌研究》1982 年第 1 期,第 152—166 页;段文杰《张议潮时期的敦煌艺术》,《敦煌学辑刊》1982 年,第 17 页;史苇湘《关于敦煌莫高窟内容总录》,敦煌研究院《敦煌莫高窟内容总录》,北京:文物出版社,1996 年,第 248 页;赵声良《敦煌石窟艺术总论》,兰州:甘肃教育出版社,2013 年,第 217 页。

②李晓青、沙武田《劳度叉斗圣变未出现于敦煌吐蕃时期洞窟原因试析》,《西藏研究》2010 年第 2 期,第 73—82 页。

③顾淑彦《敦煌石窟中劳度叉斗圣变消失与再现原因再探》,《敦煌研究》2016 年第 3 期,第 52—58 页。

调来分析，似乎还有待商榷。

现对上述前贤对敦煌《劳度叉斗圣变》出现、消失以及再出现的原因等所作的探讨稍作梳理：该变相在早期（北周、初唐）的出现主要是因为佛道之争；在中期（盛唐、中唐）消失的原因是大乘佛教的盛行和中唐时吐蕃统治所致；在晚期（晚唐、五代、宋）的重现主要是因为佛道之争和抗击吐蕃胜利等多重原因。从这些成果中，我们发现《劳度叉斗圣变》图像在不同时代的历史语境中，映射出不同的象征意义。总结起来，敦煌《劳度叉斗圣变》图像绘制的象征意义主要有二，即对特定宗教斗争和政治斗争的映射。

曹氏归义军时期，《劳度叉斗圣变》的绘制数量呈现出井喷式的增长趋势。如前统计，在敦煌石窟 19 铺《劳度叉斗圣变》中，五代、宋、曹氏归义军时期的就占到了 12 铺。由于曹氏政权是对张氏政权的延续，同属于敦煌归义军时代，因此学界总是将张、曹二氏政权当作一个整体来对待，将张氏时期《劳度叉斗圣变》出现的原因附加在了曹氏时期。如段文杰先生就认为“晚唐五代宋归义军时期”，该变相在敦煌石窟中大量出现的原因是“曲折表达了当时人们推翻吐蕃统治的喜悦心情”[①]。从张议潮于 848 年推翻吐蕃政权到曹议金于 914 年建立曹氏政权，已有 66 年之久，很难想象一个新政权对半个多世纪前的张氏功绩还能存有多少喜悦的心情。显然，曹氏时期《劳度叉斗圣变》的大量出现当另有他因。

这些原因构成了《劳度叉斗圣变》在曹氏时期的另外两个象征意义：第一，借代表正义和正统的佛教舍利弗阵营，象征曹氏归义军政权尊中原汉族政权为正朔的正统性；第二，借舍利弗降伏外道的压倒性力量，象征曹议金慑服幕僚人心，巩固曹氏政权的决心。

①段文杰《唐代后期的莫高窟艺术》，敦煌文物研究所《中国石窟·敦煌莫高窟（四）》，北京：文物出版社，1987 年，第 174 页。

为了更好地展开对曹氏第一窟,及后期诸窟中出现《劳度叉斗圣变》原因的分析,本文再次对曹氏初期政权所面临的问题和困难作一交代。

在第一章里我们结合敦煌遗书等史料,详细论述了曹议金在914年建立政权后,首先面临着政权合法性的问题。为此,曹议金主要采取两个措施:第一是恢复归义军建制,尊中原为正朔。曹议金执政时期的官方文书P.3239、P.4638V最后的身份署名表明,他获得政权后恢复了归义军藩镇的建置,奉中原王朝为正朔。这也是他从张承奉自称为帝的后果中所吸取的血的教训。曹议金为了践行臣子之责,在其任职的二十余年里,对中原朝廷的朝贡达九次之多,朝贡频率平均约两年一次。可见其与中原朝廷时刻保持着紧密的联系。这一政治远见,为仅占有西北边陲瓜沙二州的曹氏政权的长久稳固作出了巨大的贡献。第二是在自己的功德窟第98窟中,画了张氏供养人画像,以显示与曹氏之间的姻亲关系,目的是显示政权的合法继承性。

同时,针对初期政权的不稳定性问题,曹氏也采取了具体的措施。先说这种不稳定性的表现:第一,虽然学界对于曹议金是否为粟特人,以及是否以战争的方式从张氏那里获取政权都存在争议,但是一些迹象表明这种可能性的存在。这无疑会对曹议金初期政权的稳定性带来影响。第二,周边少数民族对曹氏政权的威胁。如曹议金屈辱地履行着张承奉时代与甘州回鹘签订的"父子之约";据P.2970可知,在曹议金东征甘州回鹘的战役中,北面达怛曾助回鹘反扑归义军;位居南面的南山部族政权也对曹氏政权产生一定的威胁,P.3835V和S.2578就揭示出南山人对曹氏人畜和使节的掠夺。第三,第98窟两篇发愿文P.3262和P.3781反映出曹氏归义军初期政权的不稳定性。如"府僚大将,各尽节于辕门;亲从之官,务均平而奉主。""四方开泰,使人不阻于前程;南北休征,驲骑往来而无滞。"可见,曹氏归义军政权初期处在内忧外患的环境之中,维护和巩固政权的稳定性显得非常迫切。

曹议金对这一问题所采取的措施如下:第一,拉拢和团结曹氏政权的核心群体。他们包括幕僚、僧官和地方大族。这在曹议金功德窟第98窟中得到了具体的表现。如首次将多达200多名幕僚的供养人像绘制在了自己的家窟中。现存题记的145身幕僚身份为节度押衙表明,这些世俗官员是政权的核心力量;该窟还画有许多僧官,现存题记的36身画像身份为法律表明,他们是僧官中的中坚力量,并握有实权;该窟中还绘有曹议金的众多女儿,从题记看出她们多嫁给了敦煌本地大族,如翟、阴、索、张、阎、慕容等氏。这是曹议金对政权建设有直接影响力的官员和大族的积极争取和拉拢。第二,通过联姻与周边少数民族维护良好关系。如曹议金功德窟第98窟中绘甘州回鹘天公主和于阗国王李圣夫妇画像就是最典型的例证。

以上这两个摆在曹议金面前的问题和困难,即如何获得政权的正统性和如何巩固政权的稳定性,成为曹议金及其子孙后代为之奋斗的政治理想。这种迫切的政治理想,首先通过曹议金功德窟第98窟中的《劳度叉斗圣变》象征性地被体现了出来。

在中国封建社会里,中原汉族政权一般代表着正统,边疆民族政权常被称作蛮夷戎狄;佛教同样如此,只将自己认定为正统,其余皆被称作外道,是被降伏的对象。这两种传统观念中一些因素的高度一致性,使得它们在特定的历史机遇中结合在了一起。

面临政权合法性的挑战,曹议金首先制定尊中原王朝为正朔的政治主张。但这样仍不足以充分表达其政治理想,于是他便在自己的功德窟中画上了张氏归义军节度使画像,这是比较直观的表达;他还曲折地通过《劳度叉斗圣变》的正统性寓意,象征性地表达出曹氏政权的正统合法性。

《张淮深碑》记载:

> 河西创复,犹杂蕃、浑,言音不同;羌、龙、嗢末,雷威慑伏,训以华风,咸会驯良,轨俗一变。[①]

可见张氏家族在驱逐吐蕃收复河西后，对各少数民族进行了慑服，以巩固张氏政权。透露出张氏归义军政权初期的不稳定性。段文杰先生就认为这也是造成《劳度叉斗圣变》图像在晚唐时期再现的另一原因,即通过该变相来慑服人心以巩固政权。[②]这种不稳定性在曹氏归义军政权初期同样存在并更为突出。如第98窟发愿文P.3262和P.3781中所透露出当时内忧外患的政治时局。另外P.3911《望江南》中所述:“敦煌郡,四面六蕃围。”[③]曹议金作为曹氏归义军时期的首任节度使,面对刚刚建立的曹氏政权所面临的内忧外患的政治局面,他不但在自己的功德窟中大量绘制了幕僚及与自己有着姻亲关系的外族画像,而且还在西壁绘制了敦煌规模最大的《劳度叉斗圣变》图像。如果说前者是为了拉拢凝聚人心,那么后者便是进一步慑服人心,以达到巩固曹氏政权的政治目的。

在曹议金的带领和影响下,曹氏后人如曹元忠(修第61和55窟)、曹延恭(修第454窟)及其幕僚如张都衙(修第108窟)纷纷效仿,《劳度叉斗圣变》在曹氏时期便大量出现了。这样尊中原为正朔和慑服人心以巩固政权的政治理想，通过该变相的主旨和意涵被象征性地表现了出来,并贯穿于曹氏归义军始末。毋庸置疑,《劳度叉斗圣变》图像在曹氏归义军时期大量出现，曹氏第一窟即第98窟起到举足轻重的引领和标杆作用。

---

①荣新江《归义军史研究——唐宋时代敦煌历史考索》,上海:上海古籍出版社,1996年,第78—89、131页。

②段文杰《张议潮时期的敦煌艺术》,《敦煌学辑刊》1982年,第17页。

③上海古籍出版社、法国国家图书馆《法藏敦煌西域文献》第29册,上海:上海古籍出版社,2003年,第208页。

小　结

敦煌石窟中的《维摩诘经变》和《劳度叉斗圣变》发展到五代、宋、曹氏归义军时期，除了构图形式，其内涵也已相当丰富、成熟，并且它们所表现出的地域性政治特色也相当突出。

首先，本章对敦煌石窟中《维摩诘经变》和《劳度叉斗圣变》所依经典和图像模式及其演变特征作了交代，以便从更为宏观的视角把握接下来的研究工作。

然后，笔者运用图像学的研究方法，借助经典和榜题文献，对变相具体细节画面作了详细分析和解读，最终总结出了第98窟该变相的新现象与新特点。比如将《维摩诘经变》中维摩诘“饶益众生”的画面集中表现在了门上部的重要位置，成为敦煌乃至中国石窟中唯一的一例；维摩诘“掌擎大众”画面仍继承传统表现为一铺“微型维摩诘经变”，但其下部的“问疾图”中表现出与曹氏相关的信息，非常具有时代特征，成为一个隐秘的政治空间；与印度相比，现存中国《劳度叉斗圣变》图像的突出特点是对“斗争性”场面的大肆表现与强调，根据变相极富“斗争性”这一地域特色，笔者揭开了曹氏归义军时期大量重现《劳度叉斗圣变》的原因，显然曹氏第一窟在其中起到了重要的作用。

最后,为了揭开第 98 窟这两铺变相中所呈现的特有现象与特征产生的原因,我们站在造窟出资人曹议金的立场来思考问题,发现他作为曹氏政权的缔造者和掌权者,面临着政权合法化与在内忧外患下巩固政局这两个问题。如此也就合理解释了曹议金为何要挑选出维摩诘"饶益众生"中专为太子、大臣、高僧等世俗权贵阶层说教的场景,并且绘制在门上以往《佛国品》位居的重要位置。这些权贵阶层与本窟中供养人画像的类别基本对应,太子代表着曹议金的儿孙、大臣代表着曹氏政权的幕僚们、高僧代表着曹氏政权的僧官阶层,曹议金通过维摩诘之教化对曹氏政权中的核心力量进行说教,希望凝聚人心,改善内忧外患的政治时局。同样,他也借用《劳度叉斗圣变》中舍利弗能够降伏一切抗争者(六师外道)的压倒性能力,以慑服政权内外人心。而维摩诘"掌擎大众"中的"问疾图",突出表现出三身着汉装的权贵阶层人物画像,通过比对推测或与曹议金、张议潮等人有关。他们面向而立的方式正如甬道张、曹对置一般,表达出曹议金为求得政权的合法继承性而做出的努力。这一努力同样通过《劳度叉斗圣变》中代表正义与正统的舍利弗阵营象征性地传递、表达了出来。换句话说,以曹议金为代表的曹氏归义军政权,借用宗教艺术的力量,象征性地诠释和表达了其政治理想。

第六章

凝心祈愿：窟顶图像的设计意涵及相关画稿

在敦煌莫高窟的营建史上，地方官员和高僧大德为庆祝自己升迁高职，或为歌功颂德等而开凿洞窟屡见不鲜，并且通常在开窟之前会举行一场规模盛大的法会。这从藏经洞发现的众多洞窟发愿文中便可得知。

曹议金914年掌权归义军，营建了曹氏归义军史上最具规模的一座洞窟第98窟。该洞窟在营建之前亦不例外地举行了一场法会，这有发愿文P.3262《河西节度使尚书曹议金乾化四年(914)修大窟功德记》为证。与众不同的是，曹议金除了继承传统，在建窟之前为整座洞窟举办法会，他还在920年专为修成窟顶举办了一场盛大的法会，这有发愿文P.3781《河西节度使尚书曹议金贞明六年(920)修成大窟上层功德记》为证。另外，他还为这场窟顶法事活动专门组织人员抄写了相当数量的《贤劫千佛名经》。由此足见曹议金对第98窟窟顶图像设计与制作高度重视。其中的原因和意涵，便是本章前两节所要讨论的主要内容。

“曹氏画院”的出现，进一步促使画稿在石窟壁画制作过程中的普遍运用。“刺孔”画稿作为敦煌画稿中非常特殊的一种，相关专家敏锐地发现了其唯一使用的痕迹，即在第98窟窟顶千佛图像制作中的使用痕迹，这在敦煌壁画绘制史上有着举足轻重的意义。在本章第三节中，我们将在前贤的研究成果基础之上，进一步探讨与窟顶壁画制作相关的几件画稿，即S.P.172白描画稿和S.P.72、S.P.73(1)、S.P.73(2)、P.4517(2)、P.4517(3)、P.4517(4)、P.4517(5)、P.4517(6)八件刺孔画稿，并提出了一些新的看法。

第一节　窟顶图像内容和配置组合特点

一、窟顶图像内容

第 98 窟藻井井心绘一团龙,盘旋于莲花之中。团龙头生双角,口衔宝珠,前爪伸出,显得刚健凶猛,令人望而生畏。东西两边各绘一对鹦鹉,南北两边绘祥云,方井四角各绘四分之一的团花,四周有绿色回纹环绕。外围饰以卷草纹、龙凤边饰,以及铺向四坡的垂帐、帷幔、流苏等。(图 6–1)

图 6–1　第 98 窟窟顶团龙藻井井心图案

四坡壁画分上下两栏绘制(图 6–2),最上方各绘 3 铺方位佛,下方绘千佛,千佛中央为说法图各 1 铺(除西坡)。12 身方位佛和千佛中央的主尊佛的脸部、手上、脚上皆贴金，摆在他们前方案几上的香炉等同样贴金。这些部位现多数已被挖取。

四坡最上方诸方位佛，除西坡榜题多数漫漶，其余三坡榜题基本可识别。现结合前人录文[①]和笔者实地勘查，重录如下。

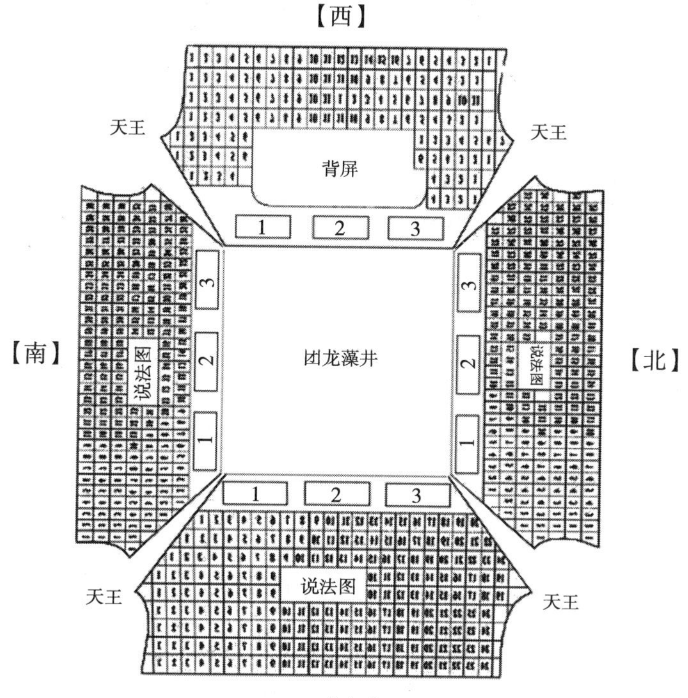

图 6–2　第 98 窟窟顶壁画位置示意图

东坡：

1. 奉请东南方阿閦如来佛 / 伏愿降大慈悲来居此窟。

2. 奉请东方药师琉璃金山宝花 / 光照吉祥功德海如来佛。

3. 无榜题。

南坡：

①刘永增、陈菊霞《莫高窟第 98 窟是一忏法道场》，《敦煌研究》2012 年第 6 期，第 32 页。

1. 奉请南方虚空如来佛降大慈悲来居此窟。

2. 奉请上方广众德佛。

3. 奉请西南方宝如来佛 / 伏愿慈悲来居此窟。

西坡:

1. □

2. □

3. 奉请□ / 伏愿□(该条刘永增和陈菊霞未抄录)

北坡:

1. 奉请当来下生弥勒尊佛。

2. 伏愿北方云自在如来 / 伏愿□慧来居此窟。

3. 奉请西北方多磨□栴檀香如来佛 / 伏愿降大慈悲来居此窟。

四坡方位佛均结跏趺坐,每铺佛两侧围绕着弟子、菩萨以及诸多护法神将。南北两坡 6 铺佛皆半侧朝向西坡,东西两坡的方位佛分别由每坡中左右两边的两铺方位佛侧身朝向中间的 1 铺方位佛。他们都位于祥云之上,再结合榜题信息,及窟顶发愿文 P.3781 所载"十方诸佛,模仪以毫相真身"可知,这 12 铺方位佛当是十方赴会诸佛。

下方千佛存有榜题,梁晓鹏和刘永增等先生均有抄录[①]。据他们统计四坡共绘有 703 身千佛、2 身菩萨和 1 身化生童子,其中南坡 190 身千佛、2 身菩萨和 1 身化生童子,西坡 126 身千佛,北坡 186 身千佛,东坡 201 身千佛。他们还依千佛名称认为其出自敦煌本《佛说贤劫千佛名经》,进而判定为贤劫千佛。[②]千佛中央的说法图,其主尊佛正面结跏趺坐于莲台之上,左右两边围绕二弟子和二菩萨。

①梁晓鹏著作文末以及刘永增、陈菊霞论文文末附表有第 98 窟千佛名榜题。分别见梁晓鹏《敦煌莫高窟千佛图像研究》,北京:民族出版社,2006 年,第 191—195 页;刘永增、陈菊霞《莫高窟第 98 窟是一忏法道场》,《敦煌研究》2012 年第 6 期,第 35—40 页。

②刘永增、陈菊霞《莫高窟第 98 窟是一忏法道场》,《敦煌研究》2012 年第 6 期,第 29 页。

窟顶四角是四天王画像，存有题记，现结合沙武田先生抄录[①]和本人实地勘查录文如下。

东北角：

谨请北方大圣毗沙门天王／主领一切夜叉罗刹二十八部／药叉大将并诸眷属来降此窟。

东南角：

谨请东方提头赖咤天王主领／一切乾闼婆神毗阇者鬼／并诸眷属来降此窟。

西南角：（天王残存部分）

谨请南方毗楼▭／□□鸠般茶□▭／▭属来▭

西北角：（天王残存部分）

谨请西方毗楼□□天王主／领一切诸大毒▭□□□／鬼并诸眷属来□（降）此窟。

窟顶东南角和东北角二天王图像完好。东南角提头赖咤天王（图6–3）身穿铠甲，游戏坐于低榻，右手执宝杵，左手扶于膝上，左右站立乾闼婆神和毗阇者鬼，武士装扮，分别手持长矛和刀剑；东北角毗沙门天王（图6–4）身穿

图6–3　第98窟窟顶东南角东方提头赖咤天王

①沙武田《敦煌画稿研究》，北京：中央编译出版社，2007年，第194页。

图 6-4 第 98 窟窟顶东北角北方大圣毗沙门天王

贴金铠甲,游戏坐于低榻,右手扶于膝上,左手高举宝塔,左右站立诸罗刹、药叉大将及女眷,其中左边前方一药叉兽头且生双翅。

窟顶西南角和西北角二天王画像主体多已漫漶，仅可见一旁小鬼、眷属等。

二、配置组合特点

由上列题记可知,窟顶四坡最上方绘的是十方诸佛赴会图。这些方位佛并不见于任何一部具体的经典中,而是散见于《佛说佛名经》《佛说观佛三昧海经》《金光明最胜王经》《妙法莲华经》以及《离垢慧垢菩萨所问礼佛法经》等众多经典中。[①]我们无法判断这些方位佛是从多部经典中刻意选择还是随机抽取的，但他们在画面中却并不是彼此孤立存在的,而是通过各坡主尊佛的正侧朝向的变化共同组成一个整体。也就是说十方赴会诸佛的配置组合呈现出一定规律和特点。南北两坡 6 铺方位

①刘永增、陈菊霞《莫高窟第 98 窟是一忏法道场》,《敦煌研究》2012 年第 6 期,第 32—33 页。

佛皆半侧身趺坐朝向西坡;在东西两坡中,分别由每坡左右两边的两铺方位佛半侧身趺坐朝向中间的 1 铺方位佛。可以发现,在这 12 铺方位佛中,只有东西两坡中间的 1 铺方位佛是正面而坐。结合南北两坡十方佛的朝向方位,我们认为窟顶十方赴会诸佛是以西坡或背屏前的主尊佛为中心的。

第 98 窟窟顶四坡千佛图像绘制的排列顺序也呈现出一定的规律。最早注意到该特点的是梁晓鹏先生。据他研究认为,第 98 窟千佛的排列顺序如下:"南坡共 7 排:自下而上,各排从左至右(东西向)排列,末端接西坡左上端;北坡共 7 排:自下而上,各排从右至左(东西向)排列,末端接西坡右上端;东坡共 9 排:自下而上,自右至左(南北向)排列,接西坡下部中线;西坡共 8 排:自上而下,分别自左上和右上开始向中线合拢,至下部中线为止。"[①]而据刘永增和陈菊霞考察认为,千佛的排列顺序是:南坡—西坡南段—东坡—北坡—西坡北段。[②]他们的结论出现分歧,即是西坡南段千佛接北坡千佛还是接东坡千佛。经核对,笔者发现前者有误,刘永增和陈菊霞的考察结果正确。因此,千佛绘制的排列顺序呈现出由东、南、北三壁向西壁中心聚合的特征,这与十方佛的朝向特征表现出一致性。

赖鹏举先生专门讨论过敦煌石窟千佛中央绘说法图的传统,认为其是千佛的主尊,并随着时代的更替会发生变化。[③]同样,我们可将第 98 窟窟顶千佛中央的说法图看作千佛的主尊。窟顶东、南、北坡千佛中央皆有主尊佛 1 铺,而西坡千佛中央绘制主尊佛的位置正好被背屏所替代,因此,我们推测这里缺少的千佛主尊很可能就是背屏前的塑像释迦牟尼

---

①梁晓鹏《敦煌莫高窟千佛图像研究》,北京:民族出版社,2006 年,第 96 页。

②刘永增、陈菊霞《莫高窟第 98 窟是一忏法道场》,《敦煌研究》2012 年第 6 期,第 29 页。

③赖鹏举《莫高窟在为"千佛"造像寻找主尊》,《敦煌石窟造像思想研究》,北京:文物出版社,2009 年,第 103—136 页。

佛主尊。这同用于窟顶法事活动所抄288卷《大佛名经》中所提及的释迦牟尼佛相符,北大D079《贤劫千佛名卷上》就是其中一卷,在千佛名号中间抄有一篇“忏悔文”,文中就写道:“惭愧者自惟我与释迦如来同为凡夫,而今世尊成道以来已经……”①这也就解释了十方赴会诸佛的朝向和千佛的聚合点共同指向西面的原因。

从数量上来讲,这12身方位佛和703身千佛是构成第98窟窟顶壁画最主要的内容,即十方贤劫千佛。第98窟窟顶发愿文P.3781《河西节度使尚书曹议金贞明六年(920)修成大窟上层功德记》对其有所提及并进行了描述:“装画上层,如同刀(忉)利。十方诸佛,模仪以毫相真身;贤劫千尊,披莲齐臻百叶。”同时,诸佛的配置组合呈现出显著的一致性——共同指向佛坛主尊释迦牟尼佛。当然,窟顶团龙藻井和四天王有其各自的特殊功能,其与十方贤劫千佛共同显示窟顶图像的设计意涵(后文详述)。

---

①北京大学图书馆、上海古籍出版社《北京大学图书馆藏敦煌文献》第1卷,上海:上海古籍出版社,1995年,第288页。

第二节　窟顶图像绘制竣工后的法事活动

一、曹议金组织抄写《大佛名经》与窟顶千佛图像

关于抄写、雕绘千佛的功能，学界多有讨论。贺世哲先生认为雕绘千佛在多数情况下并不是用来坐禅观佛，而是具有更为现实的诸如“消灾灭难，避祸趋福”的世俗目的。他还认为《佛说作佛形象经》《佛说造立形象福报经》等是专门宣扬造像形象而获功德的经典，这是古代帝王将相、州郡县官等梦寐以求的理想。造佛形象经中宣扬的这套福报思想，与众多佛名经中所宣扬的佛名供养果报思想类似。[①]例如《过去庄严劫千佛名经》载：“若有善男子善女人，闻是三世三劫诸佛名号……复能书写，为他人说，或能画作立佛形象……后生之处，历侍诸佛……所生之处，常遇三宝，得生诸佛刹土……”[②]在诸多佛名经中像这样的内容频繁出现。

基于这种传统，曹议金也组织人员大量抄写佛名经和绘制千佛图

①贺世哲《关于北朝石窟千佛图像诸问题》，《敦煌研究》1989 年第 4 期，第 49 页。

②《过去庄严贤劫千佛名经》，《大正藏》第 14 册，第 365 页。

像。北大D079《贤劫千佛名卷上》是一件敦煌遗书,现为北京大学图书馆所藏。该遗书保存完好,图文并茂,分上下两栏,分别由千佛图像和千佛名号两部分组成,上彩绘千佛,下墨书相应千佛名号(图6-5)。卷首书“贤劫千佛名卷上”,卷尾书“贤劫千佛名一卷”,由此可知该遗书所抄写和绘制内容为贤劫千佛。另外,千佛名号中间和末尾部分还抄有一篇“忏悔文”。可见,该经由首题、千佛名号、千佛画像、忏悔文和尾题五部分共同组成。

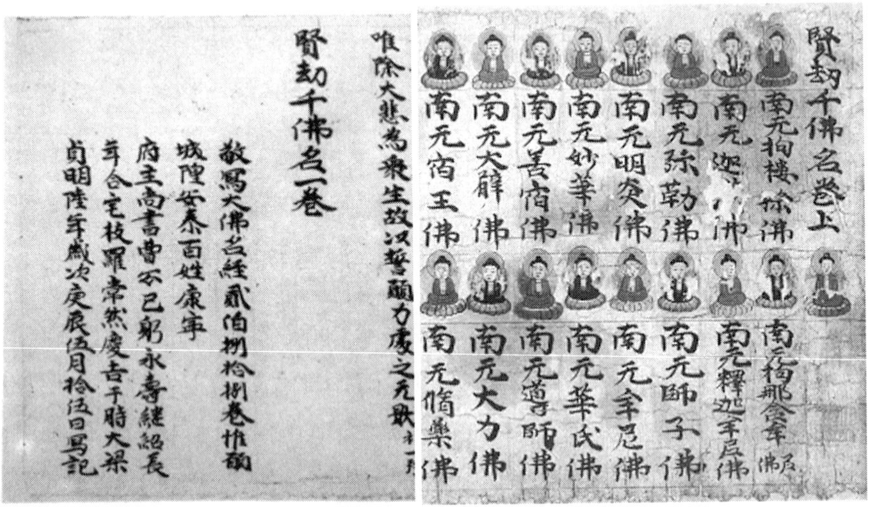

图6-5 北大D079五代后梁贞明六年(920)抄写《贤劫千佛名卷上》卷首(右)与卷尾(左)

最为关键的是该卷子最末尾书:

> 敬写《大佛名经》二百八十八卷,唯愿/城隍安泰,百姓康宁。府主尚书曹公已躬永寿,继绍长/年,合宅枝罗,常然庆吉。于时大梁/贞明六年岁次庚辰五月十五日写记。①

①北京大学图书馆、上海古籍出版社《北京大学图书馆藏敦煌文献》(第1卷),上海:上海古籍出版社,1995年,第297页。

从中我们可以看到一些非常关键的信息:第一,共抄写《大佛名经》288卷;第二,这批千佛名经的抄写时间是在大梁贞明六年(920)五月十五日;第三,结合抄写时间,“府主尚书曹公”当指五代曹氏归义军首任节度使曹议金。第四,从“唯愿……”可知,该遗书具有发愿文的性质;第五,从祈愿的对象是“城隍”“百姓”“府主尚书曹公”“合宅枝罗”等,表明与地方权贵阶层有关,即为曹议金及其治下的瓜沙二州民众等祈福,可表明是在曹议金的组织下抄写了这288卷《大佛名经》。

由于该《大佛名经》被大量抄写,我们发现出自敦煌藏经洞且有相同尾题者,还有津艺041(77·5·2300)《贤劫千佛名一卷》、上海图112《佛名经卷第二》、北羽24《佛名经卷第三》、S.4240《佛说佛名经卷第四》、山本悌二郎《佛说佛名经卷四》、京都博《佛说佛名经卷第五》、大谷家二乐庄(旧)《佛说佛名经卷第五》、上海图109《佛说佛名经卷第六》、中村和禹下19背《佛说佛名经卷第六》、京大文学部东洋史研究室《佛说佛名经卷第七》、北1277《佛说佛名经卷第八》、罗振玉(旧)《佛说佛名经卷第九》、P.2312《佛说佛名经卷第十三》、S.3691《佛说佛名经卷第十五》、三井八郎右卫门《佛说佛名经卷第十五》、松山与兵卫(旧)《佛说

图6–6　BD15289《贤劫千佛名经卷上》局部

佛名经》。[①]另外，BD15289《贤劫千佛名经卷上》亦属此列(图 6–6)。[②]

郑雨先生认为，贞明六年(920)正是曹议金营建其功德窟第 98 窟窟顶之时，[③]马德先生认为 920 年是第 98 窟窟顶营建完成之时。[④]那么，这 288 卷《大佛名经》的抄写是否与曹议金营建第 98 窟窟顶有关呢？刘永增和陈菊霞认为："或许曹议金抄写这 288 卷《大佛名经》，当与第 98 窟的营建活动有关。"[⑤]笔者亦认为它们之间存在联系。第一，从内容上来说，这 288 卷和第 98 窟窟顶四坡的内容皆为贤劫千佛。虽然这 288 卷中的佛名与第 98 窟窟顶千佛称号并非完全一一对应，但它们呈现出的贤劫千佛的主题是一致的。第二，从《大佛名经》尾题记中："唯愿城隍安泰，百姓康宁。府主尚书曹公已躬永寿，继绍长年，合宅枝罗，常然庆吉。"可知，该千佛写卷具有发愿文的性质。这与第 98 窟窟顶竣工后的发愿文 P.3781 存在内在的联系。如 P.3781《河西节度使尚书曹议金贞明六年(920)修成大窟上层功德记》载："伏用庄严，我河西节度使尚书贵位，伏愿荣高一品……郎君纳祐……合宅长幼，常承雨露之荣；但是宗枝，保宜洪湘不竭。……四方开泰……"同样，《大佛名经》中所穿插的"忏悔文"是与该经密切关联的重要组成部分，如"忏悔文"开头便写道"礼三宝已，次复忏悔"。其先后次序显示出与前面千佛的紧密关系。"忏悔文"的性质也表明这是用于某场法事活动的。因此，我们可以认为，这 288 卷《大佛名经》是由曹议金有计划地组织相关人员进行抄写的，是为庆

---

①[日]池田温《中國古代寫本識語集錄》，东京：东京大学东洋文化研究所，1990 年，第 160—163 页。

②笔者于 2015 年在中国国家图书馆所展"敦煌遗书"中见到该遗书，时间记为 920 年。

③郑雨《莫高窟第九十八窟的历史背景与时代精神》，《九州学刊》1992 年第 4 卷第 4 期，第 38 页。

④马德《曹氏三大窟营建的社会背景》，《敦煌研究》1991 年第 1 期，第 19—24 页。

⑤刘永增、陈菊霞《莫高窟第 98 窟是一忏法道场》，《敦煌研究》2012 年第 6 期，第 31 页。

祝 920 年第 98 窟窟顶竣工将要举办的法事活动而准备的。

北大 D079《贤劫千佛名卷上》是 288 卷中保存完好的一件,从尾题中的“唯愿城隍安泰,百姓康宁”可以获知,这批《大佛名经》的目的和功能之一,是祈愿曹氏政权所控制的瓜沙二州能够安稳繁盛、黎民百姓能够健康平安。

由于这 288 卷《大佛名经》是曹议金专门为第 98 窟窟顶竣工后的庆功活动而准备的,那么《大佛名经》的以上两种重要的祈愿目的,也就反映在了第 98 窟窟顶贤劫千佛等图像之中。即通过这场法事活动,窟顶的这 703 身现在贤劫千佛,被赋予了能够使得国泰民安(曹氏政权安稳繁盛、黎民百姓健康平安),和使幕僚们齐心协力拥护政权的功能。这便是曹议金组织人员大量抄写《大佛名经》,并用以这场专设的窟顶竣工法事活动的特殊用意之一。

二、P.3781:为窟顶专设庆功法事的特殊意义

我们在第一章中对第 98 窟窟顶功德发愿文进行了重新录文,并重新命名为 P.3781《河西节度使尚书曹议金贞明六年(920)修成大窟上层功德记》。同时也对该件功德发愿文的价值作了说明:是目前为止所发现的唯一一例窟顶功德发愿文,它表明这也是唯一一例专为窟顶竣工而设的盛大庆功法事活动。它为曹议金功德窟第 98 窟的功能解读提供了特殊史料。

曹议金在窟顶竣工后专设一场法事活动的原因,马德先生认为,这是他利用佛教以安邦治世、笼络人心的举措。他不遗余力地经常举办各种佛教活动,不放过任何一次可以利用的机会,如为第 98 窟这样才饰画了一部分(窟顶)的洞窟而举办庆祝或纪念活动,就是这一举措的体现。[①]

---

①马德《曹氏三大窟营建的社会背景》,《敦煌研究》1991 年第 1 期,第 21 页。

曹议金功德窟第 98 窟中有许多重要的内容，最为重要的莫过于中心佛坛上的释迦牟尼主尊佛，其是洞窟中统摄一切的中心；除此之外，还有洞窟中与曹议金等密切关联的巨型供养人画像、四壁占有整个洞窟面积最大的诸多经变画等。然而，从现有资料来看，我们并未发现曹议金为这些重要内容的完成专门设置庆功活动，却为窟顶壁画的完成举办了一场规模不小的庆功活动。曹议金为洞窟窟顶的完成举办庆祝活动本身就显得极为反常，再结合上文所讨论，他还专门为这场法事活动提前组织相关人员抄写了一大批《大佛名经》（288 卷）。同时，窟顶壁画敷色也区别于窟中其他壁画而多贴金绘制，如十方诸佛、千佛中央主尊佛和四天王，可谓是金碧辉煌，正如 P.3781《河西节度使尚书曹议金贞明六年（920）修成大窟上层功德记》中载："焕然金色，如盛日之宝山。"这些都足以显示曹议金对窟顶壁画和这次窟顶庆功活动的高度重视。我们认为，第 98 窟窟顶壁画内容和题材蕴含着极为特殊的意涵。

要解开窟顶图像中的潜在意涵，我们需从与其密切关联的 288 卷《大佛名经》，和窟顶功德发愿文 P.3781《河西节度使尚书曹议金贞明六年（920）修成大窟上层功德记》入手。上文已述，这 288 卷《大佛名经》与窟顶 703 身现在贤劫千佛密切关联，它赋予壁画中的千佛图像，能够使得国泰民安和使幕僚们齐心协力拥护政权的功能。如果说《大佛名经》尾题中的祈愿是简明扼要的，那么，P.3781《河西节度使尚书曹议金贞明六年（920）修成大窟上层功德记》中的祈愿则是丰富而具体的（详见第一章第二节），不但进一步强化了《大佛名经》中的祈愿目的，而且涵盖了除窟顶千佛外更多的图像。P.3781《河西节度使尚书曹议金贞明六年（920）修成大窟上层功德记》：

> 装画上层，如同刀（忉）利。十方诸佛，模仪以毫相真身；贤劫千尊，披莲齐臻百叶；四王护法，执宝杵而摧魔；侍从龙天，亦

威光而怛赫；焕然金色，疑□初下□□（如盛日之宝山）；梵响凌空，布翔鸾于碧落。

愿文中除贤劫千尊，还出现了十方诸佛、四王护法、侍从龙天。这正是窟顶图像构成的主要内容，由于其大多被贴金敷色绘制，就出现了“焕然金色”的特殊效果。关于四天王和龙天图像的功能，在功德发愿文P.3781中进行了明确表达：“梵释四王，龙天八部，伏愿威光转胜（盛），福力弥增，兴运慈悲，救人护国。”正如沙武田等先生认为，这是一种祈求守护和佑护的心理，并赋予其治国安邦的意义。①这同祈求千佛使得国泰民安的功能是一致的。关于十方诸佛，在曹议金抄写的288卷《大佛名经》中就多次提及，如北大D079《贤劫千佛名卷上》中，在“南无见一切义佛”和“南无万力佛”后，紧接着抄写了一篇“忏悔文”，其中就提到“是故弟子某甲等，皈依十方尽虚空界”“十方诸佛贤圣”等。可见十方佛与千佛之间的紧密联系。另外，壁画中也常将十方佛与千佛绘制在一起。正如赖鹏举先生所言：“在内涵上，‘十方佛’主要表现‘空间’，‘千佛’主要在表现‘时间’。”②这是人们对物质世界时空观念的表达。如此，十方佛与千佛组合在一起旨在阐释时空观，使我们很容易联想到十方佛在第98窟的功能或与其下部的千佛图像类似。

对于窟顶图像所要表达的意涵，我们已有一些较为成熟的判断。十方诸佛、贤劫千尊、梵释四王、天龙八部等图像被赋予了能够使曹氏政权安稳繁盛、黎民百姓健康平安、曹氏中坚力量齐心协力共建政权的功能。贤劫千尊图像在窟中所占面积最盛，结合曹议金专门组织大量抄写《大

①沙武田《莫高窟第98窟及其对曹氏归义军时期大窟营建之影响》，兰州大学敦煌学研究所《敦煌归义军史专题研究续编》，兰州：兰州大学出版社，2003年，第649页；米德昉《敦煌曹氏归义军时期石窟四角天王图像研究》，《敦煌学辑刊》2012年第2期，第90—91页。

②赖鹏举《敦煌石窟造像思想研究》，北京：文物出版社，2009年，第105页。

佛名经》的事件,说明这一题材在窟顶所有图像中占有主导地位,这也是曹议金在《大佛名经》尾题中反复强调卷数288和祈愿内容的原因。以上便是曹议金特意举办该场窟顶庆功法会仪式的特殊意义之所在。

第三节　窟顶图像与相关画稿

一、窟顶图像与白描画稿 S.P.172

S.P.172 是一件发现于敦煌藏经洞的纸本白描画稿（图 6-7），现藏于英国国家博物馆，日本松本荣一先生最先将这件画稿定名为“坛样图”[①]。其后，《西域美术·大英博物馆藏品》[②]和《英藏敦煌文献》[③]皆沿用这一定名。胡素馨称其为“莲花中心曼荼罗”[④]。以上研究将这件画稿皆归为密宗图像的范畴。近年来，沙武田先生另辟蹊径，认为该画稿与第98 窟窟

①［日］松本荣一《敦煌画の研究》，东方文化学院东方研究所刊，京都：法藏馆，1937 年，附图一六二。

②［英］Roderick Whitfield 主编《西域美术·大英博物馆藏品》第 2 卷《敦煌绘画 II》，东京：讲谈社，1984 年，第 79—81 页。

③中国社会科学院历史研究所、伦敦大学亚非学院等《英藏敦煌文献》第 14 卷，成都：四川人民出版社，1995 年。

④［美］胡素馨《敦煌的粉本和壁画之间的关系》，《唐研究》第三卷，北京：北京大学出版社，1997 年，第 437—443 页。

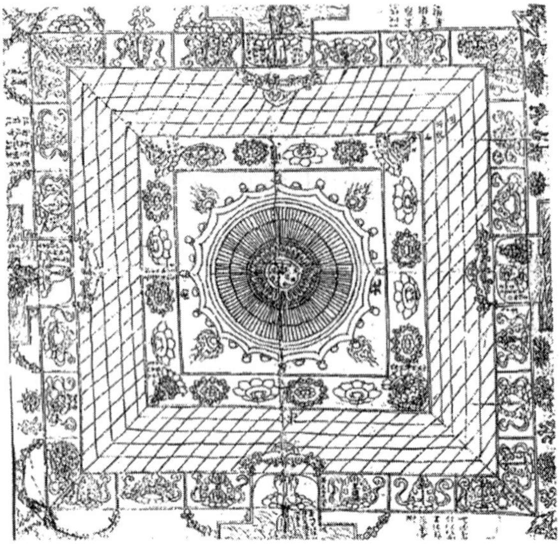

图 6-7 S.P.172 白描画稿

顶图像的绘制有关,将它定名为《窟顶画设计稿》①。笔者将在前贤研究的基础上,试作进一步探讨。

(一)S.P.172 白描画稿的基本内容

该画稿整体呈正方形,从里而外共由五层构成:

第一层正中心绘一巨大莲花,莲叶较为稠密,莲花一周绘有垂帐,上系摩尼宝珠,四方标记有东、西、南、北文字,以示方位。

第二层四方分别由四朵花卉图案组成,花卉图案分为两种,一种可明显识别出是莲花,另一种花卉花瓣碎小,花心同莲花花心,它们有规律地间隔排列。该层四角各绘一神像坐于莲花台座之上,均有圆形头光和背光,且标注有文字,东南角书“此神亦 / 头取中 / 心画”;西南角书“其梵王 / 须头向 / 心”;西北角书“此帝释 / 须头取 / 心”;东北角书“此神亦 / 头取心”。

第三层为网格状图案,纵横约 400 格,格中不绘内容,整体犹如覆斗顶之四坡状。

第四层四方绘一周长条形小框,框中多绘莲花座,之上置各种法器,

①沙武田《S.P.172 与莫高窟五代宋窟顶壁画关系试论——敦煌壁画底稿研究之三》,《敦煌研究》2000 年第 3 期,第 38—39 页。

如宝瓶、宝剑、宝戟、宝杵、宝刀等，器物两旁飘带上扬。每边正中间框中所绘有所不同，东西方正中绘足印，南北方正中绘手印，皆从莲花中伸出。它们皆标有文字，东西足印图像处分别书“此童子 / 神朴上隔方内/ 画此中但作水 / 波 / 其足印朴此方 / 中画 / 不用”“其水神 / 朴此隔方内 / 画其下方得水 / 其足印 / 朴门北方中 / 画”；南北手印图像处分别书“此方画 / 下头神其 / 手印移向西方 / 内刀不用”“其神当 / 方画其手 / 印移向门东 / 方中画 / 不用”。

第五层即为最外面一圈，无边框，绘花树一周，四边中间绘水波纹，内有神像。每边神像与花树皆标有文字，东边书“画东方天王”“此缘分(之)中 / 但似北面 / 画诸杂 / 花果宝 / 树”；南边书“此角画南方 / 天王”“但看北 / 面外方 / 画诸杂 / 宝树果 / 树其花并 / 不用”；西边书“此角画西 / 方天王”“似北面 / 画杂 / 宝树 / 果树等”；北边书“此角画北方 / 毗沙门天王”“此角开 / 咒师出入门”。①

(二)第 98 窟窟顶图像与 S.P.172 白描画稿

S.P.172 白描画稿中如内圆外方的画面结构，第四层中的诸法器和手、足印图像，第五层北边所标示文字“此角开 / 咒师出入门”等这些特点，明显具有密教曼荼罗的图像属性，也是学界一直以来界定其为曼荼罗画稿的原因之一。然而，该画稿所表现出的另外一些特征与曼荼罗图像还存在一些差异，这些特征更加接近敦煌曹氏时期诸多大窟窟顶图像的特点。正如沙武田先生所言，该画稿极有可能是莫高窟曹氏洞窟窟顶壁画的设计草图。②

S.P.172 画稿内圆外方的结构亦与莫高窟覆斗顶窟窟顶结构类似

①上述画稿录文皆参照沙武田《S.P.172 与莫高窟五代宋窟顶壁画关系试论——敦煌壁画底稿研究之三》，《敦煌研究》2000 年第 3 期，第 38 页。

②沙武田《S.P.172 与莫高窟五代宋窟顶壁画关系试论——敦煌壁画底稿研究之三》，《敦煌研究》2000 年第 3 期，第 38 页。

(图 6-8)。画稿由内而外共有五层,分别是中心莲花、神像与小莲花、网格状梯形图案、手足印与法器、四天王与花树图案。而敦煌归义军时期的大型洞窟窟顶,由内而外共有四层,分别是中心莲花或团龙井心、乘于云端的方位佛、梯形状四坡上的千佛和千佛中央说法图以及四天王、与四壁交接处的团花植物图案。现对两者中每一层之间的联系作进一步说明。

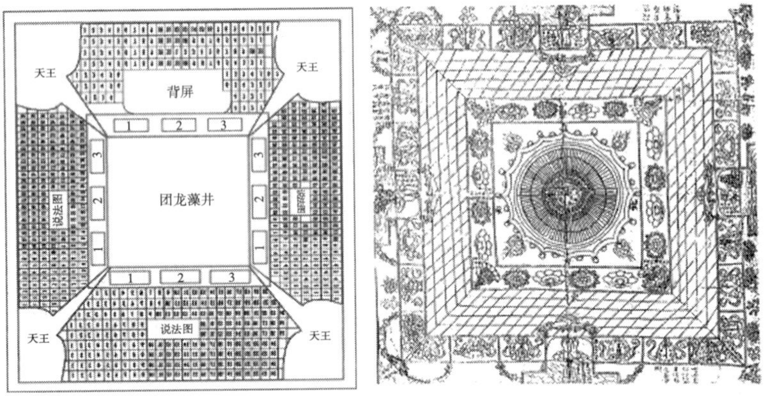

图 6-8　莫高窟第 98 窟窟顶结构与 S.P.172 白描画稿结构

敦煌莫高窟覆斗顶处藻井井心通常绘莲花图案，象征着佛国净土，而到了归义军时代,窟顶藻井井心多绘团龙图案,如第 98、100、146、61、55、152、454 窟等。仔细观察,这些团龙皆绘于莲花中心莲蓬位置,准确地讲应该称其为团龙莲花图案,很明显这是在以往莲花藻井的基础上演变而来的。至于团龙图案的出现,一方面与当地的龙王信仰的流行有关,另一方面则与归义军尊中原王朝为正朔的政治属性有关。当然,该时代也有一些洞窟井心图案延续了敦煌前期莲花藻井的传统,如第 85 窟等。S.P.172 白描画稿中心的莲花很可能是受到该传统影响的结果。

第 98 窟第二层即四坡最上层绘乘云而至的十方赴会佛，头顶皆朝向井心,而 S.P.172 画稿第二层则绘小莲花和四神像,神像坐于莲花座之上,且绘有圆形头光和背光。从上文所录标示文字可知,这些神像中有梵王和帝释,虽然与十方佛有位阶之差,但仍是佛国世界中的重要天神,四天神位于画稿第二层四角，或代表着方位神。另外，神像录文“头取中心画”“须头向着心”等皆指明，在具体绘制的过程中将神像的头部朝向中心莲花画面，而画稿中神像皆头顶朝向外面，因此这些文字具有标注的作用，观察第 98 窟十方佛皆头朝向井心，表明二者之间存在一些关联。

无论是洞窟壁画还是画稿，位于第三层之上的图案是最为相似的，洞窟四坡的千佛图案有规律地横竖排列着，而画稿中该部分亦有规律地绘制出约 400 个网格，这些网格非常类似壁画绘制前确定画面具体方位的参考线，其整体结构亦非常类似覆斗顶四坡之梯形结构，唯一不同的是画稿网格中并未绘任何图像，很明显这如同上文的文字标示一样，代表要绘制若干大小相同且排列有序的图像，很可能就是千佛图像，这也体现了草稿的一些特点。网格之中并不画任何图像的原因，还很可能与刺孔画稿的使用有关（详见下一节），而梯形网格结构在密宗曼荼罗图像中是很少见到的。

壁画中第三层四角的天王图像与画稿第四层诸多法器图像或有关联。第 98 窟窟顶东南角提头赖咤天王右手执杵，东北角毗沙门天王左边侍从手持宝刀。由于西南角和西北角二天王已残毁我们无法判断，但在第 100 窟我们能清楚地看到西南角毗楼博叉天王右手持剑。这与画稿中第四层所绘宝剑、宝杵、宝刀等图案似有一定联系，即画稿中该层法器图像正代表着诸多护法天神，护佑着法器图案中间的由足印和手印图案代表的说法佛陀。壁画和画稿中的图像虽有差异，但他们在护法这一功能上是一致的。

壁画中第三层四角的天王图像还与画稿中第五层四天王有直接关系。由前文已知，第 98 窟窟顶四角分别绘：东南角“东方提头赖咤天王”、西南角“南方毗楼博叉天王”、西北角“西方毗楼□□（勒叉）天王”、东北角“北方大圣毗沙门天王”；而 S.P.172 画稿第五层四方位分别书：东面“画东方天王”、南面“此角画南方 / 天王”、西面“此角画西 / 方天王”、北面“此角画北方 / 毗沙门天王”。第一,由位于画稿北面的文字“此角画北方 / 毗沙门天王”可知,该处天王为毗沙门天王,这恰与第 98 窟东北角所绘毗沙门天王一致,进一步可推导画稿中其他三方位天王当与窟中其他三天王相对应。沙武田先生亦认为,第 98 窟窟顶四角所绘四天王,其方位和天王名号与画稿完全一致。[①]值得注意的是,在敦煌莫高窟曹氏时期的洞窟中,窟顶四天王的绘制方位并不完全一致,像第 98 窟如此排列的洞窟还有第 108 和 61 窟,其余则呈现出另一种排列方式(表 6–1)。第二,画稿中四天王被绘在每边中间的位置,然而我们从画稿文字中的“此角画……”可知,天王当画在四角,这恰与洞窟中的天王绘在窟顶四角相一致。同时由画稿中这一文字亦可知,其明显具有指向性,也充分体现出该画稿作为洞窟设计草稿的属性。

表 6–1　敦煌曹氏时期大窟窟顶四角所绘天王方位统计表

	东南角	西南角	西北角	东北角
98	东方提头赖吒天王	南方毗琉璃天王	西方毗楼博叉天王	北方毗沙门天王
100	南方毗琉璃天王	西方毗楼博叉天王	北方毗沙门天王	东方提头赖吒天王
108	毁	毁	毁	北方毗沙门天王
146	南方毗琉璃天王	西方毗楼博叉天王	北方毗沙门天王	东方提头赖吒天王
61	东方提头赖吒天王	南方毗琉璃天王	西方毗楼博叉天王	北方毗沙门天王
55	南方毗琉璃天王	西方毗楼博叉天王	北方毗沙门天王	东方提头赖吒天王
454	南方毗琉璃天王	西方毗楼博叉天王	北方毗沙门天王	东方提头赖吒天王
152	南方毗琉璃天王	西方毗楼博叉天王	北方毗沙门天王	东方提头赖吒天王
261	南方毗琉璃天王	西方毗楼博叉天王	北方毗沙门天王	东方提头赖吒天王

①沙武田《S.P.172 与莫高窟五代宋窟顶壁画关系试论——敦煌壁画底稿研究之三》,《敦煌研究》2000 年第 3 期,第 39 页。

壁画窟顶与四壁交接处绘有团花图案装饰带，其取材于花卉植物，似与画稿最外层花果树木图案有一定联系,它们皆属于植物科,并且都处于最外层,一个是具象的图案,一个是抽象的图案。沙武田先生亦指出二者之间的联系,认为窟顶相关图案是将画稿中花树等变成了简单的团花图案。[①]

综上,我们通过将第98窟等曹氏时期洞窟与S.P.172白描画稿在图像细节上进行了比较研究,发现两者之间存在诸多图像上的联系。从画稿中的文字内容,如"此角画……""……不用",某内容"移向"某方位等,皆表明该画稿为指导制作某图像的设计草稿。上述各方面间的联系,似指出该画稿与曹氏洞窟窟顶壁画间的关联，特别是第98、108和61窟。虽然壁画与画稿上的图案有所出入,但这在艺术的创作中是合理的。正如英国著名美术史家贡布里希所提出的"图式—修正""制作—匹配"[②]的艺术再现规律;姜伯勤先生亦认为,敦煌的画师们在绘制壁画时,是将所依据的画稿与每一次所具体面对的对象结合起来的,画师们从现成的画稿出发，再进行独创性的增减与革新。[③]该件画稿具有曼荼罗的图像特征应该肯定，但我们也无法忽视该画稿与第98窟窟顶图像间的相似性。虽然沙武田先生将该画稿判定为窟顶画设计稿[④]，但窟顶壁画与该件画稿之间的关系仍不具唯一性。因此,笔者认为第98窟窟顶图像的绘制与设计,可能很大程度上仅参考了S.P.172。

---

①沙武田《S.P.172与莫高窟五代宋窟顶壁画关系试论——敦煌壁画底稿研究之三》,《敦煌研究》2000年第3期,第39页。

②[英]贡布里希著,林夕等译《艺术与错觉——图画再现的心理学研究》,杭州:浙江摄影出版社,1987年,第181页。

③姜伯勤《敦煌艺术宗教与礼乐文明》,北京:中国社会科学出版社,1996年,第40页。

④沙武田《S.P.172与莫高窟五代宋窟顶壁画关系试论——敦煌壁画底稿研究之三》,《敦煌研究》2000年第3期,第38—39页。

二、千佛图像与刺孔画稿

敦煌藏经洞中发现的诸多画稿中，有一部分画稿沿着图像轮廓刺有很多小孔，饶宗颐先生将其称为“刺孔”①画稿。国内外相关领域专家普遍认为这八件刺孔画稿，是用于绘制莫高窟归义军时期一些大型洞窟窟顶千佛图像与千佛中央说法图的画稿。②

刺孔画稿一般有两种使用方法。第一种是用针锥等利器依照画稿墨线进行密刺小孔，再将白粉等扑打入孔洞，或使用墨色，使白粉或墨点透过孔洞洒在底层的纸绢或墙壁上，最后顺着粉点或墨点勾线作画。第二种是将白粉等涂抹在画稿反面，然后用竹针、簪钗等利器沿正面图像轮廓描印在纸绢或墙壁之上，最后依据粉线作画。

发现于敦煌藏经洞的8件刺孔画稿分别是：S.P.72、S.P.73(1)、S.P.73(2)与P.4517(2)、P.4517(3)、P.4517(4)、P.4517(5)、P.4517(6)。为便于后续论述，现结合画稿和前人描述作一简要说明：

S.P.72：这件刺孔画稿是8件中面积最大的一幅，高79厘米，宽141厘米。画稿呈米黄色，上绘说法图一铺。画稿中央一佛结跏趺坐于莲花之上，绘华盖，佛作说法印；两旁二弟子与二菩萨亦坐于莲花之上，弟子双手合十，头上绘菩提树，菩萨头上绘华盖。该件画稿最值得注意的是，画

①饶宗颐《敦煌白画》，《法国远东学院考古学丛刊》，1978年，第14页。

②详见[英]Roderick Whitfield 主编《西域美術·大英博物館斯坦因収集品》第2卷，东京：讲谈社，1982年，彩色图版第78、79、80，单色图版第138、139；Roderick Whitfield and Anner Farrer, Caves of the Thousand Buddhas-Chinese Art from the Silk Route.Published for the Trustees of the British Museum, by Bristish Museum Publications, 1990.pp92.[美]胡素馨《敦煌的粉本和壁画之间的关系》，《唐研究》第3卷，北京：北京大学出版社，1997年，第437—443页；沙武田《敦煌千佛变画稿刺孔研究——兼谈敦煌千佛画及其制作技法演变》，《敦煌学辑刊》2005年第2期，第57—71页。另见沙武田《敦煌画稿研究》(第五节千佛变画稿——以“刺孔”研究为中心)，北京：中央编译出版社，2007年，第207—230页。

面右边佛弟子及菩萨既有墨线又有针孔线,而左边弟子和菩萨仅有针孔线。另外,在该画稿的边上存有破损的小洞孔各一排,推测当是用于固定画面于墙上或者纸绢上遗留下的痕迹。从画稿整体来看,因其使用频繁,破损较为严重。

S.P.73(1):这件刺孔画稿高约 32 厘米,宽约 26 厘米。画稿绘一佛陀结跏趺坐于莲花之上,头顶绘有华盖。画稿存有墨线和针孔线,然而,非常奇怪的是针孔线并未与墨线重合,呈现出针孔形象略小于墨线形象的特点,这是其他几件刺孔画稿中皆未见到的一个特殊现象。

S.P.73(2):这件刺孔画稿高约 55 厘米,宽约 38 厘米。画稿绘一佛陀结跏趺坐于莲花之上,头顶绘有华盖与菩提树。画稿主体形象为针孔线,仅头光与背光中的装饰图案分别使用红色与墨色勾勒。疑为刺孔完善后补绘内容。另外,画稿中间以及上下各遗留墨线一道,疑为制作壁画或者纸绢画时所使用到的某种记号和参考线。

P.4517(2)与 P.4517(3):这两件刺孔画稿均高约 26 厘米,宽约 16 厘米。画面中皆一佛陀结跏趺坐于莲花之上,头顶绘有华盖。画稿中针孔线与墨线轮廓重叠于一起。另外,画稿四周绘一矩形框,成为这两件刺孔画稿的特点。

P.4517(4)与 P.4517(5):这两件刺孔画稿均高约 32 厘米,宽约 21 厘米。画面中皆绘一佛陀结跏趺坐于莲花之上,头顶绘有华盖。这两件画稿均无墨线,仅存针孔线轮廓。

P.4517(6):这件刺孔画稿高约 32 厘米,宽约 21 厘米。画面中一佛陀结跏趺坐于莲花之上,头顶绘有华盖。墨线与针孔线重叠,唯一不同于其他的是画稿墨线时断时续。

以上 8 件刺孔画稿反映出如下三个问题:

第一,第 98 窟窟顶四坡千佛中央说法图与 S.P.72 刺孔画稿的关系。S.P.72 刺孔画稿四周存有孔洞,破损较为严重,明显是因多次固定于墙壁或纸绢上反复使用所致。我们考察莫高窟归义军时期的诸多大窟后发现,窟顶四坡千佛中央各绘有一铺说法图,由一佛和左右两边二弟子二菩萨组成。正如S.P.72刺孔画稿一样,佛弟子及菩萨皆结跏趺坐于莲台之上,佛与菩萨顶有华盖,弟子双手合十。除图像上的一致性,壁画绘制的尺寸大小亦与画稿非常接近,如第98窟千佛中央说法图高约98厘米,宽约160厘米。晚唐第196窟,五代第100、108、146等窟中的说法图尺寸与第98窟相差无几,但因第98窟的规模较大,后述诸窟中的千佛中央说法图比例要比第98窟稍小,这恰与S.P.72刺孔画稿高79厘米,宽141厘米的尺寸较为接近。因此,S.P.72很可能是后述诸窟窟顶千佛中央说法图的刺孔画稿,而对于第98窟而言,因其长宽相差约20厘米,或仅能作为参照稿。胡素馨等专家认为S.P.72刺孔画稿就是直接用于绘制包括第98窟在内的诸多归义军时期大窟窟顶说法图,并解释画稿与壁画之间的尺寸之差,是由于描绘画像的画师使用重彩而扩展了原形象所致。[①]我们认为这种因素是存在的,而对于说法图刺孔画稿与壁画尺寸相差较多的第98窟,或还存在另一种解释。8件刺孔画稿中的S.P.73(1)是一件单体佛像画稿,其最显著的特征是针孔形象略小于墨线形象,这显示出其在八件刺孔画稿中的独特性。从针孔线与墨线之间规律地保持一定距离的特点可看出,并非画师笔误,而极有可能是画师通过比例较大的画稿制作比例较小的画稿,反之亦可制作比例更大的画稿。这种刺孔画稿的存在,或可说明第98窟窟顶说法图的绘制并非直接使用了S.P.72刺孔画稿,而仅将其作为参照稿放大使用。

第二,第98窟窟顶四坡千佛图像与敦煌单体佛像刺孔画稿的关系。一直以来,学界仅从刺孔画稿的图像特征、尺寸大小与石窟壁画中图像

---

①[美]胡素馨著,唐莉芸译《模式的形成——粉本在寺院壁画构图中的应用》,《敦煌研究》2001年第4期,第51页。

的相似性,来推测刺孔画稿可能在敦煌归义军时代的使用。直到沙武田先生亲自考察第 98 窟时,敏锐地发现在窟顶北坡千佛图像的墨线上,能非常清楚地看到诸多小墨点跟随墨线的现象,这与刺孔画稿的情形完全相同。他认为这是使用刺孔画稿作画时拓出的墨粉轮廓线,未被后来的墨线完全覆盖。[①]这一重要发现为刺孔画稿在敦煌石窟壁画中的使用找到了最直接的证据。第 98 窟千佛图像每尊高约 48 厘米,宽约 27 厘米;第 94 窟窟顶千佛图像高约 58 厘米,宽约 28 厘米;第 256 窟千佛图像高约 48 厘米,宽约 28 厘米;第 233 窟千佛图像高约 47 厘米,宽约 29 厘米等。可见敦煌归义军不同阶段窟顶千佛图像的尺寸比较一致,然而这一尺寸普遍比藏经洞所发现的 7 件单体佛像刺孔画稿要大一些。虽然壁画中千佛图像之造型特征与这些刺孔画稿非常一致,但由于壁画与画稿尺寸存在较大差异,表明这些刺孔画稿并非直接用于洞窟壁画中,而是如同 S.P.73(1)一样仅将其作为参考稿缩放间接使用。首先,这 7 件刺孔画稿整体上保存完好,可表明使用频率极低;同时,从 P.4517(2)与 P.4517(3)两件刺孔画稿四周绘有一矩形框,可知其或为"刺孔中的范本"[②],即用来参考制作直接用于壁画绘制的刺孔画稿。

第三,8 件画稿反映出三种刺孔画稿的制作方法。S.P.72 反映出刺孔画稿的第一种制作方法。该件刺孔画稿呈现出右半边有墨线而左半无墨线的特点。可见,敦煌画师首先是用墨线画好说法图的右边部分,然后将画面沿着中央佛进行纵向折叠,最后使用针锥等利器沿着墨线密集打孔,画稿展开后便呈现出左半边弟子和菩萨仅有刺孔而无墨线的效果。P.4517(4)、P.4517(5)、P.4517(6)反映出刺孔画稿的第二种制作方法。该

①沙武田《敦煌千佛变画稿刺孔研究——兼谈敦煌千佛画及其制作技法演变》,《敦煌学辑刊》2005 年第 2 期,第 64 页。

②沙武田《敦煌千佛变画稿刺孔研究——兼谈敦煌千佛画及其制作技法演变》,《敦煌学辑刊》2005 年第 2 期,第 59 页。

3 件刺孔画稿无论在佛陀形象上还是在画稿尺寸上都非常相近，除了 P.4517(6)存有墨线,其余几乎完全一致。胡素馨认为仅有针孔线而无墨线的 P.4517(4)和 P.4517(5)画稿很可能是依据存有墨线的 P.4517(6)画稿而来。其制作方法是将墨线稿置于最上端,然后在其底下叠压若干纸张,最后用针锥刺孔而得。[①]第三种方法在上文中已经提到,即 S.P.73(1)画稿的制作方法。其针孔线稿形象小于墨线形象的特点,反映出可参考原稿通过缩小或放大来制作出相关尺寸的刺孔画稿。

综上,我们发现藏经洞的 8 件刺孔画稿,在图像内容和特征上与第 98 窟等归义军时期的窟顶壁画相同，但是画稿的新旧程度以及画稿与石窟壁画间尺寸上的较大差异。我们认为,这几件画稿更多是用来参照、制作直接用于壁画绘制的其他刺孔画稿的,其性质当是制作刺孔画稿的范本,而由此制作出的直接用于壁画绘制的刺孔画稿或因使用次数频繁受损而未被保留下来。

① [美]胡素馨著,唐莉芸译《模式的形成——粉本在寺院壁画构图中的应用》,《敦煌研究》2001 年第 4 期;第 50 页。

小　结

在本章中,我们就第 98 窟窟顶图像,首先运用图像学方法对壁画进行了释读并提炼出图像组合的特征。该特征表现在窟顶四坡十方赴会诸佛之朝向与现在贤劫千佛之绘制排列的聚合点,共同指向西坡佛像及背屏前塑像释迦牟尼主尊。四坡十方佛与贤劫千佛图像以及四天王等,亦共同构成第 98 窟窟顶的时空概念。

接着,笔者通过敦煌遗书 P.3781《河西节度使尚书曹议金贞明六年(920)修成大窟上层功德记》和北大 D079《贤劫千佛名卷上》等相关文献资料,运用文献学的方法,深挖了文献中所反映出的历史信息与绘制窟顶壁画之目的。我们从内容和祈愿目的两个方面论证了,曹议金组织抄写的 288 卷《大佛名经》与第 98 窟窟顶千佛图像有一定关系,主要以其中之一卷——北大 D079《贤劫千佛名卷上》文末尾题为依据,认为曹氏组织抄写该 288 卷《大佛名经》之目的是用于第 98 窟窟顶的法会;进而以第 98 窟窟顶发愿文 P.3781 中的祈愿信息与《大佛名经》尾题中的部分祈愿内容具有一致性为据,再结合曹氏归义军初期内忧外患的历史背景,推断出第 98 窟窟顶贤劫千佛、十方诸佛、四天王等图像,被赋予了能够使曹氏政权安稳繁盛、黎民百姓健康平安、曹氏中坚力量齐心协力共建政权的象征性意涵。

最后从艺术学的视角,讨论了与第 98 窟窟顶图像相关的几件画稿。我们对第 98 窟窟顶图像与 S.P.172 白描画稿作了详细的比较研究,发现它们之间在图像特征上存在诸多联系,认为该画稿很可能是用于第 98 窟窟顶壁画绘制与设计的参照。笔者还对敦煌藏经洞所发现的 8 件刺孔画稿进行了探讨,它们分别是 S.P.72、S.P.73(1)、S.P.73(2)、P.4517(2)、P.4517(3)、P.4517(4)、P.4517(5)、P.4517(6),认为其并非直接用于归义军时期千佛图像的绘制,而更多的是作为其他刺孔画稿制作时的摹本,换句话说,其性质当是制作刺孔画稿之范本。

第七章

旨归汇流：石窟佛教思想、功能及其地位与影响

第一节　石窟佛教思想

一、主尊造像与窟顶图像

第 98 窟主室中心设坛，坛上主尊造像为释迦牟尼，其趺坐于须弥座上，左手作降魔触地印，右手上举作说法印，身后背屏上绘菩提宝盖。窟顶四坡是十方佛、贤劫千佛以及四天王图像，十方佛和贤劫千佛共同表达出石窟窟顶的“时空”意涵。

第 98 窟窟顶图像题材与窟中设坛的做法与吐峪沟北凉第 44 窟近似。第 44 窟窟顶绘十方三世三千佛，四天王绘于窟顶十方佛和四壁千佛交界处之四角，窟内地面中央设高约 1 米泥坛。与之相比，有所差异的是第 98 窟窟顶千佛题材仅为三世三千佛中的贤劫千佛，其余内容基本相同。

据赖鹏举先生研究，吐峪沟第 44 窟是北传最早以十方三世佛为主尊、以四天王守护窟之四隅界内的密法坛场。[①]早在东晋时期，十方三世佛

①赖鹏举《敦煌石窟造像思想研究》，北京：文物出版社，2009 年，第 64 页。

已成为北传密法中的重要内容,《七佛八菩萨所说大陀罗尼神咒经》载:

> 礼十方佛……得见千佛,手摩其头,即与授记……面对十方诸佛,面见授记……①

可见该密咒经典中将十方佛和千佛当作信众礼拜的对象。

莫高窟盛唐第148窟南北壁出现了以"十方三世"佛为主尊的密教造像,当是受到吐峪沟第44窟密法坛场的影响。②第98窟窟顶十方佛与贤劫千佛或亦受到影响。

另外,窟顶四天王图像亦表现出密教属性的特点。昙无谶译《金光明经》是早期的密法经典,不但载有四天王,还强调四天王护持国家、抵御外敌进犯的功能。该经"四天王品"载:

> 尔时毗沙门天王、提头赖吒天王、毗留勒叉天王、毗留博叉天王……世尊!我等四王,复当勤心拥护是王及国人民,为除衰患令得安隐。③

这不但表明四天王与密教经典间的联系,而且还反映出四天王具有护持国家、抵御外敌入侵的功能。

宿白先生曾对曹氏时期诸窟进行研究,指出窟顶四天王图像是五代宋初敦煌新流行的密教图像之一。④曹氏时期诸多中心佛坛窟于窟顶配置四天王图像的思想意涵或与吐峪沟第44窟类似,四天王结界护坛,反

---

①《七佛八菩萨所说大陀罗尼神咒经》,《大正藏》第21册,第538—540页。

②赖鹏举《敦煌石窟造像思想研究》,北京:文物出版社,2009年,第64页。

③[北凉]昙无谶译《金光明经》,《大正藏》第16册,第340—341页。

④宿白《中国石窟寺研究》,北京:文物出版社,1996年,第293页。

映的是佛教的密修特性，表现出敦煌石窟中部分图像所具有“显体密用”[①]的属性。

《广大宝楼阁善住秘密陀罗尼经·结坛场法品》载：

> 尔时世尊说坛场法……四角各画四天大王。[②]

《关中创立戒坛图经·戒坛形重相状》亦载：

> 四角大神，所谓四天王也，常护佛法及以众生……故须造立仪像，依方隅而列之。东北角天王名提头赖咤……东南角天王名毗娄勒叉……西南角天王名毗娄博叉……西北角天王名毗沙门。[③]

这些经典表明在设坛时要绘四天王像于四角，用以结界护法。经典中四天王“依方隅而列之”的做法正与石窟中设坛、四角绘天王的配置相一致。

《金光明经》载：“若阿兰若处，以香泥涂地，烧微秒香，敷净好座，以种种花香布散其地，以待于我。”[④]赖鹏举先生认为该经典中“香泥涂地”表示在窟中洁净其地，“敷净好座”即是立坛。[⑤]另外，《七佛八菩萨所说大陀罗尼神咒经》中载：“用七色花、三种名香，供养奉散释迦牟尼佛……

---

① 郭佑孟《敦煌密教石窟体用观初探》，《圆光佛学学报》2006 年第 10 期，第 156 页。

②［唐］菩提流志译《广大宝楼阁善住秘密陀罗尼经·结坛场法品》，《大正藏》第 19 册，第 643 页。

③［唐］道宣撰《关中创立戒坛图经·戒坛形重相状》，《大正藏》第 85 册，第 808 页。

④［北凉］昙无谶译《金光明经》，《大正藏》第 16 册，第 345 页。

⑤赖鹏举《敦煌石窟造像思想研究》，北京：文物出版社，2009 年，第 64 页。

若空静处，安置佛像。”[①]反映出释迦牟尼佛在密法坛场作为主尊的出现，这亦与第98窟佛坛主尊尊格相一致。

在上一章中我们讨论了第98窟窟顶图像的配置组合特点，发现它们呈现出一定的规律性，即窟顶四坡十方佛之朝向与贤劫千佛之绘制排列的聚合点，共同指向西坡佛像及背屏前主尊释迦牟尼，可反映出佛坛主尊与窟顶图像之间的关联；进而综合上述第98窟窟顶十方佛、贤劫千佛、四天王图像以及中心佛坛主尊造像等题材与密教间所存在的联系，可推断窟顶图像与中心佛坛共同构成的空间结构，可能与佛教“结坛”修法思想有关。

在敦煌藏经洞中发现了许多曹氏时期的“结坛散食回向文”和“结坛发愿文”等写卷，如P.2058中存有19篇，S.5957中存有20篇。[②]这些写卷记载了敦煌“结坛”作法的相关事宜，其中很大一部分写卷反映出此类活动多发生在曹议金时期，如S.4537中反映出“佛日”结坛作法，P.3149反映出新岁“四门四隅”结坛等。由此说明“结坛”作法在曹氏时期是项频繁而重要的佛事活动。五代、宋时期莫高窟中心佛坛窟的增多或与这些“结坛”活动的盛行有关。

S.2144《结坛散食回向发愿文》载：

奉请东方提头赖咤天王主领一切干达婆神、毗舍耆鬼并诸眷属来降道场；奉请南方毗楼勒叉天王主领一切鸠盘咤鬼、毗肋多鬼并诸眷属来降道场；奉请西方毗楼博叉天王主领一切诸大毒龙及富怛那鬼并诸眷属来降道场；奉请北方大圣毗沙门天王主领一切夜叉罗刹、诸恶鬼并诸眷属来降道场。……证明弟

---

①《七佛八菩萨所说大陀罗尼神咒经》，《大正藏》第21册，第538—548页。

②黄征、吴伟《敦煌愿文集》，长沙：岳麓书社，1995年，第339、590页。

子所修功德。①

该写卷中“奉请……天王主领……并诸眷属来降道场”的书写规范与第98窟四天王题记的写作规范“谨请……天王主领……并诸眷属来降此窟”相一致，S.5589、S.5456、S.3427、北图7677等都是类似的结坛写卷。它们之间的关联反映出第98窟中心佛坛与窟顶图像的配置设计思想或受到“结坛”法事仪轨的影响。

第98窟窟顶十方佛、贤劫千佛、四天王图像，与中心佛坛释迦主尊共同组合之设计，传达出对结界、设坛作法修持理念的重视，其中，四天王降临道场分守四隅，体现“结界”作法之意。“结坛”而修是佛教密法修行法门之一，反映出曹氏时期敦煌佛教显密并存的特点。

二、经变对置意涵及其成因

自初唐以来，敦煌石窟中的众多经变画在窟中的搭配对置组合上呈现出一定的规律性，这既体现在同壁中的经变组合中，又反映在两壁间的经变对置中，其中尤以石窟主尊两侧壁间的表现最为典型。在莫高窟主要体现在主室南北二壁。一般地，同壁中的经变组合通常在南壁以《西方净土变》为主，其左右配置《报恩经变》《法华经变》《弥勒经变》等；北壁以《药师经变》为主，其左右配置《思益梵天问经变》《华严经变》《天请问经变》等。南北壁间的对置组合通常是《西方净土变》与《药师经变》，《法华经变》与《华严经变》，《弥勒经变》与《天请问经变》，《报恩经变》与《思益梵天问经变》，《楞伽经变》与《密严经变》等。第98窟主室南北壁东起分别是《报恩经变》与《思益梵天问经变》，《法华经变》与《华严经变》，《阿弥陀经变》与《药师经变》，《弥勒经变》与《天请问经变》，基本沿袭了敦煌

①中国社会科学院历史研究所、伦敦大学亚非学院等《英藏敦煌文献》第4卷，成都：四川人民出版社，1991年，第31页。

莫高窟自唐代以来经变配置的传统。这些经变对置组合的规律和成因,既体现在佛教义理上,又表现在信仰实践方面。

(一)《报恩经变》与《思益梵天问经变》

第 98 窟主室南北两壁东起第一组是《报恩经变》与《思益梵天问经变》对置搭配,相同的对置搭配在莫高窟还存在 8 例,它们分别是晚唐第 85、156 窟,五代第 61、100、108、146,宋代第 55、454 窟。另外,这两铺经变还出现各自与其他经变对置搭配的情况,如《报恩经变》与《天请问经变》对置仅存 2 例,见于榆林窟第 16 窟和第 19 窟;《报恩经变》还分别与《弥勒经变》和《金刚经变》对置,各存 4 例,分别是莫高窟中唐第 200、238 窟和晚唐第 20、141 窟,中唐第 112 窟和晚唐 138、144、145 窟。《思益梵天问经变》与《天请问经变》对置存 2 例,分别是榆林窟五代第 34 和 38 窟。在这些对置关系中,《报恩经变》与《思益梵天问经变》的对置搭配数量,比它们各自与其他经变的对置搭配都要多,成为最常见的一组搭配。

《报恩经变》与《思益梵天问经变》能够形成常见的对置搭配关系,说明它们之间存在一定联系。P.2762《张淮深佛事功德记》载:"……四壁图诸经变相一十六铺。参罗万象,表化迹之多门……方丈室内,化尽十方,一窟之中,宛然三界。"[①]其中"三界"是指六道众生的居处,是将佛国净地制作成类似三界的场景,表明洞窟中出现了不同于佛国净土的画面,即六道性质的经变。贺世哲先生认为 P.2762 功德记所述洞窟即为莫高窟第 94 窟,但第 94 窟所绘 16 铺经变画被后代壁画完全覆盖,贺先生推测窟中经变应有维摩诘、华严、法华、金光明、楞伽、报恩、药师、弥勒、天请问、佛顶尊胜陀罗尼、西方净土等经变。[②]其中《天请问经变》《佛顶尊

①唐耕耦、陆宏基《敦煌社会经济文献真迹释录》第五辑,北京:全国图书馆文献缩微复制中心,1990 年,第 207 页。

②贺世哲《从供养人题记看莫高窟部分洞窟的营建年代》,敦煌研究院《敦煌莫高窟供养人题记》,北京:文物出版社,1986 年,第 212—213 页。

胜陀罗尼》《报恩经变》就属于六道性质的三界内经变;诸多净土类经变是超出三界的十方佛国净土。《思益梵天问经变》亦属于三界内天道性质的图像,因此,其与同属三界内人道性质的《报恩经变》常对置搭配。这也就不难理解《报恩经变》与《天请问经变》以及《思益梵天问经变》与《天请问经变》偶尔会对置搭配。

(二)《法华经变》与《华严经变》

第98窟主室南北两壁东起第二组是《法华经变》与《华严经变》对置搭配,相同的对置搭配在莫高窟还存在16例,主要位于窟顶南北坡和主室南北壁。它们分别是中唐第159、237、231、472、449窟,晚唐第12、138、144、232、196窟,五代第108、146、6、61、261窟及宋代第76窟。①可见该两铺经变对置搭配比较稳固。

《法华经变》与《华严经变》的对置搭配,学界关注较多。天台宗的立宗之经主要是《法华经》,华严宗的立宗之经主要是《华严经》,而该两经皆为"五教"中的一乘圆教,层次最高。王静芬先生就认为可用天台宗之"五时八教"的判教思想来解释这两铺经变的对应。②殷光明先生亦认为《法华经变》与《华严经变》的对置应是天台宗和华严宗判教最具包容性及教理圆融的集中体现。③王中旭先生则从丧葬和净土的视角探讨了石窟中《法华经变》与《华严经变》的对置问题,认为它们在荐亡或生者往生兜率天或西方净土上是一致的。④可见,《法华经变》与《华严经变》能够

①除上述在洞窟中可见到的案例,敦煌遗书中还论及两个洞窟中存在《法华经变》和《华严经变》,它们分别是P.3720《张淮深造窟功德记》载:"四壁图诸经变一十六铺……或则九会华严。"P.4640《吴僧统碑》载:"华则会三归一。"前者所指为晚唐第94窟,后者所指为中唐第365窟。

②王静芬《唐代莫高窟壁画所见与画史记载寺院的经变题材比较》,池田温等《敦煌文薮》上,台北:新文丰出版公司,1999年,第238页。

③殷光明《敦煌华严法华经变的配置与判教思想》,敦煌研究院《敦煌壁画艺术继承与创新国际学术研讨会论文集》,上海:上海辞书出版社,2008年,第561—574页。

④王中旭《阴嘉政窟——礼俗、法事与家窟艺术》,中央美术学院博士学位论文,2009年。

稳固对置搭配的原因,既涉及二宗义理层面上的共性因素,又表现在信仰实践的一致性方面。

(三)《西方净土变》与《药师经变》

第 98 窟主室南北两壁东起第三组是《西方净土变》与《药师经变》对置搭配。在敦煌石窟中,以此二经变对置搭配的洞窟还存有 76 例,它们分别是莫高窟初唐第 220 窟,盛唐第 148 窟,中唐第 7、92、112、134、159、180、200、202、231、236、237、238、240、358、359、360、361、369、370、386、471 窟;西千佛洞中唐第18 窟(东西壁),晚唐第 12、18、20、85、107、128、138、132、141、144、147、145、150、156、160、173、177、192、196、227、232、337、343、473 窟,五代第5、6、22、61、100、108、144、205、334、468 窟;榆林窟第 12、16、19、33、34、36、38 窟, 宋代第 15、55、76、118、449、452、454 窟,西夏第 88、164、400、418 窟。其中,在莫高窟第 148、202 窟和西千佛洞第 150 窟中,该两铺经变位于主室东壁门南北两侧;在莫高窟第 134 窟和西千佛洞第 160、173、177、337、343 窟中位于主室东西壁;在西千佛洞第 205 窟中位于前室西壁门南北两侧,在第 334 窟中位于前室南北壁。可见,这组经变配置在中唐以后是相当稳固的,不仅在主室南北壁形成固定搭配,还出现在东西壁、门南北壁,甚至前室南北壁都有出现。藤枝晃先生认为这两铺经变于左右壁相对,可谓有一种原则,先生将其称作“对称式”。①

关于这两铺经变的对置原因,梅林先生认为之所以莫高窟与传统木构建筑的南北开向不同,是受鸣沙山坐西朝东的影响。梅氏以律寺之南北开向来分析莫高窟,即莫高窟南壁相当于寺院的西壁,北壁相当于东壁。如此便解释了敦煌《西方净土变》多居于南壁,《药师净土变》多居于

---

①[日]藤枝晃《关于 220 窟改修的若干问题》,敦煌研究院《1987 年敦煌石窟研究国际讨论会文集·石窟考古编》,沈阳:辽宁美术出版社,1990 年,第 69—70 页。

北壁的原因。[①]然而，在莫高窟是存在主室东西壁绘制这两铺经变的情况的，如第134、160、173、177、337、343窟中就位于主室东西壁，经变与方位正好匹配，但在其他众多洞窟为何移绘南北壁，上述原因似不能完全解释。《西方净土变》在初唐时还经常与《弥勒经变》对置搭配，但从中唐以后此二组经变的对置逐渐减少，很可能是因为弥勒净土之兜率天的阶层是位于欲界第四天，属于三界之内，与超出三界的西方净土不属于同一阶位。而药师净土是超越三界的十方净土之一，与阿弥陀净土属于同等地位的佛土。经载："药师净土……亦如西方极乐世界……等无差别。"[②]再加之东西方位上的对应，《药师净土变》逐渐取代《弥勒经变》的位置而成为主流。另外，《西方净土变》多注重人们死后的归宿问题，寄托了人们对来世生命的期盼或愿望，而《药师经变》则更加注重当下人们的精神寄托，主要体现为"十二大愿"和"九横死"。正如杨明芬先生所论，《西方净土变》与《药师经变》的对置反映出佛教理念中的十方宇宙空间观，同时也体现了佛教对信众"来世"与"现世"的关照。[③]米德昉亦认为，这表达了人们对来世极乐世界的向往，同时又不愿放弃对当下福报的追求。[④]因此，这两铺经变的对置搭配，在数量与稳固程度上的优势，与上述原因密不可分。

（四）《弥勒经变》与《天请问经变》

第98窟主室南北两壁东起第四组是《弥勒经变》与《天请问经变》对置搭配，以该二经对置搭配的洞窟还存有19例，它们分别是中唐第7、

①梅林《律寺制度视野：9至10世纪莫高窟石窟寺经变画布局初探》，《敦煌研究》1995年第1期，第111—125页。

②［唐］玄奘译《药师琉璃光如来本愿功德经》，《大正藏》，第14册，第405页。

③杨明芬《唐代西方净土礼忏法研究——以敦煌莫高窟西方净土信仰为中心》，北京：民族出版社，2007年，第283页。

④米德昉《敦煌壁画西方净土变与药师净土变对置成因分析》，《敦煌研究》2013年第5期，第59页。

159、237、231、358、360、386窟,晚唐第12、107、138、128、192窟,五代第5、61、100、108、146窟,宋代第55、449窟。

《弥勒经变》与《天请问经变》所依据经典存在较大差异,若从义理方面似很难理解两者间对置搭配的缘由。弥勒净土属于十方佛国净土之一,是较为流行的一种净土,其兜率天宫位于三界之内,虽然该净土有如西方净土等庄严地位,然而其并非如同其他佛国净土一样成为超出三界之佛土。经载:"兜率是婆娑秽土,欲界劣天。极乐是净土胜方,超众妙刹。"[①]可见,同是净土,但差距很大,弥勒净土仅属于三界内的天道之净土。这样,对《弥勒经变》与同属于天道的《天请问经变》对置搭配就不难理解了。杨明芬先生就认为,造窟之人是选取《天请问经》的经题及天神来象征天国的意义,使得弥勒净土与天请问等经变对置搭配。[②]

另外,《天请问经》中并没有描述出乐舞、天宫等内容,仅用600余字简洁地介绍了天与佛的九次问答。然而在《天请问经变》中,画面上层绘有天宫,中央说法图下绘有乐舞场面。其构图形式与《弥勒经变》大同小异。就第98窟该两铺经变而言,不但整体画面构图较为类似,并且画面最上方皆绘有相似的天宫图像。榆林窟第20窟北壁《天请问经变》上方绘有两个天宫,存有榜题,左侧天宫榜题书"尔时帝释来会时",右侧榜题书"南无兜率弥勒下生来会时"。可见,这两个天宫分别是忉利天宫和兜率天宫,也揭示出《天请问经变》与《弥勒经变》间的密切关联。

①[唐]怀感《释净土群疑论》,《大正藏》,第53页。

②杨明芬《唐代西方净土礼忏法研究——以敦煌莫高窟西方净土信仰为中心》,北京:民族出版社,2007年,第302页。

第二节　石窟功能

敦煌石窟的功能并非单一的，尤其是莫高窟中后期的大型洞窟，兼具着诸多功能。以下将主要从庆功、祈愿以及抄经三个方面对第 98 窟的功能作一探讨。

一、庆功

第 98 窟营建的基本功能是庆祝窟主曹议金执掌瓜沙归义军政权。914 年，曹议金取代了张承奉所立敦煌国，恢复了归义军建制，从此开启了曹氏统治时期。《宋史》所载"……州人推长史曹义(议)金为帅。"[①]透露出曹议金在执掌瓜沙前后的身份转换，即由张承奉政权下的长史变为新政权的统帅。P.4638V 是曹议金执政之初(914)的官方文书，文末落款处所盖朱印为"沙州节度使印"[②]，表明曹议金执掌政权后使用了节度使

---

①[元]脱脱等撰《宋史》卷四九〇《沙州传》，北京：中华书局，1977 年，第 14123—14124 页。

②[日]森安孝夫《河西帰義軍節度使の朱印とその編年》，《内陸アジア言語の研究》XV，2000 年，第 18—19 页。

这一官衔。曹议金从政权的获得再到身份的转换,这无论对其自身还是曹氏家族来讲,都是历史性的一刻,而第 98 窟的营建就承载着曹议金的这一功德。

无独有偶,张氏归义军节度使张议潮在 865 年前后营建了其功德窟第 156 窟;张淮深为庆贺"乾符之政"而营建第 94 窟;[①]翟法荣在张氏归义军时期担任都僧统,亦建有功德窟第 85 窟;晚唐阴家窟第 138 窟和王家窟第 143 窟,均为二氏庆贺担任都僧统一职务而建。[②]表明在敦煌归义军时期,官宦、高僧等升迁高职或做出功绩,通常会以营建洞窟的方式进行庆功和纪念。显然曹议金继承了这一庆功传统,且在曹氏历任节度使和僧官身上得以延续。而官宦、高僧等选择通过营建石窟来庆祝自身功德的方式能够得以延续,与石窟的特点有很大关系。归义军时期的功德窟不但规模宏大,并且窟中所绘巨型供养人画像非常显眼,这些都彰显着窟主自身及家族的影响力,尤其是第 156 窟"张议潮统军出行图"及第 100 窟"曹议金统军出行图"更是如此。正如马德先生所言,归义军时期的大窟营建,显示出自身家族的政治势力与经济实力。[③]

二、祈愿

P.3262 和 P.3781 是用于第 98 窟营建时的两件功德祈愿文,愿文中的信息反映出该窟营建的一些功能和目的。如 P.3262:"四方通泰,使人早还。"P.3781:"四方开泰,使人不阻于前程;南北休征,驲骑往来而无滞。""然后三边告静,隘无爟火之忧;四塞来宾,路有输珍之叹。"这些内

①邓文宽《张淮深改建北大像和开凿 94 窟年代考》,《1990 年敦煌学国际研讨会文集》,沈阳:辽宁美术出版社,1995 年,第 121—135 页;郑炳林《张淮深改建北大像和开凿 94 窟年代再探》,《敦煌研究》1994 年第 3 期,第 37—41 页。

②马德《都僧统之"家窟"及其营建》,《敦煌研究》1989 年第 4 期,第 54—58 页。

③马德《敦煌莫高窟史研究》,兰州:甘肃教育出版社,1996 年,第 245 页。

容反映出曹氏期望与周边各民族和平共处的愿望。另外，P.3781“府僚大将，各尽节于辕门；亲从之官，务均平而奉主”这一内容，反映出曹氏期望政权内部府僚亲从、尽忠奉主的愿望。前文已述，“内忧外患”成为曹氏政权初期的一个显著特点，曹议金正是通过营建第98窟这一功德行为，将曹氏政权所面临的困难诉诸于佛教，以祈愿政权的长久稳固。

祈愿文中还反映出曹氏政权所面临的自然灾害，如P.3262“风雨顺时，五谷殷实”，P.3781“蝗飞永散，万劫不起于边甿；水治洪津，竞唱南风雅韵”“使河清海晏，千年无九横之殃；夏顺秋调，万载罢三灾之难”等记载。

蝗灾、水灾以及旱灾是我国古代的三大自然灾害，祈愿文中至少反映出了前两种灾害。这些自然灾害在敦煌尤以蝗灾最为严重[①]。《汉书》载：

> 太初元年夏，蝗从东方蜚至敦煌；三年秋，复蝗。[②]

在敦煌归义军时期，蝗灾依旧严重。P.3405(5)载：

> 螟蝗夏飞，必损东成之实……我皇稽首……手执金炉，愿息霜蝗之难。[③]

李正宇先生认为“我皇稽首”中的“我皇”指金山国主张承奉。[④]可见

①在《中国古代重大自然灾害和异常年表总集》“动物象”中，有关“蝗”的记载最多，列居首位。参见宋正海主编《中国古代重大自然灾害和异常年表总集》，广州：广东教育出版社，1992年。

②[汉]班固《汉书》卷二七《五行志第七中之下》，北京：中华书局，1962年，第1435页。

③上海古籍出版社、法国国家图书馆《法藏敦煌西域文献》第24卷，上海：上海古籍出版社，2002年，第120页。

④李正宇《敦煌历史地理导论》，台北：新文丰出版公司，1997年，第205页。

张氏还亲自执炉稽首祈愿,足显蝗灾危害严重。

《敕修百丈清规》卷一《遣蝗》载:

> 切见飞蝗蔽天……匪假神功之驱除,虽极人力而罔措。由是谨发诚心,启建遣蝗道场。每日命僧,讽诵经呪(咒),仰扣诸圣,所冀驱遣虫蝗速赐消……民安其业,物遂其生。①

可见,时人还专门通过启建"遣蝗道场"来消除蝗灾。另外,P.2049V《长兴二年(931)沙州净土寺直岁愿达手下诸色入破历算会牒》载:"因会手上卧酒,造送蝗虫解火局席并徒众等用""油伍胜,先年因会手上造送蝗虫解火局席及徒众等用"。②据郝春文等先生研究,"因会"是净土寺的僧人,负责设"送蝗虫"的仪式,以此来求得宗教力量的帮助。③

对于敦煌归义军政权和民众而言,通过各种佛事活动以禳除自然灾害是一种较为普遍的方式。曹议金在面对蝗虫水患等自然灾害,借助第98窟举行各种佛事活动,亦反映出该窟还具有禳灾之功能。

除上述祈愿文及相关文书反映出的第98窟的各种祈愿功能,该窟诸多壁画中亦反映出曹议金祈愿政权长久稳固的意愿。如窟中众多幕僚和僧官供养人画像的绘入,东壁《维摩诘经变》中维摩诘"饶益众生"的象征意义,西壁《劳度叉斗圣变》出现在该窟的含义,窟顶四天王以及甬道顶两坡于阗八大守护神图像的护佑功能等。曹氏通过壁画或直接或隐含地传递出政权建设的愿望。范鹏先生就认为该窟展现了曹氏的政治理

---

①《敕修百丈清规》卷一《遣蝗》,《大正藏》第48册,第1115页。

②唐耕耦、陆宏基《敦煌社会经济文献真迹释录》第三辑,北京:全国图书馆文献缩微复制中心,1990年,第378页。

③郝春文、陈大为《敦煌的佛教与社会》,兰州:甘肃教育出版社,2013年,第347—348页。

想，图解了其内政外交方针，是一个典型的“政治祠堂”。[①]

三、抄经

张氏归义军末及曹氏归义军初，因与回鹘的征战，敦煌诸寺院的藏经遭受不同程度的毁坏，加之佛典的自然损坏，敦煌僧团大多会遣使中原请求所缺经典。[②]除此之外，地方统治者和僧团还组织相关人员抄写经文。

CH.00207V（BM.SP77V）《乾德四年（966）五月九日归义军节度使曹元忠夫妇修北大像功德记》反映出曹元忠夫妇于966年五月组织僧俗数人，在曹议金第98窟抄写诸多《大佛名经》，并分发于各寺。即：

> 兼请僧俗数人……于大王窟内抄写大佛名经文，一十七寺之中每寺各施一部。[③]

马德先生根据第98窟窟前木构殿堂达2000平方米的巨大面积，认为这次抄经活动的具体位置是在该窟窟前殿堂之内。[④]笔者赞同该观点。我们还认为除了窟前木构殿堂内拥有足够的空间优势，充足的光线亦是抄经人选择殿堂的一个因素。

第98窟窟前木构殿堂是构成整个洞窟的重要部分，于该窟殿堂内抄写经书这一史实，则反映出曹议金功德窟在后世还用于抄经活动。

我们在前文已讨论，曹议金曾于920年五月十五日组织相关人员抄

---

①范鹏《曹氏归义军初期敦煌洞窟营建中折射出的价值观——以莫高窟第98窟为例》，《敦煌研究》2016年第2期，第4页。

②荣新江《归义军史研究——唐宋时代敦煌历史考索》，上海：上海古籍出版社，1996年，第276页。

③中国社会科学院历史研究所、伦敦大学亚非学院等《英藏敦煌文献》第14卷，成都：四川人民出版社，1995年，第183页。

④马德《敦煌莫高窟史研究》，兰州：甘肃教育出版社，1996年，第197—198页。

写了 288 卷《大佛名经》。由于此时第 98 窟仅修完主室窟顶部分,那么这次大规模抄经活动显然不在第 98 窟中。据马德先生推测,在莫高窟中,窟前建有大型殿堂的,如同第 98 窟一样,可能会在其中进行抄经活动。①因此,我们推测曹议金所组织的这次抄经活动或在五代以前的大型洞窟,如南大像第 130 窟、北大像第 96 窟等窟前殿堂之内。

另外,S.8714《窟上书经欠纸数》载:

> 窟上书经欠纸:曹押衙纸两张,阴押衙两张……②

S.5797《壬寅年十二月十八日付张法律纸历》亦载:

> 就窟上付张法律纸叁拾肆张,其涧东纸拾张不得也。③

该两件敦煌文书记录了时人在敦煌莫高窟使用纸张的一些信息,同时反映出这些纸张被用于抄写经文。

第 98 窟除了具有庆功、祈愿以及抄经三个方面的功能外,它还具有礼佛、燃灯等普遍性功能,此处不再赘述。

---

①马德《敦煌莫高窟史研究》,兰州:甘肃教育出版社,1996 年,第 197—198 页。

②中国社会科学院历史研究所、伦敦大学亚非学院等《英藏敦煌文献》第 12 卷,成都:四川人民出版社,1995 年,第 207 页。

③中国社会科学院历史研究所、伦敦大学亚非学院等《英藏敦煌文献》第 9 卷,成都:四川人民出版社,1995 年,第 91 页。

第三节　石窟地位与影响

在本节中，我们将第98窟建筑、塑像和壁画置于整个敦煌莫高窟中进行比较考量，主要从家窟、佛教社会化、曹氏画院的介入等角度探讨第98窟的重要地位。然后从洞窟的形制、画稿的使用、佛教文化等方面探讨第98窟在莫高窟历史中的影响。

一、地位

首先，莫高窟第98窟的营建规模在敦煌家窟里极具代表性，其占地面积约220平方米。石璋如先生按照洞窟的面积大小将第98窟划分为特等洞窟。敦煌的大型家窟一般都由当地的世家大族和官宦阶层所营建，其主要目的是纪念个人官职的升迁和政治功绩，同时也彰显着家族的政治地位和经济实力。无论僧俗，一般都以"某家窟"的形式称呼，如"阴家窟"（第217、231、138窟）、"李家窟"（第331、332、148窟）、"吴家窟"（第16、365、366窟）、"翟家窟"（第220、85窟）、"索家窟"（第144、12窟）、"王家窟"（第143窟）等。至归义军时期，一些窟号名称有所变化，多使用窟主的官职或者封号来命名。如"司徒窟"第94窟，"大王窟"第98窟，

"天公主窟"第100窟,"太保窟"第454窟等。马德先生将这些窟称为"官宦窟",并认为其本质亦为家窟。[①]可见,第98窟不但营建规模在敦煌家窟中具有一定体量,而且在洞窟的名称上还被冠以王者名号,这是其他家窟所不见的独特现象,独显其在家窟中的地位。

其次,第98窟是敦煌曹氏归义军时代的第一大窟,具有划时代的标志性地位。莫高窟晚唐第156窟是张议潮的功德窟,是其收复被吐蕃占领的敦煌之后,为了纪念这一历史功绩而修建的。张议潮收复敦煌的历史意义是举足轻重的,第156窟也彰显着张氏归义军时代的到来。同样,由曹议金主持修建的第98窟,标志着曹氏归义军时代的来临。从第98窟在莫高窟营建的位置来看,其位于北大像第96窟南侧,与位于第96窟北侧的张淮深第94窟并置而建。而第96窟是与皇室武则天有关的一个洞窟,无论是张淮深还是曹议金,都将自己的功德窟修建在与第96窟毗邻的位置,这与敦煌归义军政权的性质相符。第98窟这一位置的选择,或能从甬道南北壁曹氏与张氏供养画像的对置找到某些关联,除了政权上的延续,还似意在彰显曹氏希望拥有与张氏同样的历史地位。因此,伴随着曹氏归义军政权的开始而营建的第98窟,标志着敦煌曹氏时代正式走上历史舞台。

再次,第98窟是一个政治性很突出的洞窟。作为曹议金的功德窟,该窟本身就是一个新政权开始的见证,加之窟主特意将洞窟营建在与皇室相关的第96窟旁边,其用心与曹议金尊中原为正朔的政治主张是一致的。在第98窟壁画中这种政治性表现得尤为明显,如甬道两壁张氏和曹氏供养人画像所代表的政权合法性的延续;主室东壁南侧的于阗国王夫妇画像和北侧的甘州回鹘天公主画像,是民族关系的见证;还将二百多位曹氏幕僚和僧官的画像绘于自己功德窟,这在其他洞窟中是很少见

---

①马德《敦煌莫高窟史研究》,兰州:甘肃教育出版社,1996年,第249页。

到的情况,其原因与曹氏政权的建设有很大的关系。这种政治性除了表现在供养人画像中,还体现在窟中一些经变画中。

最后,第 98 窟很可能是曹氏画院机制下的首个代表作品。曹氏获得政权后,其政治和经济状况并不理想,如周边各少数民族政权动荡不安,战事时有发生,特别是其所接替的张承奉金山国,由于战争,属地敦煌的社会经济遭受严重创伤。①在这种状况下曹议金仍然坚持营建第 98 窟等洞窟,并且其规模非同一般,那么,拥有一支在专业程度和执行力等方面占有优势的石窟营建手艺人团队是非常必要的,或许这也是促成曹氏画院机构设立的成因之一。据姜伯勤先生研究,正是在“五代之时,敦煌已置有画院”,画院专业的画家团队主要由“绘画手”“画院使”等士人画家和僧人画家共同构成。②而曹氏画院机构的成立,也意味着曹氏时期对佛事活动的重视程度不断深入。第 98 窟作为曹氏时期的第一个大型洞窟,从 914 年开始营建,直至 924 年完成,期间用了十年时间,正如马德先生所言:“十年中建成这样一个洞窟,其营建速度应该是非常之快了。”③这很可能与曹氏画院的专业化程度有一定关联。

二、影响

首先是洞窟形制方面的影响。莫高窟的窟形在不同历史阶段是不同的,表现出明显的时代特征。在十六国北朝时期多以中心塔柱窟为主;隋至中唐多以中小型佛殿窟为主;晚唐张氏归义军时期洞窟形制较为多样,其中就已经出现较为大型的中心佛坛窟,如第 94、85、196 窟等;至五代、宋、曹氏归义军时期,则多以大型中心佛坛窟为主,该形制洞窟成为

---

①荣新江《归义军史研究》,上海:上海古籍出版社,1996 年,第 237—246 页。

②姜伯勤《敦煌艺术宗教与礼乐文明》,北京:中国社会科学出版社,1996 年,第 24、36 页。

③马德《曹氏三大窟营建的社会背景》,《敦煌研究》1991 年第 1 期,第 21 页。

这一时期的主流。像第98、108、146、61、55、454、152、256等这些五代、宋时期具有代表性的洞窟皆为大型中心佛坛窟。大型佛坛窟虽然从晚唐张氏归义军时期就已出现,但大规模的营建是在曹氏归义军时期,并且这两个阶段的大型佛坛窟存在诸多差异。特别是曹氏第98窟,其不但是敦煌大型中心佛坛窟中营建规模最大的一个洞窟,而且从该窟开始,曹氏时期的大型洞窟中出现了长甬道,以及在窟前兴建殿堂木构建筑等新特点。正如沙武田先生所言,这些变化正是从第98窟开始的,对后世近百余年里的洞窟形制影响深远。①

其次是壁画绘制方面的影响。从曹氏第98窟开始,洞窟中的壁画题材不断丰富并逐渐固定下来,进而影响到其后的洞窟。第98窟中甬道两侧所绘归义军节度使巨型供养人,甬道顶上所绘佛教史迹画和瑞像;室内东西壁所绘《维摩诘经变》和《劳度叉斗圣变》,南北壁所绘以西方净土变和东方药师净土变为主的多铺经变画;窟顶所绘团龙藻井、四坡绘以赴会佛和千佛、四角绘以天王等,这些常见的壁画题材和壁画在窟中相对较为固定的绘制位置,与其后具有代表性的第100、108、146、454、152等窟大同小异。沙武田先生曾对曹氏时期的14个大型洞窟中的壁画题材与第98窟作了比对和统计,其得出的结论是曹氏时期的洞窟壁画题材和结构布局基本上与第98窟的壁画题材和结构布局一致。②另外,早在中晚唐时期莫高窟壁画的绘制就已开始使用底稿,至五代、宋、曹氏时期便开始广泛使用。③S.P.172和S.P.176都是发现于藏经洞中的画稿,据

①沙武田《莫高窟第98窟及其对曹氏归义军时期大窟营建之影响》,兰州大学敦煌学研究所《敦煌归义军史专题研究续编》,兰州:兰州大学出版社,2003年,第651页。

②沙武田《莫高窟第98窟及其对曹氏归义军时期大窟营建之影响》,兰州大学敦煌学研究所《敦煌归义军史专题研究续编》,兰州:兰州大学出版社,2003年,第655页。

③[美]胡素馨《敦煌的粉本和壁画之间的关系》,《唐研究》第3卷,北京:北京大学出版社,1997年,第437—443页。

沙武田先生研究，S.P.172 是第 98 窟窟顶壁画的草稿，也是第 100、108 窟窟顶壁画的参照稿，并影响了第 146、454、61、55 等窟的窟顶壁画的绘制；同样，S.P.176 是第 98 窟东壁《维摩诘经变》的草稿，并影响了以后诸多洞窟中该经变的绘制。[①]可见，曹氏时期敦煌壁画在题材上表现出的一致性与这一时期画稿的不断使用有很大关系。

最后是佛教文化方面的影响。曹氏时期敦煌石窟的营建空前兴盛，新建大小洞窟约三十余所，重修了当时半数以上的洞窟，并且基本重绘了所有洞窟的前室和整个崖面，以及广建所有洞窟窟前木构殿堂和窟檐。与此同时，这一时期佛事活动也极其频繁，基本成为曹氏时期社会生活中必不可少的一部分。这在藏经洞发现的大量该时期的敦煌遗书中被反映了出来，诸如礼佛文、祈愿文、功德记、寺院文书等。石窟营建与佛事活动在曹氏时期的不断繁荣，与此时的首任节度使曹议金率先带头造窟和举办各种佛事活动是分不开的，曹议金就曾在修建第 98 窟时针对该窟至少举行了两次法事活动，这集中体现在敦煌遗书 P.2762 和 P.3781 中。正如马德先生所言，第 98 窟的营建，在当时的敦煌是一件重大事件。[②]随后其夫人天公主所支持营建的第 100 窟，其后辈营建的第 256、61、55、454 窟等，其下属张都衙（怀庆）营建的第 108 窟等，都不同程度地受到第 98 窟的影响。在当权者的引领下，民众的建窟热情被激发了出来，如第 6 窟就是敦煌的一个社众集体营建的洞窟，第 443 窟和第 444 窟窟檐是由敦煌的一个僧侣集团营建的，等等。[③]

---

①沙武田《莫高窟第 98 窟及其对曹氏归义军时期大窟营建之影响》，兰州大学敦煌学研究所《敦煌归义军史专题研究续编》，兰州：兰州大学出版社，2003 年，第 656—657 页。

②马德《敦煌莫高窟史研究》，兰州：甘肃教育出版社，1996 年，第 119 页。

③马德《敦煌莫高窟史研究》，兰州：甘肃教育出版社，1996 年，第 139、146 页。

小　结

本章首先对第98窟的佛教思想作了探讨，结合佛教典籍、敦煌遗书、造像组合特点等内容，梳理了佛坛主尊造像与窟顶图像间的关系，认为该部分内容传达出对“结界”作法修持理念的重视。“结坛”而修是佛教密法修行法门之一，反映出曹氏时期敦煌佛教显密并存的特点。同时对窟内南北壁经变图像的对置意涵和原因作了分析，认为二壁主要反映出以《弥陀经变》与《药师经变》所代表的东、西方净土为主导的营建思想。

然后从庆功、祈愿以及抄经活动三方面对第98窟的功能作了探讨。该窟的营建既为庆祝曹议金执掌瓜沙归义军政权，亦彰显出其自身家族的政治势力与经济实力；曹氏在面对蝗虫水患等自然灾害，借助第98窟举行各种佛事活动，亦反映出该窟的禳灾功能；CH.00207V(BM.SP77V)《乾德四年(966)五月九日归义军节度使曹元忠夫妇修北大像功德记》反映出第98窟还是一个抄经场所。

最后我们将第98窟的建筑、塑像和壁画置于整个敦煌莫高窟中，通过与其他洞窟进行纵向与横向的比对，考察了第98窟在敦煌石窟中的地位和影响。该窟的地位主要表现在：第一，其营建规模是敦煌家窟里面非常具有代表性;第二,其是敦煌曹氏归义军时代的第一大窟,具有划时代的标志性地位,成为后代的一个模范洞窟;第三,其是一个政治性非常突出的洞窟,充分表现出佛教的中国化与社会化;第四,随着曹氏画院的介入,第 98 窟极有可能是曹氏画院机制下的首个代表作品。第 98 窟的影响主要表现在:第一,在洞窟形制方面可作为大型中心佛坛窟中的标杆;第二,在壁画绘制方面因敦煌画稿在这一时期的普遍流行,而使得后代洞窟壁画题材和绘制位置趋于同质化;第三,在佛教文化方面,由于曹氏节度使等当权者的佞佛,在他们的率先引领下,使得曹氏时期的洞窟营建和佛事活动再度繁荣兴盛。

结　论

敦煌曹氏归义军历任节度使多开窟造像、抄经布施，他们对佛事的积极参与和大力支持，进一步促进敦煌佛教文化在五代、宋时期的不断繁荣，佛教的社会化程度亦日益加深，政治与宗教间的关系更显密切。曹议金作为曹氏政权第一任节度使率先开窟造像，营建其功德窟第 98 窟，此举意义深远。

第 98 窟是曹氏归义军时期极富代表性的大型石窟之一，代表着曹议金在政治与宗教双重影响下的石窟营建活动，反映出曹氏在敦煌地区以最高身份处理政治与佛教关系的态度。同时，该窟的历史背景、营建动机、佛教思想、石窟功能等，不同程度地折射出曹氏政权初期的佛教文化和社会现状。本课题紧密围绕第 98 窟，综合运用文献学、考古学、图像学及宗教学等研究方法，主要从以下四个方面对相关内容进行了研究与推进。

第一，文章对第 98 窟十铺经变画中多达 200 余条榜题进行抄录与句读，并对相应图像进行释读与特点提炼。在归义军时期，敦煌石窟中部分经变画绘制情节不断丰富，相应榜题亦不断增多，这些榜题对释读壁画的具体情节，探讨其与相应佛典文献间的关系均有着极其重要的价值。然而随着时间的流逝，壁画中部分榜题已模糊或漫漶，目前，第 98 窟主室四壁十铺经变画中多达 200 余条榜题未被抄录或抄录不完整，因此，对这些题记的抄录显得非常迫切。经笔者多次实地勘查，现已较为完整地将第 98 窟经变榜题抄录补充完整,并进行句读。

在此基础上,我们进一步根据佛教经典和抄录榜题,对相应图像进行考辨与释读,从而提炼出各经变画在第 98 窟中的特点。主室东壁《维摩诘经变》门上集中绘制《方便品》中维摩诘“饶益众生”的画面,打破以往在该处常绘《佛国品》的惯例;南壁《报恩经变》右下角《孝养品》图像中,将太子敢于奉献和牺牲自己血肉之躯(“割肉”“奉二亲肉”“刮余肉”等)的情节表现在画面的主体位置,并占据着较大的幅面;北壁《药师经变》中将十二神将绘成着菩萨装的蓄须男子,有别于以往图像中穿盔甲之武士装扮神将等。这些图像特点是其他洞窟中所不见的。榜题抄录和壁画特点的提炼,既可为本课题下一步深入研究奠定坚实的基础,亦可为学界从不同视角对相关内容进行研究提供便利。

第二,我们通过将第 98 窟建窟祈愿文、佛教典籍等,与图像资料进行结合研究,深入探讨图像背后所蕴含的曹氏政权初期的历史现状与社会生活。敦煌曹氏历史现状与社会生活多披露于敦煌文书与正史资料,目前从第 98 窟壁画中披露的相关历史史实仅局限于供养人画像。如主室东壁于阗国王夫妇画像和回鹘天公主画像,反映出曹氏政权与于阗和甘州回鹘之间的外交关系;200 多位幕僚和僧官画像的出现反映出曹氏政权初期内政的不稳定性;甬道两壁张氏、曹氏节度使供养人画像的绘制,意在通过曹议金称张议潮为“外王父”这层姻亲关系,传递出曹氏政权是张氏政权的合法继承人这一信息。

在第 98 窟供养人画像中,其所传递出的曹氏历史信息较易察觉,然在该窟其他壁画中,相关信息则表现得较为隐含,特别是窟中诸多有特色的图像,如主室东壁《维摩诘经变》、西壁《劳度叉斗圣变》、南壁《报恩经变》,以及窟顶十方佛与贤劫千佛等图像。其中《维摩诘经·方便品》图像里“饶益众生”的对象仅选择绘出维摩诘为太子、大臣、高僧等世俗权贵阶层进行说教,这一图像特征象征性地表现出曹议金借助维摩诘教化众生的事迹，对曹氏政权中的核心力量进行说教，以凝聚人心进而改善不稳定的政治时局；《维摩诘经·菩萨行品》图像里维摩诘“掌擎大众”画面下部，突出表现3身着汉装的权贵阶层人物画像，我们通过图像比对，推测此或与曹议金、张议潮等人有关，他们面向而立的方式正如甬道张、曹对置，表现了曹氏为获得政权的合法继承性而做出的努力；西壁《劳度叉斗圣变》的突出特点是对“斗争性”场面的表现与强调，象征性地表现出曹氏借经变中舍利弗降伏抗争者（六师外道）的力量，来慑服政权内外人心的用意；南壁《报恩经变》中《孝养品》对太子割肉奉亲而牺牲自我画面的强调，《论议品》中对入世太子画面的强调等，共同反映出“忠君报国”的思想。

窟顶图像主要以十方佛、贤劫千佛以及四天王等为主，共同构成第98窟窟顶的时空概念。曹议金在修成窟顶后为此举办了一场盛大的佛事活动，这集中体现在祈愿文P.3781《河西节度使尚书曹议金贞明六年（920）修成大窟上层功德记》中；同时，其还为此组织专人大规模抄写288卷《大佛名经》，可见窟主对窟顶壁画的重视。祈愿文P.3781和《大佛名经》末尾尾题中所反映出的祈愿信息，赋予了窟顶图像能够使得曹氏政权安稳昌盛，黎民百姓健康平安，曹氏中坚力量齐心协力共建政权的象征性意涵。

曹议金对佛教的热衷加之其节度使的身份，使得他融宗教于政治的理念成为可能，其功德窟第98窟频繁表现出宗教与政治间的互动，使得该佛窟具有强烈的政治意味。曹氏借用宗教艺术的力量，象征性地诠释和表达出其政治理想，这一政治因素成为该窟的一个显著特点。探讨佛教石窟与世俗政治间的互动关系成为本课题的一个研究重点。

第三，文章从艺术本体视角对第98窟部分图像进行解读。敦煌石窟艺术研究多倾向于使用考古学和宗教学等方法，由于艺术拥有其自身发展演变的规律，运用艺术本体语言对石窟艺术进行解读亦有其重要价值，可扩充研究的丰富性与全面性。为此，笔者在该方面作了一些尝试。如在第二章中探讨了尊卑因素对供养人画像绘制所产生的影响。在第五章中笔者结合前人成果，认为《劳度叉斗圣变》的画面布局可划分为上下左右及中间五部分：变相上部空间表示天或净土，绘舍利弗在天空神变等内容；下部空间表示地面，绘人间舍卫国、乡野牧童放牛等内容；左边和右边空间表示人间和天上沟通的通道；中间画面则由前四部分内容框定，所占面积最大，表现的是经变中最为重要的斗法和皈依场面。这一画面布局的形成是受当时宇宙空间观念的影响，如此便将看似毫无规律的画面由时间性的文本认读逻辑转变为空间性的视觉识读逻辑。在第三章中我们对《报恩经变》之《恶友品》的绘制逻辑和观看规律作了解读，认为其是以地域范围和宗教含义作为画面位置安排的依据。第一种绘制与观看逻辑是以故事中波罗奈国、利师跋国和东海龙宫三个区域为界限，以倒“品”字型结构构成整个画面；第二种是以波罗奈国宫殿为中心将画面分为左右两个区域，左边描绘善友太子等出城入海，历经诸多险恶至龙宫取宝的艰辛过程，右边是善友太子慈心布施和获得果报的情节，这种按经品内容的宗教含义对图像进行分区绘制的方法，成为该图像绘制与观看的又一逻辑。在第六章中我们从窟顶图像的绘制程序入手探讨其与画稿间的关系。刺孔画稿的使用表现出三种方法，分别是S.P.72反映出的对折制作刺孔法，P.4517(4)、P.4517(5)、P.4517(6)反映出的重层叠压制作法，S.P.73(1)反映出的参照原稿的缩放制作法。笔者同时认为这些刺孔画稿并非直接用于归义军时期千佛图像的绘制，更多是用来制作直接用于壁画绘制的其他刺孔画稿，其性质当是制作刺孔画稿的范本。

第四，对第98窟佛教思想与功能进行探讨。该窟佛坛主尊造像与窟顶图像间的密切关系，传递出该窟对“结界”作法修持理念的重视。“结坛”而修是佛教密法修行法门之一，反映出曹氏时期敦煌佛教显密并存的特点。同时通过对窟内南北壁经变图像对置意涵和原因的分析，我们认为二壁主要反映出以《弥陀经变》与《药师经变》所代表的东、西方净土为主导的营建思想。此外，中心佛坛主尊释迦对两侧壁及窟顶图像的含摄，反映出东、西方净土以及十方佛与贤劫千佛间的互动。

整体而言，第 98 窟作为敦煌莫高窟五代时期典范洞窟之一，在莫高窟的石窟营建史上具有重要意义。通过对全窟图像的解读与分析，笔者认为该窟造像在表达曹氏佛教信仰的基础之上，更多地反映出曹议金以教施政的理念，亦透露出五代时期敦煌石窟的多重属性。

通过对该窟的研究，我们对曹氏初期的佛教信仰和社会文化有了一定的把握，这是进一步研究五代敦煌佛教与社会文化的前提。“藏经洞”所出曹议金时期的社会文书、佛经、佛画等资料中，还有众多信息值得详细探究，这些资料将能够拓展对曹议金时期佛教信仰的全方位观察，有待今后作进一步补充研究。

附　录

一、第98窟《报恩经变》榜题录文

榜题	经品与内容
1. 尔时，六师徒党，亦是大众唱道(导)之师，/残灭正法，语罗言：瞿昙白言实恶/人，踰(逾)城逃走，是不孝子。	《序品》
1. 尔时，守宫殿神语大王，罗睺/大臣，心生恶逆，谋夺国位，/太子夫人▭ 2. ▭启告□/▭时。 3. 夫人□□□欲父□▭/不□□处有□□□□□□□/▭献二亲▭ 4. 尔时，太子出有其二路，一□□□/日，时太子如(入)十四日道，粮食俱□，/去死不久，非□困苦时。 5. 夫人太子白父王言："王若煞(杀)母，/何处有子噉(啖)于母肉？" 6. 尔时，太子谏父王曰："若断此命，/血肉自臭烂，唯须父母莫煞(杀)此身，/王若违者，非慈父王，乃不逆意。" 7. 时王子即割见(鲜)肉，用济饥乏，子白父/言："莫断命，侣(屡)取其肉，命断肉坏，/命得久长。" 8. 太子身肉□尽，□人母相□□/余□肉身，三分赐一，苟存□命，/父母得济，三□□一，父母□□时。 9. 时太子身□不□□动不得，/住地手□□□□百俯□□□父/母二亲▭ 10. 尔时，帝释化作师(狮)子、大虫，太子前/来去，欲搏噬太子，微语："要我随意。"/诸□言："我是天帝释，故来试卿。" 11. 时太子欲他国来时，彼国王/遣使迎太子时。 12. 尔时，大王见太子来至其国，与/诸夫人出其宫门迎接太子时。	《孝养品》

续表

榜题	经品与内容
1. 尔时,波罗奈国王有太子,名须阇提,好/喜布施,黄金色身,人相具足,始年七/岁,其父爱念,目不爱暂舍。 2. 尔时,施主还到其家,便唤/饿者,给须衣食,而皆施之。 3. 时善友太子以婆罗门问龙宫时。 4. 尔时,太子以导师辞王,入海□珍宝/山,停七日,复作是言:“此宝甚重,于/阎浮提亦无所直,莫重载,恐沉/没,不达所至。使诸人别,□□隐归,吾向/前进,采摩尼宝珠。” 5. 尔时,导师以太子行经七日,一/□ 七,浮而得渡。 6. 东南方有银山在此下。 7. 尔时,导师疲,我身命不/救,导师语已,气绝命终,/道(导)师悲泣而去时。 8. 太子前至金山, 有青莲花遍铺,/其水莲花有青蛇张目而视,太子/入三昧而得进路,踏青莲毒龙不/动。 9. 太子以慈心故,得至龙王住处问,守门人/白龙:“善友太子见在门下。”王请入宫,/问太子欲何所求? 太子答:“请左耳宝珠,/还问浮时。” 10. 龙王使诸龙神飞空/送太子持珠到海岸时。 11. 尔时,太子访见恶友航/船沉没时。 12. 其恶友太子即去恶心与竹,/刺兄两目,夺珠而去。 13. 尔时, 恶友太子赍宝珠还归,/见父母云:“善友太子以诸同伴俱没□。” 14. 时牧牛人与五百牛牧于左右游,有/牛王与有□□□得小念左在/□□珠与被□友将走。 15. 尔时,太子利师□城,于园果中,访(防)护鸟雀,/兼复弹琴以自娱乐,利师王女见太子,心/生爱念,愿为夫妻,遂两目平复。 16. 尔时,善友太子以波罗奈国说见。 17. 善友太子宫门先问恶友金(今)在/何处?父王言:“今在劳(牢)狱,苦不放恶友时。” 18. 尔时,太子□□本国,见父母劳(牢)狱□出恶友,/方便收得宝珠,愿我母两目俱明净如/故,□兄□平复得相见。 19. 尔时,太子烧妙宝香于高楼上,手执香/炉,□宝池遍两粮米,香甜细柔,此名/衣服黄金。	《恶友品》

续表

榜题	经品与内容
1. 尔时,一雌鹿产生一女时。 2. 其鹿女渐大,年十四,其父爱念,/使女往诣北窟取火,步步生花。 3. 时波罗沙门入山游猎,见其鹿女/步步化出莲花,颜容殊妙,状为夫人。 4. 尔时,□鹿女就北窟时。 5. 尔时,▭ 莲▭ /欢▭ 6. 鹿女夫人还宫时。	《论议品》
1. 尔时,猎狮见狮子身毛金色,心生欢喜。 2. 我等比丘于山林间晏/座,诸狮子左右瞻视时。 3. 猎狮见狮子归(皈)依沙门,见袈/裟往□□□。 4. 彼若见我,必来相射,挽弓射/之,□子遂死。 5. 我得此狮子皮奉上国王,/必得爵禄。 6. 尔时,使取猎狮,断其性命,持狮子皮,/□□山中,▭/取其舍利,起塔供养。	《亲近品》

二、第98窟《思益梵天问经变》榜题录文

榜题	经品与内容
1. 思益▭	经变名称
1. 南无界▭ 2. 南无南方宝相佛。 3. 南无北方天□音佛。	赴会佛
1. 如是我闻:一□□▭ /愿六万四千人俱。菩萨摩诃▭/□□□,得陀罗尼▭ /元□□上,□能▭ /法忍。 2. 诸优婆夷等。 3. 优婆塞、优婆夷众,来在会座。 4. 诸比丘来在会座。 5. 比丘、比丘尼众,来在会座。	《序品》

续表

榜题	经品与内容
1. 思益梵天言:“佛说:‘汝于正问菩萨中/□□第一。’何为菩萨正问?” 2. 思益梵天言:“何为一切法正,一切法邪?” 3. 梵天言:“于诸□□法性,一切法名为正;□□▭” 4. 思益梵天言:“若菩萨以彼、我/问,名为邪问;分别法问,名为邪问。” 5. 梵王□:“诸□离□性、离欲际,是/□正性。”□□言:“少有能解正性。” 6. 网明言:“若有善男子、善女/人能将如是知诸正性。” 7. 梵天□□□:“□尊!随应供养?”/▭“不为世▭” 8. 尔时□□菩萨白佛言:“世尊!若/有依法□见,则于其人,佛不出世时。” 9. 梵天言:“说五百比丘从座起者,/汝当为作方便。”	《分别品》
1. 梵天!所言□□者但有言□,□/中取相分别生见,▭ 2. 佛告思益梵天:“如来出过/世间,亦说世间苦。” 3. □时思益梵天□佛/言:“世尊!所□四圣/谛时。” 4. 梵王言:“无有待者,梵天!如来座道场。” 5. ▭来□□去法、说未/来▭法,说世间、出世间法,/▭ 6. 尔时梵天白佛言:“世尊者!若如/来于法无所得者,有何利益说/‘如来得菩提名为佛’?”佛言:“梵天!/□□□云何?我所说法,若有为、□□□,是法为实?为/虚妄也?” 7. 梵天!如来依一切文字中汝如/是解脱能。所以者何?诸文字/性无合性无用,性钝故。	《解诸法品》

三、第98窟《法华经变》榜题录文

榜题	经品与内容
1. 普贤菩萨闻法花经礼二世尊。 2. 富楼那□闻如来说法复宿世修行。 3. 金刚藏菩萨□□/会座护持此□。 4. 尔时，他土菩萨问多宝如来法/华姻缘。 5. 耶输陀罗尼得记，自誓弘经，一心□□。 6. □□踊出菩萨□。 7. 他方菩萨八万恒沙。	《从地涌出品》
1. 常不轻菩萨于此会/中听佛说法。 2. 宝手自在菩萨。 3. 智积菩萨共文殊师利/论海中所化之事。	《提婆达多品》
1. 尔时，释迦如来以(与)多宝如/来分座，说《法华经》时。 2. 多宝如来说法华。 3. 又波阇提婆得记，自梦/弘经受持称诵时。 4. 时文殊师利菩萨。 5. 普贤菩萨问《法华经》何得成佛？ 6. 是时普贤菩萨。 7. 毗沙门天王护诸经。 8. 优婆夷等五千人。	《见宝塔品》
1. 优婆塞、优婆夷五千/人等，闻佛说一乘法。 2. 八千学无学，誓于/自土，弘演《法华经》。 3. 尔时，学无学二千人，/其意柔软，寂灭清净。 4. 尔时，大梵天王，于此会/下，听《法华经》时。 5. 尔时，帝释天王，世尊/说法，听《法华经》。 6. 尔时，会中四千人等，世/尊说法，恭敬供养。	《授学无学人记品》

续表

榜题	经品与内容
1. 此二千人,佛为授记,当得/作佛,一心观佛。 2. 增上慢人,四众比丘尼,闻/佛说法,心不生疑。 3. 如今释迦等,有异以是比丘/当说妙法华。 4. 得大世菩萨弘经。 5. 五百罗汉,誓于自土,/发誓弘经。	《五百弟子授记品》
1. 尔时,长者语穷子言:"车、鹿车、牛车,今在门外,汝/等出来,皆当以汝。"	《五百弟子授记品》
1. 憍陈如等五百声闻,记闻如/来法彼汝说后悟欢喜。 2. 妙音菩萨于佛灭后,持《法华/经》满六十六劫。 3. 童子聚沙为佛塔。	《信解品》与《譬喻品》①
1. 一六□所三草□药。	《药草喻品》
1. 云雷故(鼓)掣电,降雹注大雨。 2. 或在须弥峰,唯人□□坠。 3. 假使兴害意,推落/大火坑,念彼观音力。	《观世音菩萨普门品》
1. 诸人既入城,心生大欢喜,/皆生隐相生。	《化城喻品》
1. 接引众生,又见比丘讲说经。	《随喜功德品》
1. 曾上慢人谤《法华经》。 2. 经前人不信□□□菩萨说/法华。 3. 十劫坐道场大通智胜佛。 4. ______不信。 5. 此二人疑法华慢谤法花,及持者/随阿毗地狱从地狱出,伏受驼驴等身时。	《法师品》

①由榜题可知,《信解品》与《譬喻品》共用了位于他们之间的"三车喻"画面,将该两品糅合在了一起。

续表

榜题	经品与内容
1. □□云雷音宿王佛。 2. 须弥山▭ 3. 药王菩萨与诸居士/说法化火焚身时。	《药王菩萨本事品》
1. 药王菩萨闻持经人,说咒拥护。 2. 勇施菩萨□说神□,□/经者妙音菩萨来释迦□/被问起品。	《陀罗尼品》
1. 天帝释等往世尊所,□/转法轮时故。 2. 天帝释等往尊世所,请/转法轮时。 3. 尔时,诸梵王请佛转法/轮,我即自思惟,若佛讲一乘。	《妙庄严王本事品》
1. 如良药多应与子及百数,亦有事缘。 2. 父来归家,拜跪问讯,/求索治病。 3. 此化城喻小乘涅槃。	《如来寿量品》

四、第98窟《华严经变》榜题录文

榜题	内容
第一会中摩竭提国在/□□□□□□□□□/佛▭/诃萨为四十九□□	第一会菩提道场
第三会佛在三/十三天/空妙胜殿/□□□□□亿/□□时□□各/有佛□□尘/□菩萨摩诃/萨如来云集法/惠□方菩萨□/□□□□□□十/亿佛□如来现身以/三业加诸法惠/菩萨法门	第三会须弥山顶帝忉利天宫释殿
第五会佛在兜/率天王宫一时/宝藏严殿□□/□□十万亿□□/□他光明普照/十方法界虚空/界一切世界十/方各有万佛□/微尘菩萨普/智光三昧	第五会兜率天宫一切妙宝所庄严殿
第六会□□□/在天王宫宝□/宝藏殿以不可/□菩萨摩诃萨/俱金刚菩/萨▭/菩萨大惠光明/三昧说华严经/十方佛□□尘世/界佛□时	第六会他化自在天王宫

续表

榜题	内容
第七会普□□殿/▭/□□尊□□□/□□定□□□/说阿僧□品□/妙光明功德▭/□□菩萨▭/▭/□见因果人性□□/□菩萨	第七会普光明殿
第九会佛在□□/代国□□林给孤园/大庄严重阁五以/□菩萨摩诃萨/俱采自八师子频/□□菩萨文殊/为其二首□□□/界法门十方各/有不	第九会逝多林给孤独园
1. 普贤菩萨问贤首/菩萨十信行时。 2. 文殊师利菩萨问贤/首菩萨十德行时。 3. ▭ 4. 觉首菩萨问菩萨□十信行。 5. 金刚藏□□问贤首/菩萨十德行时。 6. 无尽意菩萨问虚空藏菩/萨问十信行时。	说法图①

五、第 98 窟《药师经变》榜题录文

榜题	内容
▭药师瑠(琉)璃经变	经变名称②

六、第 98 窟《弥勒经变》榜题录文

榜题	内容
弥勒经变	经变名称
1. 广度诸声闻，九十/二亿人，令心善调伏。 2. 彼轮王饷佉，□□/涞法已；罄舍诸珠宝，其心□□□。	众人闻法出家

---

①莲花藏世界海两侧各绘三组小型说法图，画面皆为菩萨间的问答。

②伯希和最早录为“东方十二上愿药师琉璃经变”，见[法]伯希和著，耿昇、唐健宾译《伯希和敦煌石窟笔记》，兰州：甘肃人民出版社，1993 年，第 148 页。

七、第98窟《天请问经变》榜题录文

榜题	内容
1. 世尊告曰:“少欲最安乐,知足大富贵,/持戒恒端严,破戒常丑陋。”天复请曰:/“我今犹有疑,佛应为断除。今世往后世,谁极自欺诳?”	第四答和第九问
1. 天复覆世间,世间谁所得?谁令舍亲爱?/谁覆障生天?谁非火所烧?风亦不能碎,/谁非火(经文水)所烂?能持谁世间?	第七问和第八问
1. 世尊告曰:“福非火所烧,水亦不能碎,/□非□□□,能浮□世间?”天复请曰:“谁为善眷/属?谁为恶心怨?云何极重苦?云何第一乐?”	第八答和第五问

八、第98窟《劳度叉斗圣变》榜题录文

榜题	内容
1. 舍利弗丞教勅(敕),选二壮象,上安/楼阁,不经数日,至舍卫大城,遂/与圣者相随,按行伽蓝之地。/先出城东,遥见一园,花菓(果)极多,/池庭甚好。须达揞鞭向前,/启言和尚:“此园堪任已不?” 2. 须达回象,却至城西,举目忽见一园,花菓(果)陪/胜前者。须达敛容叉手,启言和尚:“前者既言/不堪,此园堪任已不?”	须达选址购园起精舍
1. 须达行至家中,看/舍利弗不得,须达/抚掌惊嗟,唱言:“祸事”。 2. 圣今日取脚私逃。假令计料不襟,不合/相报。弟子违法,甘分丧躯;曰太子之身,何/辜寿戮!苍忙寻逐,不知所去之踪;遍问街/衢,莫委游行之处。 3. 小儿曲躬,启言阿翁,昨日躯牛逐/草,偶至间七里边,见一秃头小儿,/身披赤色之衣,树下端然坐睡。 4. 须达奔车骤驾,即至七里涧边。直至驹律陁树下,/见舍利弗谘稽时。 5. 须达亲闻圣旨,约束切严;和尚自促时光,许期明日/斗圣。岂容不知缓急,来至此间,不识闲忙,走向此间坐睡?分毫疏失,两人性命不全。/纵然弟子当辜,和尚岂安忍见!	寻找舍利弗

续表

榜题	内容
1. 其山金□高广四十由旬时。 2. 舍利弗化身作金刚杵,山碎如/微尘时。 3. 山既碎坏,外道惶怖藏隐时。 4. 舍利弗化作师(狮)子,食噉(啖)大牛。 5. 劳度叉变身作莲花时,/舍利弗变为大象踏池坏时。 6. 劳度叉变为龙□舍利弗时。 7. 舍利弗化作金翅吃龙时。 8. 外道火神持火烧舍利弗。 9. 风神瞋怒放风吹劳度叉时。 10. □□劳度叉作大树,问我舍利弗/□□□其根深浅时。 11. 舍利弗答叶数讫,化□大蛇抚树时。 12. 地神涌出助吹外道时。 13. □□□将梯凝时。 14. 外道得急,以梯扶宝帐时。 15. 风吹劳度叉帐,外道挽急绳断被接时。 16. 风吹幄帐绳断,外道却欲击索时。 17. □□□被风吹,用急惟愣□□□ 18. 外道风吹,眼磣愁忧时。 19. 外道风吹,急诵咒止风时。 20. 外道被风吹,急遮面愁坐时。 21. 外道美女数十人拟惑,舍利弗遥知,令诸美女被风吹急,羞耻遮面却回时。 22. 外道诸女,严丽庄饰,拟典惑舍利弗时。 23. 外道女欲生幻惑舍□□□ 24. 利弗遥知心时。 25. 舍利弗与巾付劳度叉,外道拗巾。 26. 外道尽力拗不屈时。 27. 外道仙人咒此方梁,或上或下;舍/利弗止此方梁,令遣空不动时。 28. 外道□□□□ 29. 外道典籍,置于坛场,以使功严;舍利弗忽现猛炎焚烧,无有遗余。 30. 二外道救火漂落于海时。 31. 外道力尽之困睡状时。	舍利弗与劳度叉斗法

续表

榜题	内容
1. 舍利共外道问圣得胜击钟□方。 2. 劳度叉悟道归降舍利弗时。 3. 外道尼乾子引劳度叉降舍利弗时。 4. 劳度叉初归降▭ 5. 二大菩萨看舍利弗伏外道。 6. 外道降伏洗发出家时。 7. 外道出家□□齿漱口时/▭ 8. 外道出家剃发思惟。 9. 外道初出家法水灌顶时。 10. 外道悟法饮慧水时。 11. 外道初出家,不解/礼拜,诸外道大笑时。	外道皈依佛门
1. 舍▭相光明辉三十三天。 2. 舍利弗惑于水上足履火时。 3. 外道仙人看舍利弗焚火上至天时。 4. 舍利弗履水高于顶四十由旬时。 5. 舍利弗神力令小上至炎摩天时。 6. 舍利弗▭	舍利弗神变

九、第98窟窟顶四坡十方赴会佛与四角四天王榜题录文

榜题	内容
东坡: 1. 奉请东南方阿閦如来佛/伏愿降大慈悲来居此窟。 2. 奉请东方药师琉璃金山宝花/光照吉祥功德海如来佛。 3. 无榜题。 南坡: 1. 奉请南方虚空如来佛降大慈悲来居此窟。 2. 奉请上方广众德佛。 3. 奉请西南方宝如来佛/伏愿慈悲来居此窟。	十方赴会佛

续表

榜题	内容
西坡: 1. ______ 2. ______ 3. 奉请______/伏愿______ 北坡: 1. 奉请当来下生弥勒尊佛。 2. 伏愿北方云自在如来/伏愿□慧来居此窟。 3. 奉请西北方多磨□栴檀香如来佛/伏愿降大慈悲来居此窟。	十方赴会佛

十、第98窟窟顶四坡贤劫千佛图像榜题录文①

南坡千佛图像榜题		
第1行:		
1. 南无拘楼孙佛	2. 南无拘那含牟尼佛	3. 南无迦叶佛
4. 南无释迦牟尼佛	5. 南无弥勒佛	6. 南无师子佛
7. 南无明炎佛	8. 南无牟尼佛	9. 南无妙华佛
10. 南无花氏佛	11. 南无善宿佛	12. 南无导师佛
13. 南无大臂佛	14. 南无大力佛	15. 南无宿王佛
16. 南无修药佛	17. 南无名想佛	18. 南无大明佛
19. 南无炎肩佛	20. 南无照曜(耀)佛	21. 南无日藏佛
22. 南无月氏佛	23. 南无众炎佛	24. 南无善明佛
25. 南无无忧佛	26. 南无提沙佛	27. 南无明曜佛
28. 南无□须佛	29. 南无功德明佛	30. 南无氏□□

①千佛图像榜题参见刘永增、陈菊霞《莫高窟第98窟是一忏法道场》,《敦煌研究》2012年第6期,第35—40页。

续表

南坡千佛图像榜题		
第 2 行：		
1. 南无灯曜佛	2. 南无兴成佛	3. 南无药师佛
4. 南无善濡佛	5. 南无白豪佛	6. 南无坚固佛
7. 南无福威德佛	8. 南无不可坏佛	9. 南无德相佛
10. 南无罗睺佛	11. 南无众生佛	12. 南无梵声佛
13. 南无坚际佛	14. 南无不高佛	15. 南无作明佛
16. 南无大山佛	17. 南无金刚佛	18. 南无将佛
19. 南无无畏佛	20. 南无珍宝佛	21. 南无华宝佛
22. 南无军力佛	23. 南无华光佛	24. 南无人爱佛
25. 南无大威德佛	26. 南无梵王佛	27. 南无无量明佛
28. 南无□德佛	29. 南无坚步佛	30. 南无□□□佛
第 3 行：		
1. 南无精进德佛	2. 南无善守佛	3. 南无欢喜佛
4. 南无不退佛	5. 南无师子相佛	6. 南无胜智佛
7. 南无法氏佛	8. 南无喜王佛	9. 南无妙御佛
10. 南无爱作佛	11. 南无德臂佛	12. 南无香象佛
13. 南无观视佛	14. 南无云音佛	15. 南无善思佛
16. 南无善意佛	17. 南无离垢佛	18. 南无月相佛
19. 南无大名佛	20. 南无珠髻佛	21. 南无威猛佛
22. 南无师子步佛	23. 南无德树佛	24. 南无欢释佛
25. 南无慧聚佛	26. 南无安住佛	27. 南无有意佛
28. 南无鸯伽陀佛	29. 南无无量意佛	30. 金刚藏菩萨
第 4 行：		
1. 南无妙色佛	2. 南无多智佛	3. 南无光明佛
4. 南无坚戒佛	5. 南无吉祥佛	6. 南无宝相佛
7. 南无莲华佛	8. 南无那罗延佛	9. 南无安乐佛
10. 南无智积佛	11. 南无德敬佛	12. 南无梵德佛
13. 南无宝积佛	14. 南无华天佛	15. 南无善思义佛
16. 南无法自在佛	17. 南无名闻意佛	18. 南无乐说聚佛
19. 南无金刚相佛	20. 南无求利佛	21. 南无游戏佛
22. 南无离暗佛	23. 南无名天佛	24. 南无弥楼相佛
25. 南无众明佛		

续表

南坡千佛图像榜题
第5行： 1. 南无月藏菩萨　2. 南无宝藏佛　3. 南无极高行佛 4. 南无提沙佛　5. 南无珠角佛　6. 南无德赞佛 7. 南无日月明佛　8. 南无日明佛　9. 南无星宿佛 10. 南无师子相佛　11. 南无违蓝王佛　12. 南无福藏佛 13. 南无见有边佛　14. 南无电明佛　15. 南无金刚山佛 16. 南无师子德佛　17. 南无胜相佛　18. 南无明赞佛 19. 南无坚精进佛　20. 南无足赞佛　21. 南无离畏师佛 22. 南无应天佛　23. 南无大灯佛
第6行： 1. 罗睺罗供养　2. 南无世明佛　3. 南无妙香佛 4. 南无持上功德佛　5. 南无师子颊佛　6. 南无宝赞佛 7. 南无灭过佛　8. 南无持甘露佛　9. 南无人月佛 10. 南无喜见佛　11. 南无庄严佛　12. 南无珠明佛 13. 南无山顶佛　14. 南无名相佛　15. 南无法积佛 16. 南无定义佛　17. 南无施愿佛　18. 南无宝众佛 19. 南无众王佛　20. 南无游步佛　21. 南无安隐佛 22. 南无法差别佛　23. 南无上尊佛　24. 南无极高德佛 25. 南无师子音佛　26. 南无乐戏佛　27. 南无龙音佛 28. 化生童子持花供养
第7行： 1. 南无香自在佛　2. 南无大名佛　3. 南无天力佛 4. 南无德髻佛　5. 南无龙手佛　6. 南无善行意佛 7. 南无目庄严佛　8. 南无智胜佛　9. 南无无量月佛 10. 南无实语佛　11. 南无日明佛　12. 南无乐明佛 13. 南无无量形佛　14. 南无照明佛　15. 南无宝相佛 16. 南无断疑佛　17. 南无善明佛　18. 南无不虚步佛 19. 南无觉悟佛　20. 南无华相佛　21. 南无山主王佛 22. 南无大威德佛　23. 南无遍见佛　24. 南无无量名佛 25. 南无宝天佛　26. 南无住义佛

续表

西坡南段千佛图像榜题		
第1行：		
1. 南无满意佛	2. 南无上赞佛	3. 南无无忧佛
第2行：		
1. 南无无垢佛	2. 南无梵天佛	3. 南无华眼佛
4. 南无耳差别佛	5. 南无尽见佛	6. 南无德净佛
第3行：		
1. 南无月面佛	2. 南无宝灯佛	3. 南无宝相佛
4. 南无上名佛	5. 南无无量音佛	6. 南无违蓝佛
第4行：		
1. 南无师子身佛	2. 南无明意佛	3. 南无能胜佛
4. 南无功德品佛	5. 南无月相佛	6. 南无得势佛
7. 南无无边行佛	8. 南无□□佛	9. 南无□□佛
10. 南无□□佛	11. 南无□□佛	
第5行：		
1.南无富足佛	2.南无福德佛	3.南无随时佛
4.南无广意佛	5.南无功德敬佛	6.南无善寂灭佛
7.南无财天佛	8.南无净断疑佛	9.南无无善佛
10.南无妙乐佛	11.南无不负佛	
第6行：		
1. 南无无住佛	2. 南无德叉伽佛	3. 南无众首佛
4. 南无世光佛	5. 南无多德佛	6. 南无弗沙佛
7. 南无无边威德佛	8. 南无义意佛	9. 南无药王佛
10. 南无断恶佛	11. 南无药王佛	
第7行：		
1. □	2. 南□	3. 南无名德佛
4. 南无华德佛	5. 南无勇德佛	6. 南无金刚军佛
7. 南无大德佛	8. 南无寂灭意佛	9. 南无香象佛
10. 南无那罗延佛	11. 南无善住佛	12. 南无无所负佛
13. 南无月相佛	14. 南无电相佛	15. 南无恭敬佛
16. 南无威德成佛		

续表

东坡千佛图像榜题		
第1行：		
1. 南无那罗延佛	2. 南无常乐佛	3. 南无不少国佛
4. 南无天名佛	5. 南无见有边佛	6. 南无甚良佛
7. 南无多功德佛	8. 南无宝月佛	9. 南无师子相佛
10. 南无乐禅佛	11. 南无无所少佛	12. 南无游戏佛
13. 南无德宝佛	14. 南无应名称佛	15. 南无华身佛
16. 南无大音声佛	17. 南无辨才赞佛	18. 南无金刚珠佛
19. 南无无量寿佛	20. 南无珠庄严佛	21. 南无大王佛
22. 南无福高德佛	23. 南无高名佛	24. 南无百光佛
第2行：		
1. 南无喜悦佛	2. 南无龙步佛	3. 南无意愿佛
4. 南无宝月佛	5. 南无灭己佛	6. 南无喜王佛
7. 南无调御佛	8. 南无喜自在佛	9. 南无宝髻佛
10. 南无□□佛	11. 南无宝藏佛	12. 南无日面佛
13. 南无净名佛	14. 南无威德寂灭佛	15. 南无爱相佛
16. 南无多天佛	17. 南无须弥摩辟佛	18. 南无天灭佛
19. 南无宝众佛	20. 南无宝步佛	21. 南无师子分佛
22. 南无极高行佛	23. 南无人王佛	24. 南无善意佛
第3行：		
1. 南无世明佛	2. 南无宝威德佛	3. 南无德乘佛
4. 南无觉想佛	5. 南无喜庄严佛	6. 南无香济佛
7. 南无香象佛	8. 南无众炎佛	9. 南无慈相佛
10. 南无妙香佛	11. 南无坚铠佛	12. 南无威德猛佛
13. 南无珠铠佛	14. 南无仁贤佛	15. 南无善逝月佛
16. 南无梵自在佛	17. 南无师子月佛	18. 南无福威德佛
19. 南无正生佛	20. 南无无胜佛	21. 南无月观佛
22. 南无宝名佛	23. 南无大精进佛	24. 南无山光佛

续表

东坡千佛图像榜题		
第 4 行：		
1. 南无德聚佛	2. 南无供养名佛	3. 南无法赞佛
4. 南无施明佛	5. 南无电德佛	6. 南无宝语佛
7. 南无救命佛	8. 南无善戒佛	9. 南无善众佛
10. 南无定意佛	11. 南无喜胜佛	12. 南无师子光佛
13. 南无破有暗佛	14. 南无照明佛	15. 南无上名佛
16. 南无利慧佛	17. 南无珠月佛	18. 南无威光佛
19. 南无不破论佛	20. 南无光明佛	21. 南无珠论佛
22. 南无世师佛	23. 南无吉手佛	24. 南无善月佛
第 5 行：		
1. 南无宝炎佛	2. 南无罗睺守佛	3. 南无乐菩提佛
4. 南无等光佛	5. 南无至寂灭佛	6. 南无世最灭佛
7. 南无无忧佛	8. 南无十势力佛	9. 南无喜力佛
10. 南无德势力佛	11. 南无德势佛	12. 南无大势力佛
13. 南无功德藏佛	14. 南无真行佛	15. 南无上安佛
16. 南无提沙佛	17. 南无大光佛	18. 南无电明佛
19. 南无广德佛		
第 6 行：		
1. 南无珍宝佛	2. 南无福德名佛	3. 南无无造铠佛
4. 南无成手佛	5. 南无善华佛	6. 南无集宝佛
7. 南无大海佛	8. 南无持地佛	9. 南无义意佛
10. 南无善思惟佛	11. 南无德轮佛	12. 南无宝火佛
13. 南无利益佛	14. 南无世月佛	15. 南无美音佛
16. 南无梵相佛	17. 南无众师首佛	18. 南无师子行佛
19. 南无难陀佛		

续表

东坡千佛图像榜题
第 4 行: 1.南无德聚佛 2. 南无供养名佛 3. 南无法赞佛 4. 南无施明佛 5. 南无电德佛 6. 南无宝语佛 7. 南无救命佛 8. 南无善戒佛 9. 南无善众佛 10. 南无定意佛 11. 南无喜胜佛 12. 南无师子光佛 13. 南无破有暗佛 14. 南无照明佛 15. 南无上名佛 16. 南无利慧佛 17. 南无珠月佛 18. 南无威光佛 19. 南无不破论佛 20. 南无光明佛 21. 南无珠论佛 22. 南无世师佛 23. 南无吉手佛 24. 南无善月佛
第 5 行: 1. 南无宝炎佛 2. 南无罗睺守佛 3. 南无乐菩提佛 4. 南无等光佛 5. 南无至寂灭佛 6. 南无世最灭佛 7. 南无无忧佛 8. 南无十势力佛 9. 南无喜力佛 10. 南无德势力佛 11. 南无德势佛 12. 南无大势力佛 13. 南无功德藏佛 14. 南无真行佛 15. 南无上安佛 16. 南无提沙佛 17. 南无大光佛 18. 南无电明佛 19. 南无广德佛
第 6 行: 1. 南无珍宝佛 2. 南无福德名佛 3. 南无无造铠佛 4. 南无成手佛 5. 南无善华佛 6. 南无集宝佛 7. 南无大海佛 8. 南无持地佛 9. 南无义意佛 10. 南无善思惟佛 11. 南无德轮佛 12. 南无宝火佛 13. 南无利益佛 14. 南无世月佛 15. 南无美音佛 16. 南无梵相佛 17. 南无众师首佛 18. 南无师子行佛 19. 南无难陀佛

续表

东坡千佛图像榜题		
第7行：		
1. 南无应供佛	2. 南无明威德佛	3. 南无大光王佛
4. 南无宝名佛	5. 南无众清净佛	6. 南无无边名佛
7. 南无不虚光佛	8. 南无圣天佛	9. 南无智王佛
10. 南无金刚众佛	11. 南无善障佛	12. 南无建慈佛
13. 南无无华国佛	14. 南无法意佛	15. 南无风行佛
16. 南无善思名佛	17. 南无多明佛	18. 南无密众佛
19. 南无功德守佛	20. 南无利意佛	21. 南无无懼佛
22. 南无坚观佛	23. 南无住法佛	24. 南无珠足佛
第8行：		
1. 南无解脱德佛	2. 南无妙身佛	3. 南无善意佛
4. 南无普德佛	5. 南无妙智佛	6. 南无梵财佛
7. 南无宝音佛	8. 南无正智佛	9. 南无力得佛
10. 南无师子意佛	11. 南无华相佛	12. 南无功德藏佛
13. 南无名实佛	14. 南无希有名佛	15. 南无上戒佛
16. 南无无畏佛	17. 南无日明佛	18. 南无梵寿佛
19. 南无一切天佛	20. 南无乐智佛	21. 南无宝天佛
22. 南无珠藏佛		
第9行：		
1. 南无得流布佛	2. 南无智王佛	3. 南无无缚佛
4. 南无坚法佛	5. 南无天德佛	6. 南无梵牟尼佛
7. 南无安详行佛	8. 南无勤精进佛	9. 南无炎肩佛
10. 南无大威德佛	11. 南无葡萄华佛	12. 南无欢喜佛
13. 南无善众佛	14. 南无帝幢佛	15. 南无大爱佛
16. 南无须蔓色佛	17. 南无众妙佛	18. 南无可乐佛
19. 南无势力行佛	20. 南无善定义佛	

续表

北坡千佛图像榜题		
第1行:		
1. 南无海德佛	2. 南无梵相佛	3. 南无月盖佛
4. 南无多炎佛	5. 南无违蓝王佛	6. 南无智称佛
7. 南无觉相佛	8. 南无功德光佛	9. 南无声流布佛
10. 南无满月佛	11. 南无华光佛	12. 南无善成王佛
13. 南无灯王佛	14. 南无电光佛	15. 南无光王佛
16. 南无光明佛	17. 南无具足赞佛	18. 南无华藏佛
19. 南无弗沙佛	20. 南无目端严佛	21. 南无净善佛
22. 南无威猛军佛	23. 南无福威德佛	24. 南无力行佛
25. 南无罗睺天佛	26. 南无智聚佛	27. 南无调御佛
28. 南无如王佛	29. 南无华相佛	
第2行:		
1. 南无罗睺罗佛	2. 南无大药佛	3. 南无宿王佛
4. 南无药王佛	5. 南无德手佛	6. 南无德叉伽佛
7. 南无流布王佛	8. 南无日光佛	9. 南无法藏佛
10. 南无妙意佛	11. 南无德主佛	12. 南无金刚众佛
13. 南无慧顶佛	14. 南无善住佛	15. 南无意行佛
16. 南无梵音佛	17. 南无师子佛	18. 南无雷音佛
19. 南无通相佛	20. 南无慧音佛	21. 南无安隐佛
22. 南无梵王佛	23. 南无牛王佛	24. 南无梨陀目佛
25. 南无龙德佛	26. 南无宝相佛	27. 南无庄严佛
28. 南无不没音佛	29. 南无华持佛	
第3行:		
1. 南无音德佛	2. 南无师子佛	3. 南无庄严辞佛
4. 南无勇智佛	5. 南无华积佛	6. 南无华开佛
7. 南无力行佛	8. 南无得积佛	9. 南无上形色佛
10. 南无明曜佛	11. 南无月灯佛	12. 南无威德王佛
13. 南无提王佛	14. 南无无尽佛	15. 南无菩提眼佛
16. 南无身充满佛	17. 南无慧国佛	18. 南无最上佛
19. 南无清凉照佛	20. 南无慧德佛	21. 南无妙音声佛
22. 南无尊师佛	23. 南无无碍藏佛	24. 南无上施佛
25. 南无大尊佛	26. 南无智力势佛	27. 南无大炎佛
28. 南无帝王佛		

续表

北坡千佛图像榜题		
第 4 行：		
1. 南无剬力佛	2. 南无威德佛	3. 南无善明佛
4. 南无名闻佛	5. 南无端严佛	6. 南无无尘垢佛
7. 南无威仪佛	8. 南无师子军佛	9. 南无天王佛
10. 南无名声佛	11. 南无殊胜佛	12. 南无大藏佛
13. 南无福德光佛	14. 南无梵声佛	15. 南无灯王佛
16. 南无智顶佛	17. 南无上天佛	18. 南无地王佛
19. 南无智解脱佛	20. 南无金髻佛	21. 南无罗睺日佛
22. 南无莫能胜佛	23. 南无牟尼净佛	24. 南无善光佛
第 5 行：		
1. 南无金齐佛	2. 南无众天工佛	3. 南无法盖佛
4. 南无德臂佛	5. 南无鸯伽陀佛	6. 南无无美妙慧佛
7. 南无微意佛	8. 南无诸威德佛	9. 南无师子髻佛
10. 南无解脱相佛	11. 南无慧藏佛	12. 南无智慧佛
13. 南无威相佛	14. 南无断流佛	15. 南无无碍赞佛
16. 南无宝聚佛	17. 南无善音佛	18. 南无山王相佛
19. 南无法顶佛	20. 南无解脱德佛	21. 南无善端严佛
22. 南无吉身佛	23. 南无爱语佛	24. 南无师子利佛
25. 南无和楼那佛		
第 6 行：		
1. 南无师子法佛	2. 南无法力佛	3. 南无爱乐佛
4. 南无赞不动佛	5. 南无众明王佛	6. 南无觉悟佛
7. 南无妙明佛	8. 南无意住义佛	9. 南无光照佛
10. 南无香德佛	11. 南无令喜佛	12. 南无不虚行佛
13. 南无灭志佛	14. 南无上色佛	15. 南无善步佛
16. 南无大音赞佛	17. 南无净愿佛	18. 南无日天佛
19. 南无乐慧佛	20. 南无摄身佛	21. 南无威德势佛
22. 南无刹利佛	23. 南无德乘佛	24. 南无上金佛
25. 南无□□髻佛	26. 南无乐法佛	27. 南无□□佛

续表

北坡千佛图像榜题		
第7行：		
1. 南无骄慢佛	2. 南无智藏佛	3. 南无梵行佛
4. 南无旃檀佛	5. 南无忧名佛	6. 南无端严身佛
7. 南无相国佛	8. 南无莲花佛	9. 南无无边德佛
10. 南无天光佛	11. 南无慧华佛	12. 南无频头摩佛
13. 南无智富佛	14. 南无梵财佛	15. 南无宝手佛
16. 南无净根佛	17. 南无具足论佛	18. 南无上论佛
19. 南无弗沙佛	20. 南无提沙佛	21. 南无有日佛
22. 南无□□佛	23. 南无德智佛	
西坡北段千佛图像榜题		
第1行：		
1. 南无谟罗佛	2. 南无上吉佛	3. 南无法乐佛
4. 南无求胜佛		
第2行：		
1. 南无善圣佛	2. 南无网光佛	3. 南无琉璃藏佛
4. 南无名闻佛		
第3行：		
1. 南无利寂佛	2. 南无教化佛	3. 南无日明佛
4. 南无善明佛	5. 南无众德上明佛	6. 南无□□佛
第4行：		
1. 南无日月佛	2. 南无罗睺佛	3. 南无甘露明佛
4. 南无众意佛	5. 南无大明佛	6. 南无一切主佛
7. 南无乐智佛		
第5行：		
1. 南无山王佛	2. 南无寂灭佛	3. 南无德聚力佛
4. 南无天王佛	5. 南无妙音声佛	6. 南无妙华佛
7. 南无住义佛	8. 南无功德品佛	9. 南无智无等佛
10. 南无甘露音佛	11. 南无善守佛	

续表

西坡北段千佛图像榜题		
第6行：		
1. 南无利慧佛	2. 南无思解脱义佛	3. 南无胜音佛
4. 南无梨陀行佛	5. 南无□□佛	6. 南无□□佛
7. 南无善行佛	8. 南无华藏佛	9. 南无妙光佛
10. 南无乐说佛	11. 南无善济佛	
第7行：		
1. 南无 ______	2. 南无重乐志佛	3. 南无辩才日佛
4. 南无慧济佛	5. 南无智日佛	6. 南无上利佛
7. 南无须弥顶佛	8. 南无□□□佛	9. 南无 ______
10. 南无 ______	11. 南无 ______	
第8行：		
1. 南无名闻佛	2. 南无 ______	3. 南无 ______
4. 南无 ______	5. 南无大见佛	6. 南无梵音佛
7. 南无善音佛		

十一、第98窟甬道顶瑞像图残存榜题录文①

北坡千佛图像榜题
甬道顶北坡西起： 1. 悉他郝(那)天女守护于阗国。 2. ______ 3. □□□□□护□。
甬道顶中央： 1. 王舍城北那罗陀寺三亿□/汉舍利，立塔记之，于今见在。 2. 于(千？)□上下(？)海 ______ 3. 北天竺国尼婆罗国，有弥勒头冠/柜在水中，有人来取，水中火出。

①参见张小刚《敦煌佛教感通画研究》，兰州：甘肃教育出版社，2015年，第478页。

图版目录

主编《敦煌石窟全集·报恩经画卷》，第149页。）

图3-11　第98窟《报恩经·亲近品》图像及示意图（采自殷光明主编《敦煌石窟全集·报恩经画卷》，第148页；示意图作者绘。）

图3-12　第98窟《报恩经·孝养品》之太子割肉图（采自殷光明主编《敦煌石窟全集·报恩经画卷》，第149页。）

图3-13　莫高窟五代第108窟《报恩经·孝养品》之太子割肉图（采自殷光明主编《敦煌石窟全集·报恩经画卷》，第161页。）

图3-14　第98窟主室北壁《思益梵天问经变》（采自敦煌文物研究所《中国石窟·敦煌莫高窟》第五卷，北京：文物出版社，1987年，图版8。）

图3-15　第98窟《思益梵天问经变》之乐舞线描图（采自史敦宇、金洵瑨绘《敦煌舞乐线描集》，兰州：甘肃人民美术出版社，2007年，第165页。）

图3-16　第98窟《思益梵天问经变》榜题位置示意图（作者绘）

图3-17　第98窟《法华经变》经品位置示意图（作者绘）

图3-18　第98窟《法华经·譬喻品》之“火宅喻”和“三车喻”图像（采自敦煌文物研究所《中国石窟·敦煌莫高窟》第五卷，图版3。）

图3-19　第98窟《法华经·信解品》之“穷子喻”图像（采自敦煌文物研究所《中国石窟·敦煌莫高窟》第五卷，图版3。）

图3-20　第98窟《法华经·观世音菩萨普门品》中雷神图像（采自敦煌文物研究所《中国石窟·敦煌莫高窟》第五卷，图版5。）

图3-21　第98窟《法华经·安乐行品》之“髻珠喻”图像（采自敦煌文物研究所《中国石窟·敦煌莫高窟》第五卷，图版4。）

图3-22　第98窟主室北壁《华严经变》示意图（作者绘）

图3-23　第98窟《华严经·华藏世界品》之莲花藏世界海图像（采自敦煌研究院《敦煌石窟鉴赏丛书》第九册第98窟，图版13。）

图4-1　第98窟主室南壁《阿弥陀经变》乐舞图（采自敦煌研究院《敦煌石窟鉴赏丛书》第九册（第98窟），图版15。）

参考文献

一、文献典籍

1. 史籍

[汉]班固《汉书》,北京:中华书局,1962 年。

[南朝宋]范晔《后汉书》,北京:中华书局,1962 年。

[北齐]魏收《魏书》,北京:中华书局,1974 年。

[梁]释慧皎《高僧传》,北京:中华书局,1992 年。

[唐]姚思廉《梁书》,北京:中华书局,1973 年。

[唐]张彦远《历代名画记》,北京:人民术出版社,1963 年。

[唐]欧阳询等《艺文类聚》,上海:上海古籍出版社,1982 年。

[唐]杜佑撰,王文锦等点校《通典》,北京:中华书局,1988 年。

[唐]玄奘、辩机著,季羡林等校注《大唐西域记校注》,北京:中华书局,2000 年。

[后晋]刘昫等《旧唐书》,北京:中华书局,1975 年。

[宋]欧阳修、宋祁《新唐书》,北京:中华书局,1975 年。

[宋]司马光《资治通鉴》,北京:中华书局,1976 年。

[宋]王钦若等《册府元龟》,北京:中华书局,1989 年。

[宋]欧阳修《新五代史》,北京:中华书局,1974 年。

[宋]薛居正等《旧五代史》,北京:中华书局,1976年。

[宋]王溥《五代会要》,上海:上海古籍出版社,1978年。

[宋]李诫《营造法式》,北京:人民出版社,2011年。

[宋]李昉等《太平广记》,北京:中华书局,1961年。

[宋]赞宁《宋高僧传》,北京:中华书局,1987年。

[元]脱脱等《辽史》,北京:中华书局,1974年。

[元]脱脱等《宋史》,北京:中华书局,1977年。

[清]徐松辑《宋会要辑稿》,北京:中华书局,1957年。

2. 经藏

《大正藏》

《卍新纂续藏经》

3. 敦煌文献

北京大学图书馆、上海古籍出版社《北京大学图书馆藏敦煌文献》,上海:上海古籍出版社,1995年。

俄罗斯科学院东方研究所圣彼得堡分所、俄罗斯科学出版社东方文学部、上海古籍出版社《俄藏敦煌文献》1—17册,上海:上海古籍出版社,1992—2001年。

方广錩《藏外佛教文献》,北京:宗教文化出版社,1986年。

敦煌研究院《敦煌遗书总目索引新编》,北京:中华书局,2000年。

唐耕耦、陆宏基《敦煌社会经济文献真迹释录》1—5辑,北京:书目文献出版社、全国图书馆文献缩微复制中心,1986—1990年。

上海古籍出版社、法国国家图书馆《法藏敦煌西域文献》1—34册,上海:上海古籍出版社,1995—2005年。

中国社会科学院历史研究所等《英藏敦煌文献》1—14卷,成都:四川人民出版社,1990—1995年。

任继愈《国家图书馆藏敦煌遗书》1—146册,北京:北京图书馆出版社，2005—2012 年。

二、中文论著

1. 专著

［法］伯希和著，耿昇、唐健宾译《伯希和敦煌石窟笔记》，兰州：甘肃人民出版社，1993 年。

敦煌研究院《敦煌莫高窟供养人题记》，北京：文物出版社，1986 年。

敦煌研究院《敦煌石窟内容总录》，北京：文物出版社，1996 年。

冯培红《归义军官吏的选任与迁转——唐五代藩镇选官制度之个案》，香港：香港大学饶宗颐学术馆，2011 年。

冯培红《敦煌的归义军时代》，兰州：甘肃教育出版社，2013 年。

宫大中《龙门石窟艺术》，上海：上海人民出版社，1981 年。

郝春文《唐后期五代宋初敦煌僧尼的社会生活》，北京：中国社会科学出版社，1998 年。

郝春文、陈大为《敦煌的佛教与社会》，兰州：甘肃教育出版社，2013 年。

胡文和《四川道教、佛教石窟艺术》，成都：四川人民出版社，1994 年。

黄征、张涌泉《敦煌变文校注》，北京：中华书局，1997 年。

姜伯勤《敦煌艺术宗教与礼乐文明》，北京：中国社会科学出版社，1996 年。

姜伯勤《唐五代敦煌寺户制度》，北京：中华书局，1987 年。

姜伯勤、项楚、荣新江《敦煌邈真赞校录并研究》，台北：新文丰出版公司，1994 年。

季羡林《敦煌学大辞典》，上海：上海辞书出版社，1998 年。

姜亮夫《姜亮夫全集》（《莫高窟年表》），昆明：云南人民出版社，2002 年。

[英]贡布里希著,林夕等译《艺术与错觉——图画再现的心理学研究》,杭州:浙江摄影出版社,1987年。

刘志远、刘廷壁《成都万佛寺石刻艺术》,北京:中国古典艺术出版社,1958年。

李凇《长安艺术与宗教文明》,北京:中华书局,2002年。

李吟屏《佛国于阗》,乌鲁木齐:新疆人民出版社,1991年。

赖鹏举《敦煌石窟造像思想研究》,北京:文物出版社,2009年。

梁晓鹏《敦煌莫高窟千佛图像研究》,北京:民族出版社,2006年。

刘惠琴《归义军时期的河西佛教》,高雄:佛光山文教基金会,2001年。

马德《敦煌莫高窟史研究》,兰州:甘肃教育出版社,1996年。

米德昉《敦煌莫高窟第100窟研究》,兰州:甘肃教育出版社,2016年。

宁强《敦煌石窟寺研究》,兰州:甘肃人民美术出版社,2012年。

潘玉闪、马世长《莫高窟窟前殿堂遗址》,北京:文物出版社,1985年。

潘重规《敦煌变文集新书》,台北:中国文化大学中文研究所,1984年。

荣新江《归义军史研究——唐宋时代敦煌历史考索》,上海:上海古籍出版社,1996年。

荣新江《华戎交汇——敦煌民族与中西交通》,兰州:甘肃教育出版社,2008年。

荣新江、朱丽双《于阗与敦煌》,兰州:甘肃教育出版社,2013年。

苏莹辉《敦煌论集》,台北:台湾学生书局,1983年。

苏莹辉《敦煌论集续编》,台北:台湾学生书局,1983年。

苏莹辉《瓜沙史事丛考》,台北:台湾商务印书馆,1983年。

苏莹辉《敦煌文史艺术论丛》,台北:新文丰出版公司,1987 年。

石璋如《“中央研究院”历史语言研究所田野考古报告之三:莫高窟形》,台北:“中央研究院”,1996 年。

沙武田《敦煌画稿研究》,北京:中央编译出版社,2007 年。

宿白《中国石窟寺研究》,北京:文物出版社,1996 年。

宿白《唐宋时期的雕版印刷》,北京:文物出版社,1999 年。

王昶《金石萃编》卷十八,西安:陕西人民美术出版社,1990 年。

王重民《敦煌遗书总目索引》,北京:中华书局,1983 年。

王重民等《敦煌变文集》,北京:人民文学出版社,1957 年。

王惠民《敦煌佛教与石窟营建》,兰州:甘肃教育出版社,2013 年。

汪娟《敦煌礼忏文研究》,台北:法鼓文化事业股份有限公司,1998 年。

[美]巫鸿著,郑岩等译《礼仪中的美术——巫鸿中国古代美术史文编》,北京:三联书店,2005 年。

谢稚柳《敦煌艺术叙录》,上海:上海出版公司,1955 年。

项楚《敦煌变文选注》(增订本),北京:中华书局,2006 年。

杨秀清《敦煌西汉金山国史》,兰州:甘肃人民出版社,1999 年。

杨明芬《唐代西方净土礼忏法研究——以敦煌莫高窟西方净土信仰为中心》,北京:民族出版社,2007 年。

杨富学《回鹘与敦煌》,兰州:甘肃教育出版社,2013 年。

杨宝玉、吴丽娱《归义军政权与中央关系研究——以入奏活动为中心》,北京:中国社会科学出版社,2015 年。

殷光明《敦煌壁画艺术与疑伪经》,北京:民族出版社,2006 年。

郑炳林《敦煌碑铭赞辑释》,兰州:甘肃教育出版社,1992 年。

郑炳林《敦煌地理文书汇辑校注》,兰州:甘肃教育出版社,1989 年。

郑炳林《敦煌归义军史专题研究》,兰州:兰州大学出版社,1997 年。

郑炳林《敦煌归义军史专题研究续编》，兰州：兰州大学出版社，2003年。

郑炳林《敦煌归义军史专题研究三编》，兰州：甘肃文化出版社，2005年。

郑炳林《敦煌归义军史专题研究四编》，西安：三秦出版社，2009年。

郑炳林、沙武田《敦煌石窟艺术概论》，兰州：甘肃文化出版社，2005年。

张广达、荣新江《于阗史丛考》，上海：上海书店出版社，1993年。

《张大千先生遗著莫高窟记》，台北："国立"故宫博物院，1985年。

张伯元《安西榆林窟》，成都：四川教育出版社，1995年。

张小刚《敦煌佛教感通画研究》，兰州：甘肃教育出版社，2015年。

周绍良《敦煌变文汇录》，上海：上海出版公司，1954年。

周锡保《中国古代服饰史》，北京：中国戏剧出版社，1984年。

赵贞《归义军史实考论》，北京：北京师范大学出版社，2010年。

赵声良《敦煌石窟艺术总论》，兰州：甘肃教育出版社，2013年。

2. 图册

敦煌文物研究所《中国石窟·敦煌莫高窟》卷五，北京：文物出版社，1987年。

贺世哲《莫高窟壁画艺术·北宋》，兰州：甘肃人民出版社，1986年。

敦煌研究院《敦煌石窟鉴赏丛书》第一辑第九册（第98窟），兰州：甘肃人民美术出版社，1990年。

《敦煌壁画·五代》，南京：江苏美术出版社，1998年。

樊锦诗、刘永增《敦煌鉴赏》精选50窟（全彩），南京：江苏美术出版社，2003年。

敦煌研究院《敦煌石窟全集·塑像卷》，香港：商务印书馆，2003年。

3. 论文

陈明达《巩县石窟寺的雕凿年代及特点》，河南省文化局文物工作队编《巩县石窟寺》，北京：文物出版社，1963 年。

陈祚龙《迎头赶上，此其时也——敦煌学散策之二》，《敦煌学园零拾》，台北：台湾商务印书馆，1984 年。

段文杰《张议潮时期的敦煌艺术》，《敦煌学辑刊》1982 年。

段文杰《唐代后期的莫高窟艺术》，敦煌文物研究所《中国石窟：敦煌莫高窟（四）》，北京：文物出版社，1987 年。

党燕妮《毗沙门天王信仰在敦煌的流传》，《敦煌研究》2005 年第 3 期。

党燕妮《晚唐五代敦煌地区的海龙王信仰》，郑炳林《敦煌归义军史专题研究三编》，兰州：甘肃文化出版社，2005 年。

陈慧宏《敦煌莫高窟早期的千佛图》，台北：台湾大学艺术史硕士学位论文，1994 年。

杜斗城《关于武则天与佛教的几个问题》，《宗教学研究》1994 年第 1 期。

杜海《敦煌曹氏归义军史研究》，兰州大学博士学位论文，2015 年。

冯培红《敦煌曹氏族属与曹氏归义军政权》，《历史研究》2001 年第 1 期。

范泉《周武灭法与敦煌北周石窟营造的关系——以莫高窟第 428 窟供养人图像为中心》，《敦煌学辑刊》2008 年第 4 期。

范鹏《曹氏归义军初期敦煌洞窟营建中折射出的价值观——以莫高窟第 98 窟为例》，《敦煌研究》2016 年第 2 期。

公维章《唐宋间敦煌的城隍与毗沙门天王》，《宗教学研究》2005 年第 2 期。

郭俊叶《托塔天王与哪吒——兼谈敦煌毗沙门天王赴哪吒会图》，

《敦煌研究》2008 年第 3 期。

顾淑彦《敦煌石窟中牢(劳)度叉斗圣变消失与再现原因再探》,《敦煌研究》2016 年第 3 期。

贺世哲、孙修身《〈瓜沙曹氏年表补正〉之补正》,《甘肃师大学报》1980 年第 1 期。

贺世哲、孙修身《瓜沙曹氏与敦煌莫高窟》,敦煌文物研究所《敦煌研究文集》,兰州:甘肃人民出版社,1982 年。

贺世哲《敦煌莫高窟北朝石窟与禅观》,敦煌文物研究所《敦煌研究文集》,兰州:甘肃人民出版社,1982 年。

贺世哲《敦煌莫高窟壁画中的〈维摩诘经变〉》,《敦煌研究》1982 年第 2 期。

贺世哲《莫高窟隋代洞窟与"双弘定慧"》,敦煌研究院《1983 年全国敦煌学术研讨会论文集·石窟艺术编》(上),兰州:甘肃人民出版社,1985 年。

贺世哲《从供养人题记看莫高窟部分洞窟的营建年代》,敦煌研究院《敦煌莫高窟供养人题记》,北京:文物出版社,1986 年。

贺世哲《关于北朝石窟千佛图像诸问题》,《敦煌研究》1989 年第 3、4 期。

贺世哲《试论曹仁贵即曹议金》,《西北师范大学学报》(社会科学版)1990 年第 3 期。

贺世哲《关于十六国北朝时期的三世佛与三佛造像诸问题(一)》,《敦煌研究》1992 年第 4 期。

贺世哲《关于十六国北朝时期的三世佛与三佛造像诸问题(二)》,《敦煌研究》1993 年第 1 期。

贺世哲《关于敦煌莫高窟的三世佛与三佛造像》,《敦煌研究》1994 年第 2 期。

贺世哲《敦煌壁画中的维摩诘经变》,敦煌研究院《敦煌研究文集·敦煌石窟经变篇》,兰州:甘肃民族出版社,2000 年。

贺世哲《敦煌壁画中的法华经变》,敦煌研究院《敦煌研究文集·敦煌石窟经变篇》,兰州:甘肃民族出版社,2000 年。

胡同庆《莫高窟早期龙图像研究》,《敦煌研究》1988 年第 1 期。

胡同庆《藻井龙与皇权》,《人民日报》(海外版),2004 年 2 月 28 日第八版。

胡素馨《敦煌的粉本和壁画之间的关系》,《唐研究》第三卷,北京:北京大学出版社,1997 年。

[美]胡素馨著,唐莉芸译《模式的形成——粉本在寺院壁画构图中的应用》,《敦煌研究》2001 年第 4 期。

[韩]海住《莫高窟华严经变相的考察》,敦煌研究院《2000 年敦煌国际学术讨论会文集》,兰州:甘肃民族出版社,2003 年。

季羡林《弥勒信仰在新疆的传布》,《文史哲》2001 年第 1 期。

金维诺《敦煌壁画祇园记图考》,《文物参考资料》1958 年第 10 期。

金维诺《祇园记图与变文》,《文物参考资料》1958 年第 11 期。

金维诺《敦煌晚期的维摩变》,《文物》1959 年第 4 期。

金维诺《敦煌窟龛名数考》,《文物》1959 年第 5 期。

简佩琦《敦煌报恩经变与变文〈双恩记〉残卷》,《敦煌学辑刊》2005 年第 1 期。

姜伯勤《敦煌邈真赞与敦煌名族》,《敦煌邈真赞校录并研究》,台北:新文丰出版公司,1994 年。

江琳《莫高窟吐蕃、归义军张氏时期〈药师经变〉中乐舞的研究》,《敦煌学辑刊》1990 年第 2 期。

劳榦《唐五代沙州张曹两姓政权交替之史料》。

刘慧达《北魏石窟中的“三佛”》,《考古学报》1958 年第 4 期。

刘慧达《北朝石窟与禅观》,《考古学报》1978年第3期。

刘洪石《秦岭东来第一佛》,《新观察》1981年第11期。

刘永增、陈菊霞《莫高窟第98窟是一忏法道场》,《敦煌研究》2012年第6期。

刘颖《敦煌莫高窟吐蕃后期经变画研究》,中央美术学院博士学位论文,2010年。

赖鹏举《关河的"三世学"与河西的"千佛思想"》,《丝路佛教的图像与禅法》,财团法人圆光佛学研究所,觉风佛教艺术文化基金会,2002年。

赖鹏举《莫高窟在为"千佛"造像寻找主尊》,《敦煌石窟造像思想研究》,北京:文物出版社,2009年。

陆庆夫《河西达怛考述》,《敦煌学辑刊》1992年第1、2期合刊。

李永宁《报恩经和莫高窟壁画中的报恩经变相》,敦煌文物研究所《敦煌研究文集》,兰州:甘肃人民出版社,1982年。

李永宁、蔡伟堂《〈降魔变文〉与敦煌壁画中的"劳度叉斗圣变"》,敦煌研究院《敦煌研究文集·敦煌石窟经变篇》,兰州:甘肃民族出版社,2000年。

李正宇《唐宋时代敦煌县河渠泉泽简志(二)》,《敦煌研究》1989年第1期。

李正宇《曹仁贵名实论——曹氏归义军创始及归奉后梁史探》,汉学研究中心《第二届敦煌学国际研讨会论文集》,台北:汉学研究中心,1991年。

李正宇《曹仁贵归奉后梁的一组新资料》,《魏晋南北朝隋唐史资料(第11期)——唐长孺教授八十大寿纪念专辑》,武汉:武汉大学出版社,1991年。

李并成、解梅《敦煌归义军曹氏统治者果为粟特后裔吗——与荣新江、冯培红先生商榷》,《敦煌研究》2006 年第 6 期。

李玉珉《敦煌药师经变研究》,《故宫文物月刊》1990 年第 3 期。

李刈《敦煌壁画中的〈天请问经变相〉》,《敦煌研究》1991 年第 1 期。

李海峰《敦煌遗书中的早期〈华严经〉及其相关文献》,《中国文化研究》2008 年第 3 期。

李晓青、沙武田《劳度叉斗圣变未出现于敦煌吐蕃时期洞窟原因试析》,《西藏研究》2010 年第 2 期。

鲁才全《〈唐昭武校尉曹君(通)神道碑〉跋》,《魏晋南北朝隋唐史资料》第五期,武汉:武汉大学出版社,1983 年。

罗华庆《敦煌壁画中的〈东方药师净土变〉》,《敦煌研究》1989 年第 2 期。

梁尉英《略论敦煌晚唐艺术的世俗化》,敦煌研究院《敦煌石窟艺术·莫高窟第九窟、第一二窟》,南京:江苏美术出版社,1994 年。

梁晓鹏《莫高窟第 254 窟千佛文本的符号学分析》,《敦煌学辑刊》2005 年第 2 期。

梁晓鹏《作为符号的塔及其意义初探》,《敦煌学辑刊》2012 年第 2 期。

林梅《北方石窟千佛问题探讨》,颜廷亮、王亨通《炳灵寺石窟学术研讨会论文集》,兰州:甘肃人民出版社,2003 年。

卢秀文《敦煌莫高窟早期三窟供养人服饰研究》,《敦煌学辑刊》2008 年第 4 期。

卢少珊《河西地区唐宋时期维摩诘经变细部图像再认识》,《敦煌学辑刊》2015 年第 3 期。

卢少珊《河西地区唐宋时期洞窟维摩诘经变与其他图像组合分析》,《敦煌学辑刊》2016 年第 1 期。

马竞驰《千佛洞里的"千佛"》,《阳关》1983 年第 3 期。

马德《十世纪中期的莫高窟崖面概观——关于〈腊八燃灯分配窟龛

名数〉的几个问题》,敦煌研究院《1987年敦煌石窟研究国际讨论会论文集·石窟考古编》,沈阳:辽宁美术出版社,1990年。

马德《曹氏三大窟营建的社会背景》,《敦煌研究》1991年第1期。

马德《都僧统之"家窟"及其营建——〈腊八燃灯分配窟龛名数〉丛识之三》,《敦煌研究》1989年第4期。

梅林《律寺制度视野:9至10世纪莫高窟石窟寺经变画布局初探》,《敦煌研究》1995年第1期。

米德昉《敦煌曹氏归义军时期石窟四角天王图像研究》,《敦煌学辑刊》2012年第2期。

米德昉《敦煌莫高窟第100窟窟主及年代问题再议》,《敦煌研究》2012年第4期。

米德昉《敦煌壁画西方净土变与药师净土变对置成因分析》,《敦煌研究》2013年第5期。

宁强、胡同庆《敦煌莫高窟第254窟千佛画研究》,《敦煌研究》1986年第4期。

宁强《上士登仙图与维摩诘经变——莫高窟第249窟窟顶壁画再探》,《敦煌研究》1990年第1期。

宁强《曹议金夫妇出行礼佛图研究》,段文杰等《1990年敦煌学国际研讨会文集·石窟艺术编》,沈阳:辽宁美术出版社,1995年。

宁强《佛经与图像——敦煌第220窟北壁壁画新解》,《故宫学术季刊》第15卷第3期。

潘亮文《敦煌石窟华严美术的再思考》,敦煌研究院《2014敦煌论坛:敦煌石窟研究国际学术研讨会论文集》(上),兰州:甘肃教育出版社,2016年。

钱伯泉《有关归义军前期历史的几个问题——〈周故南阳郡娘子张氏墓志铭并序〉研究》,《敦煌学辑刊》1987年第1期。

屈直敏《敦煌早期石窟空间结构中的儒家思想观念初探——以隋代以前石窟中窟顶和四壁造像为中心》,《敦煌学辑刊》2007 年第 4 期。

荣新江《曹议金征甘州回鹘史事表微》,《敦煌研究》1991 年第 2 期。

荣新江《沙州归义军历任节度使称号研究(修订稿)》,《敦煌学》第 19 辑,1992 年。

荣新江《关于曹氏归义军首任节度使的几个问题》,《敦煌研究》1993 年第 2 期。

荣新江《归义军改元考》,《文史》第 38 辑,北京:中华书局,1994 年。

荣新江《敦煌归义军曹氏统治者为粟特后裔说》,《历史研究》2001 年第 1 期。

荣新江、朱丽双《于阗国王李圣天事迹新证》,《西域研究》2012 年第 2 期。

荣新江、朱丽双《一组反映 10 世纪于阗与敦煌关系的藏文文书研究》,沈卫荣《西域历史语言研究集刊》第 5 辑,北京:科学出版社,2012 年。

荣新江《公元十世纪沙州归义军与西州回鹘的文化交往》,汉学研究中心《第二届敦煌学国际研讨会论文集》,台北:汉学研究中心,1991 年。

孙修身《谈与瓜州(当作“沙”)曹氏世谱有关的几个问题》,《社会科学》1983 年第 5 期。

孙修身《试论瓜沙曹氏与甘州回鹘之关系》,段文杰《1990 敦煌学国际研讨会文集·史地语文编》,沈阳:辽宁美术出版社,1995 年。

沙武田、魏迎春《曹氏归义军时期敦煌石窟艺术程式化表现小议》,《敦煌学辑刊》1999 年第 2 期。

沙武田《S.P.172 与莫高窟五代宋窟顶壁画关系试论——敦煌壁画底稿研究之三》,《敦煌研究》2000 年第 3 期。

沙武田《S.P.76〈维摩诘经变稿〉试析——敦煌壁画底稿研究之四》,

《敦煌研究》2000年第4期。

沙武田《莫高窟第98窟及其对曹氏归义军时期大窟营建之影响》,郑炳林《敦煌归义军史专题研究续编》,兰州:兰州大学出版社,2003年。

沙武田、梁红《敦煌千佛变画稿刺孔研究——兼谈敦煌千佛画及其制作技法演变》,《敦煌学辑刊》2005年第2期。

沙武田《敦煌写真邈真画稿研究——兼论敦煌画之写真肖像艺术》,《敦煌学辑刊》2006年第1期。

沙武田《莫高窟第138窟智惠性供养像及相关问题研究》,《敦煌学辑刊》2006年第3期。

沙武田《供养人画像与唐宋敦煌世俗佛教》,《敦煌研究》2007年第4期。

沙武田《敦煌石窟归义军曹氏供养人画像与其族属之判别》,《敦煌画稿研究》,北京:中央编译出版社,2007年。

沙武田《敦煌石窟粟特九姓胡人供养像研究》,《敦煌学辑刊》2008年第4期。

施萍婷《敦煌与莫高窟》,《敦煌研究》1982年第1期。

施萍婷《建平公与莫高窟》,敦煌文物研究所《敦煌研究文集》,兰州:甘肃人民出版社,1982年。

施萍婷、贺世哲《近承中原 远接西域——莫高窟第428窟研究》,《敦煌石窟艺术·莫高窟第428窟》,南京:江苏美术出版社,1998年。

苏莹辉《瓜沙曹氏僭称'敦煌王'及受封'敦煌郡王'考》,《瓜沙史事丛考》,台北:台湾商务印书馆,1983年。

史苇湘《世族与石窟》,敦煌文物研究所《敦煌研究文集》,兰州:甘肃人民出版社,1982年。

史苇湘《关于敦煌莫高窟内容总录》,敦煌研究院《敦煌莫高窟内容总录》,北京:文物出版社,1982年。

盛朝晖《"细供"考》,《敦煌学辑刊》1996 年第 2 期。

唐耕耦《曹仁贵节度沙州归义军始末》,《敦煌研究》1987 年第 2 期。

谭蝉雪《敦煌祈赛风俗》,《敦煌研究》1993 年第 4 期。

田峰《于阗毗沙门天王信仰研究》,《西北民族大学学报》(哲学社会科学版),2013 年第 4 期。

藤枝晃《关于 220 窟改修的若干问题》,敦煌研究院《1987 年敦煌石窟研究国际讨论会文集·石窟考古编》,沈阳:辽宁美术出版社,1990 年。

[日]藤枝晃著,金伟、张虎生、李波译《沙州归义军节度使始末(下)》,《国外藏学研究译文集》第 14 辑,拉萨:西藏人民出版社,1998 年。

万庚育《珍贵的历史资料——莫高窟供养人画像题记》,敦煌研究院《敦煌莫高窟供养人题记》,北京:文物出版社,1986 年。

[美]巫鸿《敦煌 323 窟与道宣》,胡素馨《佛教物质文化:寺院财富与世俗供养国际学术研讨会论文集》,上海:上海书画出版社,2003 年。

[美]巫鸿著,郑岩等译《何为变相?——兼论敦煌艺术与敦煌文学的关系》,《礼仪中的美术——巫鸿中国古代美术史文编》(下卷),北京:三联书店,2005 年。

王静芬《弥勒信仰与敦煌〈弥勒变〉的起源》,《敦煌研究》1988 年第 2 期。

王静芬《唐代莫高窟壁画所见与画史记载寺院的经变题材比较》,《敦煌文薮》上,台北:新文丰出版公司,1999 年。

王惠民《关于〈天请问经〉和天请问经变的几个问题》,《敦煌研究》1994 年第 4 期。

王惠民《曹议金执政前期若干史事考辨》,敦煌研究院《段文杰敦煌研究五十年纪念文集》,北京:世界图书出版公司,1996 年。

王惠民《〈思益经〉及其在敦煌的流传》,《敦煌研究》1997 年第 1 期。

王惠民《敦煌经变画的研究成果与研究方法》,《敦煌学辑刊》2004

年第2期。

王中旭《阴嘉政窟——礼俗、法事与家窟艺术》,中央美术学院博士学位论文,2009年。

王中旭《敦煌吐蕃时期阴嘉政窟〈报恩变〉研究》,《美术学研究》(第1辑),2011年。

王涛《唐宋时期城市保护神研究——以毗沙门天王和城隍神为中心》,首都师范大学博士学位论文,2007年。

王涛《论唐宋时期毗沙门天王向城市保护神的转化》,《晋阳学刊》2010年第1期。

王涛《唐代中国与印度、内地与西域文化交流——以毗沙门天王流变为考察个案》,《全球史评论》(第三辑),2010年。

王丁《佛教东传早期的佛名经〈北凉宝玺三年宝贤写千佛名号〉与汉译〈贤劫经〉》,《敦煌学辑刊》2015年第4期。

魏健鹏《生天与净土:莫高窟第9窟研究》,兰州大学硕士学位论文,2012年。

徐淑青《莫高窟第98窟现状调查报告》,《敦煌研究》2005年第5期。

萧玉真《中国维摩诘造像的起源与开展——以隋唐敦煌维摩变壁画为研究重心》,台南艺术学院硕士论文,1999年。

殷光明《从"祇园精舍图"到"劳度叉斗圣变"的主题转变与佛道之争》,《敦煌研究》2001年第2期。

殷光明《敦煌华严法华经变的配置与判教思想》,敦煌研究院《敦煌壁画艺术继承与创新国际学术研讨会论文集》,上海:上海辞书出版社,2008年。

颜娟英《佛教艺术方法学的再检讨》,中华民国史专题第四届讨论会秘书处《中华民国史专题论文集——第四届讨论会》,台北:国史馆,

1998 年。

叶佳玫《敦煌莫高窟 420 窟研究》,台北:台湾大学艺术史硕士学位论文,1996 年。

杨宝玉《敦煌文书〈龙兴寺毗沙门天王灵验记〉校考》,《文献》2000 年第 2 期。

杨宝玉、吴丽娱《梁唐之际敦煌地方政权与中央关系研究——以归义军入贡活动为中心》,《敦煌学辑刊》2010 年第 2 期。

于向东《敦煌维摩诘经变以窟门为中心的设计意匠——以莫高窟第 103 窟为例》,《敦煌学辑刊》2010 年第 3 期。

张先堂《唐宋时期敦煌天王堂寺、天王堂考》,王维梅《二十一世纪敦煌文献研究回顾与展望研讨会论文集》,台中:中华自然文化学会,1999 年。

张先堂《莫高窟供养人画像的发展演变——以佛教史考察为中心》,《敦煌学辑刊》2008 年第 4 期。

张永安《敦煌毗沙门天王图像及其信仰概述》,《兰州大学学报》(社会科学版),2007 年第 6 期。

张乃翥《龙门石窟维摩诘变造像及其意义》,《中原文物》1982 年第 3 期。

张伯元《试论敦煌壁画〈龙王礼佛图〉的创作思想》,《敦煌学辑刊》1990 年第 2 期。

张元林《融合中印艺术独具风情特色——论莫高窟第二五四、二六〇窟的艺术成就》,《敦煌石窟艺术·莫高窟第二五四窟附第二六〇窟》,南京:江苏美术出版社,1995 年。

张元林《也谈莫高窟第 217 窟南壁壁画的定名——兼论与唐前期敦煌法华图像相关的两个问题》,《敦煌学辑刊》2011 年第 4 期。

张广达、荣新江《敦煌"瑞像记"、瑞像图及其反映的于阗》,北京大学中国中古史研究中心编《敦煌吐鲁番文献研究论集》(第三辑),北京:北京大学出版社,1986年。

张久和《河西地区的达怛》,《西北史地》1997年第2期。

张小刚《敦煌瑞像图中的于阗护国神王》,《敦煌研究》2005年第1期。

张小刚《敦煌壁画中的于阗装饰佛瑞像及其相关问题》,《敦煌研究》2009年第2期。

郑雨《莫高窟第九十八窟的历史背景与时代精神》,《九州学刊》第4卷第4期(敦煌学专号),1992年。

张培君《唐宋时期敦煌社人修建莫高窟的活动——以供养人图像和题记为中心》,《敦煌学辑刊》2008年第4期。

周维平《试论敦煌壁画的空间结构》,《敦煌学辑刊》1998年第2期。

郑阿财《〈龙兴寺毗沙门天王灵验记〉与敦煌地区的毗沙门天王信仰》,《周绍良先生欣开九秩庆寿文集》,北京:中华书局,1997年。

郑炳林《敦煌写本邈真赞所见真堂及其相关问题研究——关于莫高窟供养人画像研究之一》,《敦煌研究》2006年第6期。

郑炳林《敦煌写本相书理论与敦煌石窟供养人画像——关于敦煌莫高窟供养人画像研究之二》,《敦煌学辑刊》2006年第4期。

郑怡楠《敦煌写本〈河西节度使大王造大寺功德记〉考释》,《敦煌学辑刊》2013年第4期。

郑怡楠、郑炳林《敦煌曹氏归义军时期修功德记文体的演变》,《敦煌学辑刊》2014年第1期。

邹清泉《维摩诘变相研究》,中央美术学院博士学位论文,2009年。

佐藤有希子著、牛源译《敦煌吐蕃时期毗沙门天王像考察》,《敦煌研究》2013年第4期。

三、外文论著

安部健夫《西ウィグル国史の研究》,京都:汇文堂,1955 年。

池田温《中國古代寫本識語集錄》,东京:东京大学东洋文化研究所,1990 年。

铃木敬《中国絵画史》,东京:吉川弘文馆,1981 年。

Roderick Whitfield 主编《西域美術·大英博物館斯坦因收集品》第 2 卷,东京:讲谈社,1982 年。

松本荣一《敦煌画の研究》,东方文化学院东京研究所刊,京都:法藏馆,1937 年。

藤枝晃《敦煌·丝绸之路》,东京:每日新闻社,1977 年。

小林太市郎《佛教艺术研究》,京都:淡交社,1974 年。

竺沙雅章《增訂版中國佛教社會史研究》,京都:朋友书店,2002 年。

白玉冬《十世紀における九姓タタルとシルクロード貿易》,《史学雜誌》第 120 编第 10 号,2011 年。

池田温《8 世紀中葉における敦煌のソグド人聚落》,《ユ—ラシア文化研究》第 1 号,1965 年。

长广敏雄《云冈石窟中之千佛构成》,《中国美术史论集》,东京:讲谈社,昭和五十九年。

赤木崇敏《十世紀敦煌の王權と転輪聖王観》,《東洋史研究》第 69 卷第 2 号,2010 年。

赤木崇敏《甲午年五月十五日陰家婢子小娘子榮進客目》,《敦煌寫本研究年報》第 7 号,京都:京都大学人文科学研究所中国中世写本研究班,2013 年。

赤木崇敏《10 世紀コータンの王統·年号問題の新史料——敦煌秘笈羽 686 文書》,《内陸アジア言語の研究》XXVII,2013 年。

秋山光和《敦煌本降魔变〈劳度叉斗圣变〉绘画考》,《美术研究》第187号,1956年。

秋山光和《敦煌变文与绘画——再以劳度叉斗圣变为中心》,《美术研究》第211号,1960年。

秋山光和《劳度叉斗圣变黑白描粉本与敦煌壁画》,《东京大学文学部文化交流研究设施研究纪要》第2卷第3号,1979年。

松本荣一《敦煌地区流行的劳度叉斗圣变相》,《佛教美术》第19号,1933年。

石田干之助《天宝十載の丁籍に見ゆる敦煌地方の西域系住民に就いて》,和田清编《加藤博士還曆記念東洋史集説》,东京:富山房,1941年。

森安孝夫《河西帰義軍節度使の朱印とその編年》,《内陸アジア言語の研究》XV,2000年。

藤枝晃《沙州帰義軍節度使始末(三)》,《東方学報》(京都)第13册,1942年。

藤枝晃《維摩变の一场面——变相と变文との関係》,《佛教艺术》第34号,1958年。

藤枝晃《維摩变の系譜》,《東方学報》(京都)第36册,1964年。

藤枝晃《敦煌绿洲与千佛洞》,《敦煌·丝绸之路》,东京:每日新闻社,1977年。

佐和隆研《敦煌石窟的壁画》,《西域文化研究》第五《中央亚细亚佛教美术》1962年。

佐和隆研《奈良朝以前的密教美术》,《佛教艺术》第1号。

Ning Qiang, *Art, Religion, and Politics in Medieval China: the Dunhuang cave of the Zhai Family*, University of Hawai'i Press, 2004.

Judy Chungwa Ho, *Tunhuang Cave 249: A Representation of the Vi-*

malakirtinirdesa, Yale University, 1985.

M.Aural Stein, Ancient Khotan, Vol.I Text, Oxford: Clarendon Press, 1907.

Abe, Stanley Kenji, *Mogao Cave 254: A Case Study in Early Chinese Buddhist Art*, University of California, Berkeley, 1989.

Roderick Whitfield and Anner Farrer, *Caves of the Thousand Buddhas–Chinese Art from the Silk Route*, Published for the Trustees of the British Museum, by Bristish Museum Publications, 1990.

Sarah E.Fraser, *The Artist's Practice in Tang China, 8th–10th Centuries*, P.H.D Diss, University of California at Berkeley, 1996.

后　记

我独自一人静静地盘坐在一千年前的这座巨型石窟之中，莫高窟早晨的暖阳从身后半掩着的斑驳的木门缝隙中透了进来，瞬间使得坛上沉睡已久的佛陀和满壁的佛菩萨，在这忽明忽暗的微微晨光中，伴随着历经千年依然熠熠生辉的色彩，好似活了起来。我把目光缓缓望向坛上佛陀，高大威严的身躯使我折服，当与佛陀眼神相遇的那一刻，又被她的慈悲所蔚籍，此刻内心平静到可以听到起起伏伏的呼吸声。唐末五代初的曹议金，在古丝路华戎所交之国际大都会叱咤风云时，是否也曾多次，在自己的这座功德窟里跪拜于佛陀足下，求得内心的片刻宁静呢？我想那是一定的。我已记不清这是第几次在敦煌考察了，只记得是在快要过年的寒冬腊月：寒风、冰河、飞沙、枯木、暖阳，还有那一望千年的蜂窝状的莫高窟，此时此景显得格外空寂。

初识第 98 窟是在 2015 年的夏天，当时我的博导宁强教授带队对莫高窟进行深度考察。当我进入第 98 窟时，第一印象就是被这座高约 10 米，占地面积约 220 平方米的洞窟的巨大体量，以及洞窟里所塑绘的各色对我而言不知所云的宗教内容所震撼。宁老师在第 98 窟讲了很多，并多次强调这个洞窟的重要性。后来才知道，这也是敦煌石窟中规模最大的一个家族功德窟。敢以这个巨型大窟作为研究对象需要研究者有足够的勇气，对我而言就更是如此。

为期近一个月的考察结束了,直到回到兰州,在一家咖啡馆给宁老师汇报考察收获时,我仍然犹豫不决要不要以第98窟作为博士论文选题。最终我还是表露了这个想法。宁老师听后说了许多鼓励的话,其中印象最深刻的一句是:“真是天降好窟!”这话一出,极大地鼓舞了我,犹如吃了一颗定心丸,让我彷徨的心坚定了下来。我以初生牛犊不怕虎的勇气向第98窟发起了“挑战”。历时三载,终见成效,我以第98窟为研究对象的博士论文最终获评兰州大学优秀博士论文,也算是不负老师所寄予的厚望。

做学问这件事其实是有门槛的,这个门槛就是你有没有独立思考的能力。对于某一问题,已有众家观点,此刻就看自己有没有新的思考点和可能的新观点。而现实往往是别人的各种观点都很有说服力,使人心悦诚服,自己大脑却空空如也。这其实一点也不奇怪,因为我们自幼儿园到大学,一直被当作知识的储存器,很少接触关于批判性思维训练的专门课程。而到了研究生阶段,却要用短短六年时间,把二十多年来早已成型的硬盘式大脑,迭代为CPU式大脑,这其中的煎熬与痛苦可想而知。还记得在硕士研究生阶段初期,我花了大半年时间写一篇关于敦煌图案的论文,写作过程相当煎熬,但当我发现图案设计里的一些视觉规律和可能造成这一现象的原因时,那种打心底涌现出来的喜悦持续了很久很久,我平生第一次尝到了做学问的甜头。

这本专著能够得以完成,离不开我的博导宁强教授长期以来的嘱嘱教诲。宁老师国际化的学术视野和透视问题的独到眼光,总是闪耀着智慧的光芒,总能潜移默化地影响和启发我的学术思维。自研究生起至今十余载,宁老师每年假期都会组建石窟艺术考察团,亲自带队用脚步丈量天南地北的大大小小的石窟遗迹,并在石窟现场现身说法,以言传身教浸润和开化着弟子们的心智。

我们追随宁老师一起走过敦煌、云冈、龙门、大足等不计其数的石窟，在考察过程中，宁老师经常会遇到很多连自己都不曾见过的全新图像，难能可贵的是，宁老师能够瞬间调动脑海中的知识存量，组织构建出对陌生课题的全新见解。这种迅速思考和敢于打破成见的创造性思维，极显学问家的学术修为与胸襟，时刻鼓舞着我不断学习与思考。

我们每到一处石窟，面对同一题材的造像与壁画，宁老师总会发问本处内容有何特点。记得在考察云冈和龙门石窟时，他引导我们分析中原内地的《维摩诘经变》与西北塞外敦煌的《维摩诘经变》有何差异；中原内地的大佛造像又与巴米扬大佛有何不同等。寻求事物间的关联与差异，进而指出本地石窟艺术最独特的差异化特征，最终揭示其专有的文化属性，这是宁老师要极力教给我们的一个重要学术思维。

宁老师在讲学中也经常强调提出“概念”的重要性，这也是西方学术研究思维之于中方最显著的一个差异。如宁老师在其哈佛大学的博士论文中，针对莫高窟中一些政治属性突出的壁画提出“外交图像”的概念；近来，针对榆林窟第29窟又提出“秘密空间”的概念；在研究丝绸之路上出土的魏晋时期画像砖《采桑图》《彩帛与木几》时，提出了桑蚕文化的“家园经济”模式等重要概念。这是宁老师要极力教给我们的又一重要学术思维。

宁老师总能循循善诱，不断开化，教会我进行学术研究的多种思维方式，极大地增强了我的学术自信。这一切成为自己受用终生的宝贵财富。这本专著就是在十余年考察路上不断耕耘、生根发芽后，结出的第一颗丰硕果实。在此，为宁老师的辛勤付出表示最真挚的感谢！

十年前的自己根本就没有想过会走上学术的道路。能拥有今天的这一切，也要特别感谢兰州大学敦煌学研究所所长郑炳林教授。是郑老师在十年前搭建了敦煌学研究所与艺术学院合作培养研究人才的平台，我有幸成为这一重要举措的受益者之一，搭上了硕博生涯的顺风车。今日这本专著能够面世，离不开郑老师和敦煌学研究所给予我的宝贵机会和辛勤培养！在此，真诚地感谢郑炳林老师所付出的极大心血!也真诚地感谢魏迎春、马德、魏文斌、王晶波等诸位老师对我学业上的教导！

在本书的前期准备阶段，敦煌研究院罗华庆副院长对我给予了大力支持与帮助，对此，我要特别感谢！感谢张铭同学在窟中协助我对部分壁画榜题进行抄录；感谢高秀军师兄在本书的写作过程中对文中重要部分逐字逐句进行修正；感谢张善庆、米德昉、魏健鹏、石建刚、吕德廷、瞿萍、徐海、吴通等师友同门对本书初稿的悉心校对；感谢朱己祥、王蕾对英文和日文文献的订正；感谢李金娟、朱建军、刘全波、吴炯炯、赵青山、陈光文、杜海、马若琼、纪亮、牛志敏、张玉、史志林、朱晓峰、薛艳丽、王朝阳、韩红、牛时兵、张书彬、冯安宁、邵学成、夏立栋等师友，在生活与学习中的诸多帮助；感谢姜晓文、汪淳等企业家对学术考察的大力赞助！

最后要感谢父母对我学业上长期以来的大力支持！感谢妻子谢彦荣在生活和精神上给予的无私帮助与鼓励！

列车快要到站了，广播里播放着到站的声音。我缓缓地抬起头，将视线移向了高铁窗外，张骞、唐玄奘、曹议金的时代早已远去，映入眼帘的是新时代的繁华似锦！五月的天正释放着生命的活力，在这个美好的季节，我将迎着盎然的春意，继续翱翔于充满无限期待的广阔丝路，迎接新的机遇和挑战！

邵强军

2021年5月1日于D2739次高铁